BRASIL E MUNDO ÁRABE :

NEGÓCIOS, MARKETING E DIPLOMACIA ECONÔMICA AMPLIADA

RUBENS HANNUN

BRASIL E MUNDO ÁRABE :

NEGÓCIOS, MARKETING E DIPLOMACIA ECONÔMICA AMPLIADA

São Paulo, 2024

Brasil e Mundo Árabe: negócios, marketing e Diplomacia Econômica Ampliada
Copyright © 2024 by Rubens Hannun
Copyright © 2024 by Novo Século Editora Ltda.

EDITOR: Luiz Vasconcelos
COORDENAÇÃO EDITORIAL: Driciele Souza
PREPARAÇÃO: Eilsabete Franczak Branco
REVISÃO: Ana C. Moura
CAPA: Fábio Silveira / Levez Design Studio
DIAGRAMAÇÃO: Proton Editorial Ltda
IMAGENS: Shutterstock

Texto de acordo com as normas do Novo Acordo Ortográfico da Língua Portuguesa (1990), em vigor desde 1º de janeiro de 2009.

Dados Internacionais de Catalogação na Publicação (CIP)
Angélica Ilacqua CRB-8/7057

Hannun, Rubens
 Brasil e Mundo Árabe : negócios, marketing e Diplomacia Econômica Ampliada / Rubens Hannun. – Barueri, SP: Novo Século Editora, 2024,
 400 p.: il., color.

 ISBN 978-65-5561-807-5

 1. Relações internacionais 2. Árabes 3. Negócios 4. Comércio
I Título
 24-2939   CDD 327.2

Índices para catálogo sistemático:
1. Relações internacionais

GRUPO NOVO SÉCULO
Alameda Araguaia, 2190 – Bloco A – 11º andar – Conjunto 1111
CEP 06455-000 – Alphaville Industrial, Barueri – SP – Brasil
Tel.: (11) 3699-7107 | E-mail: atendimento@gruponovoseculo.com.br
www.gruponovoseculo.com.br

Agradecimentos

A realização deste livro é fruto de um longo percurso, com estudos, experiências, vivências. Ele não teria se concretizado, se nesta jornada eu não contasse com a participação de muitos colegas, amigos, conhecidos, familiares.

Inicio agradecendo Elias Awad, que me convidou a escrever este livro, me assessorou durante a realização, assim como a equipe da Editora Novo Século.

A maratona de reunir conteúdo, trabalhar as informações e transformá-las de maneira atrativa e assertiva teve a colaboração dos colegas e profissionais aos quais muito agradeço pelo empenho e pelo aprendizado que me proporcionaram e proporcionam: Ana Cristina Silva de Oliveira, Denize Paim, Fernanda Cândido Baltazar, Isaura Daniel, Julia Escobar Chaise, Layal Ghaddaf, Laura Maria Hermenegildo de Lima, Lucas Maciel Genezelli, Marco Barone, Marcus Vinícius Pillon, Marina Sarruf, Phirtia Silva, Rafael Solimeo, Saleh Haidar Hassan, Vanessa Balestri e Yasmin Magalhães.

À Alessandra Maria Frisso e ao Marcos Valentini, por terem escrito artigos e estudos que muito enriqueceram meu conteúdo e minha visão de futuro.

À jornalista Ana Maria Geia, que desde o primeiro momento acreditou e colaborou na conceituação deste livro.

À Maria Clotilde de Barros Magaldi (Tutinha), que habilmente conduziu a maioria das entrevistas realizadas exclusivamente para este livro.

Aos amigos com quem muito aprendi e que prontamente se predispuseram a colaborar como entrevistados: Ana Paula Paura, Ali Zoghbi, Damaris Eugenia Avila da Costa, Ibrahim Alzeben, Julia de Biase, Michel Alaby, Mohamed Zoghbi, Nidal Abou Zaki, Osmar Chohfi, Paulo Dallaqua, Qais Shqair, Rafael Solimeo, Salim Taufic Schahin e Tamer Mansour.

Ao carinho dos amigos Jacyr Costa Filho, Elias Awad, Ricardo Santin, Roberto Dualibi e Osmar Chohfi, que me honraram com comentários sobre esta obra.

Sou muito grato ao presidente Michel Temer e ao secretário-geral da União das Câmaras Árabes Khaled Hanafy, pelos prefácios brasileiro e árabe, e pela parceria fundamental em minhas gestões na Câmara de Comércio Árabe-Brasileira, formando a base para que o Mundo Árabe, nesse período, ganhasse duas posições no comércio com o Brasil, passando de quinto para o terceiro maior comprador.

A jornada não seria possível sem os conhecimentos e as orientações que me passaram Arpad Johannes Molnar (*in memoriam*), Prof. Helmi Nasr (*in memoriam*), Adel Auada, Marlene Guirado, Maurício Borges, Mohamed Al Sahrawi, Nael Al-Kabariti, Nahid Chicani, Norberto Chamma, Ruy Carlos Cury, Sami Roumieh, Walter Nori, entre outros.

A todos da Câmara de Comércio Árabe-Brasileira, colaboradores, fornecedores e diretorias das quais participei desde 1998, liderados pelo presidente Orlando Sarhan e em seguida pelos presidentes Paulo Sérgio Atallah, Antonio Sarkis Júnior, Salim Taufic Schahin e Marcelo Nabih Sallum. E ao incansável Walid Yazigi, que, presidindo o Conselho de Orientação (Cori), me estimulou e orientou durante minha jornada na presidência da entidade. Presidência que só foi possível pela dedicação integral dos diretores que me acompanharam nas minhas duas gestões.

Aos meus colegas da H2R Insights & Trends, que no decorrer dos anos foram refletindo comigo os achados da relação com os irmãos árabes e seus comportamentos, e foram cobrindo minha ausência na empresa durante as longas e frequentes viagens ao fascinante Mundo Árabe.

À Embaixada da Tunísia no Brasil, que me deu o desafio e a oportunidade de praticar a diplomacia. Agradeço às equipes e aos Embaixadores: Abbes Mohsen, Houssine Bouzid, Zouhair Allegui, Seif Eddine Cherif, Mohamed Mestiri, Sabri Bachtobji, Mohamed Hedi Soltani e Nabil Lakhal.

Nas pessoas dos senhores Ibrahim Alzeben e Ramez Zaki Odeh Goussous, decanos dos embaixadores, agradeço aos diplomatas árabes e brasileiros, que desde o início de minha jornada neste fascinante mundo do conhecimento tanto me ensinaram e ensinam.

Aos meus irmãos Arlette e Alvaro e suas famílias, que incondicionalmente me apoiam e inspiram dando continuidade ao legado de valores de nossos pais, Laurinda (Iolanda) Christofi Hannun e Jorge Hannun.

À minha esposa, Alessandra, que me estimulou, criou condições para que eu escrevesse e me assessorou com ideias, pareceres e informações, aplicando sua sensibilidade e seus conhecimentos sobre os países árabes, mercados e consumidores.

E a todos os interessados pela leitura deste livro.

Sumário

Prefácio brasileiro 13

Prefácio árabe 15

Introdução 19

1. O Mundo Árabe 27
   Geografia 29
   Demografia 41
   Cultura e sociedade 43
   Economia 44
      Visão geral 44
      Crescimento 45

2. Relações do Brasil com o Mundo Árabe 47
Relações diplomáticas 47
Comércio exterior 49
CASE | PANDEMIA 53

3. Imagem do Brasil nos países árabes 63
Plano estratégico da marca Brasil, especial ao Mundo Árabe 68
Além das palavras, tudo fala 79
CASE | CARNE FRACA 83

4. Presença e imagem dos árabes no Brasil 89
Razões para a receptividade e o interesse dos árabes 90
    Precisamos entender 90
Presença dos árabes no Brasil 92
Influência da comunidade árabe na vida brasileira 96

5. Diplomacia econômica ampliada 103
A efetividade da diplomacia econômica ampliada forma a base
para os negócios 103

6. Impacto do Calendário Islâmico e sua influência nos negócios 119
Ramadã 122
Impactos no B2C 128
Impactos no B2B 128
Procedimentos adequados 129

7. A importância da informação e do conhecimento 131
Imprecisões 132
Ausência de conhecimento 133
O caminho 134

8. **O desenvolvimento das relações comerciais**......................143

    B2B (*business to business*) 143

    B2C (*business to consumer*) 158

    O cidadão e o consumidor árabe..160

        Como pensam e como são os árabes e muçulmanos................160

    A conquista...167

    Mídia 171

    Vida conectada..171

    CASE | MUDANÇA DA EMBAIXADA 174

9. **Oportunidades** 185

    A oportunidade *Halal* 191

    Halal e ESG...192

    Halal e consumo ético...193

    CASE | MALÁSIA..197

    Grandes setores..198

        Alimentos *Halal* 198

        Moda..201

        Indústria farmacêutica 205

        Cosméticos 206

        Mídia e *games* 209

        Turismo 211

10. **Olhando para o futuro** 217

    Árabes 220

    Brasil...221

    Países árabes e Brasil 222

    Casa Árabe, seu papel e seu espaço..224

    Turismo: tendências futuras de negócios 226

    Uma estratégia ganha-ganha...229

    Dois olhares para o futuro..230

    Falando sobre o futuro...231

    Logística..233

O papel do transporte marítimo no sistema de comércio entre países árabes e sul-americanos..233
Organismos facilitadores..236
　　ApexBrasil..237
　　Câmara de Comércio Árabe-Brasileira e Câmaras de Comércio............238
　　Secom (Setor de Promoção Comercial)...240

Apêndice A　Pontos de vista..241
Apêndice B　Dicas 387

Prefácio brasileiro

Honra-me o Dr. Rubens Hannun com a sugestão de que prefacie obra de extraordinária relevância, qual seja, a relação mercadológica entre o Brasil e os Países Árabes. É objetivo central de seu livro mostrar a importância crescente do mercado árabe e aumentar as empresas que queiram se aprimorar nas negociações com os países árabes ou até mesmo iniciar-se nesse mercado.

A obra é oportuníssima. Surge no momento de grande ampliação de produção dos países árabes, que hoje se empenham em estabelecer relações com vários países, particularmente com o Brasil, não só tendo em vista a grande migração que se deu daqueles países para o nosso a partir do século passado.

Estabeleceu-se, em razão dela, grande amizade cultural e pessoal entre aqueles que vieram para o Brasil e seus descendentes com aqueles residentes nos vários estados árabes. Esta amizade cívica facilita a negociação tanto para empreendimentos árabes no Brasil como também deste naqueles.

Mas não é apenas dirigido aos empresários árabes no Brasil. Seu objetivo é muito maior: estabelecer uma forte relação produtiva entre empresários brasileiros em geral e aqueles dos vários países árabes. Hoje, Líbano, Síria, Emirados Árabes, Arábia Saudita, Egito, Omã, entre outros, têm permanente relação diplomática com o nosso país não só em razão das viagens de parlamentares, membros do executivo e do judiciário para aqueles países, mas também de lá para cá. De fora, parte o extraordinário desempenho das nossas autoridades diplomáticas em todos esses Estados.

Este é um livro que tem como propósito fundamental despertar o empresário brasileiro para o potencial desse mercado e colaborar em sua capacidade para essa missão. Envolve relações internacionais, cultura e diplomacia, com casos utilizados como exemplos. Tem até, se me permitem, um capítulo de dicas práticas para esse relacionamento.

Presta o Dr. Rubens Hannun, com essa obra, um reforço nas nossas relações multilaterais com os países árabes.

Vale a leitura.

Michel Temer
Ex-presidente do Brasil

Prefácio árabe

Rubens Hannun… Diplomata notável e economista formidável

Quando o meu querido amigo, ex-presidente da Câmara de Comércio Árabe-Brasileira, Rubens Hannun, me incumbiu da honrosa missão de escrever o prefácio de um livro de sua autoria, recuperei, em pouco tempo, cenas que marcam a minha relação com essa figura humana humilde, que de cuja amizade sincera tanto me orgulho. Essa amizade perdura ao longo dos anos, desde quando assumi as funções de secretário-geral da União das Câmaras Árabes, e ele já ocupava a presidência da Câmara. Esta etapa foi repleta de conquistas que desembocaram na concretização dos nossos objetivos comuns de desenvolvimento e fortalecimento das relações econômicas árabe-brasileiras.

Antes de falar da trajetória profissional de Rubens Hannun, certamente devo percorrer, por pouco que seja, sua personalidade como ser humano, bem como o humanismo imbuído de humildade e bondade que ele carrega consigo desde suas raízes e origens. Sua família fez parte das primeiras levas de imigrantes árabes que vieram ao Brasil e nele se fundiram. Apesar de pertencer a este país, permaneceu acesa a chama da saudade de suas origens e raízes. E assim conseguiu, com equilíbrio preciso, colocar como meta a ser alcançada servir o Brasil por meio do Mundo Árabe e servir o Mundo Árabe por meio do Brasil. Durante sua gestão como presidente da Câmara Árabe-Brasileira, as relações econômicas, comerciais, sociais e de investimentos testemunharam um desenvolvimento significativo e concreto.

A atuação de Rubens Hannun durante o período em que presidiu a Câmara Árabe-Brasileira não se limitou à trilha e ao aspecto econômico, mas foi além disso, incluindo nos seus objetivos o aspecto político e diplomático, que têm igual importância à via econômica. Tal atitude ficou evidente no dia em que o ex-presidente brasileiro, Jair Messias Bolsonaro, tomou a decisão de transferir a embaixada da República do Brasil para Jerusalém, capital do Estado da Palestina. Rubens Hannun se opôs firmemente a esta decisão e aos seus efeitos negativos em relação ao rumo das relações econômicas e políticas árabe-brasileiras. Com esforços conjuntos, eu, na condição de secretário-geral da União das Câmaras Árabes, incumbido pela Liga dos Estados Árabes, e o Sr. Rubens Hannun visitamos o então presidente brasileiro em exercício, Hamilton Mourão, na sede presidencial em Brasília. Lá o informamos oficialmente da posição do setor privado árabe de rejeitar a transferência da embaixada, e que esta medida não deveria ser tomada devido ao seu impacto negativo nas relações econômicas entre os países árabes e o Brasil. Como resultado da pressão árabe do lado diplomático e do setor privado, o ex-presidente brasileiro atendeu a esse desejo e a embaixada brasileira não foi transferida para Jerusalém até o momento.

Rubens Hannun conseguiu, com inteligência e sabedoria, estreitar as relações com a União das Câmaras Árabes e direcioná-las a serviço das relações árabe-brasileiras em todos os fóruns, por meio de atividades e eventos conjuntos, em cooperação com a Liga dos Estados Árabes, na cidade de São Paulo e nos países árabes.

Por acreditar que a mudança deva ser um incentivo e um fundamento básico para o desenvolvimento e o progresso, ele dedicou seu trabalho a encurtar distâncias e fortalecer relações, visitando a maioria dos países árabes, promovendo e apresentando oportunidades promissoras de investimentos no Brasil e na região árabe. Incentivou, também, empresas brasileiras a virem para o Mundo Árabe, como destino para investidores. Ao mesmo tempo, conseguiu atrair empresários, investidores e empresas árabes para estabelecer parcerias de investimentos com seus congêneres brasileiros. Tais iniciativas resultaram na elevação do patamar das relações árabe-brasileiras e no aumento sem precedentes do volume de intercâmbio econômico, comercial e de investimentos.

Este é um pequeno capítulo da minha história e da amizade que construí com Rubens Hannun, que guardo com afeição.

A você, Rubens, meus mais sinceros votos de sucesso na sua caminhada. Com sincero agradecimento e carinho,

Dr. Khaled Hanafy
Secretário-geral da União das Câmaras Árabes

Para ler este prefácio em árabe, língua em que foi escrito, acesse o QR Code abaixo:

https://online.fliphtml5.com/jwqnu/ijuf/index.html

Introdução

A ideia deste livro surgiu em uma conversa com o biógrafo Elias Awad. A intenção era dar contornos práticos para ações que fortalecessem as relações entre o Brasil e o Mundo Árabe, de forma a rentabilizar os negócios à luz do imenso potencial existente e do crescimento vertiginoso ao longo dos anos e maximizar a complementariedade das economias, as similaridades das sociedades e a ótima relação entre os povos, em uma linha de ganha-ganha para as sociedades, economias e negócios, considerando a especificidade de cada país árabe e do Brasil. Para tanto, viu-se a necessidade de compilar conteúdos que contenham informações precisas e assertivas, pois muito se fala, mas há pouca literatura sobre o tema.

Assim, começou a ideia de fazer uma análise de como podem ser as relações comerciais entre brasileiros e árabes, sendo o objetivo deste livro contribuir para que o Brasil e esses países irmãos se aproximem cada vez mais, estimulando o crescente comércio e o desenvolvimento econômico e social, em conjunto com o fortalecimento das relações diplomáticas.

Nos últimos vinte anos, esse comércio aumentou 438%, saindo de um montante de US$ 5,58 bilhões, em 2003, e passando para US$ 30 bilhões em 2023. As exportações brasileiras para as nações árabes também cresceram expressivamente, de US$ 2,74 bilhões em 2003 para US$ 19,34 bilhões em 2023, ou seja, um aumento de 606%. Pelo lado das importações, no mesmo período analisado passaram de US$ 2,84 bilhões para US$ 10,66 bilhões, um aumento de 275%. Finalmente, o saldo saiu de US$ 100 milhões, um patamar deficitário para o Brasil, em 2003, para um patamar superavitário, em 2023, US$ 8,68 bilhões. Tanto as exportações quanto a corrente comercial do Brasil com a Liga Árabe atingiram recordes históricos em 2023.

Mas ainda é muito pouco. Vamos analisar aqui como desenvolver as oportunidades que surgem a todo momento de um lado e de outro. Por exemplo:

- Como aumentar consistentemente nossa presença com produtos de maior valor agregado?
- É possível para as pequenas e médias empresas participar desse mercado? Será que jovens brasileiros e árabes, em conjunto, têm oportunidades de aperfeiçoamento e de carreira?
- Como lidar com costumes, religião e tradições, entendendo e respeitando cada um desses pontos?
- Quais cuidados são necessários na relação comercial e social com os parceiros?
- Quais os conhecimentos necessários?
- Como falar com esses possíveis parceiros comerciais e tirar o melhor proveito para ambos?
- Como transformar a crescente produção própria de alimentos por parte dos árabes em oportunidades para o Brasil?

Veremos também que, quanto mais equilibrada for a balança comercial, melhor será para todos os lados e mais rapidamente as relações se desenvolverão de forma sustentável e produtiva, uma característica diferenciada desse comércio por aspectos de fidelidade e parceria.

Este grupo de 22 países que forma a Liga dos Estados Árabes, em seu conjunto, foi responsável por 5,30% das vendas brasileiras para o mundo em 2023, mantendo-se, desde 2019, como o terceiro maior mercado para os produtos brasileiros, atrás somente de China e Estados Unidos, e o segundo maior comprador, depois da China, se o segmento de *commodities* agrícolas for considerado.

Com 465 milhões de pessoas, nos países de língua árabe mais de 50% dos alimentos consumidos são importados. E os produtos brasileiros têm parcela significativa nisso, sendo o segundo maior fornecedor de alimentos, pouco atrás da Índia, o maior vendedor.

Entretanto, esse mercado se multiplica, uma vez que alguns portos e aeroportos de cidades árabes se transformaram e estão se transformando em *hubs* logísticos de distribuição a outros países, principalmente para os da Ásia e África, islâmicos e não islâmicos. Com isso, o número de consumidores potenciais a serem atendidos ultrapassa 2 bilhões.

Mas não se trata apenas de vender e comprar. É preciso verdadeiramente se relacionar. É por meio do relacionamento verdadeiro que os negócios podem acontecer.

Neste caminho vamos estudar o *Halal* ("o que é permitido", em árabe), procedimento estabelecido pela religião islâmica, que deve ser seguido em especial na produção de alimentos, e que necessita de certificação especial, mas não vamos esquecer os demais setores: cosméticos, farmacêuticos, moda, mídia e entretenimento, turismo, entre outros. Para essa certificação existem vários órgãos acreditadores habilitados a instruir, supervisionar, fiscalizar e conceder o certificado sem o qual um produto não pode sequer ser comercializado.

Hoje, o *Halal* é praticamente um estilo de vida, indo muito além da religião, porque leva em consideração procedimentos de produção e de comportamento saudáveis, verdadeiros, éticos, humanos etc.

Ele pode ser considerado não só um pioneiro, mas também um exemplo de ESG (Environmental, Social and Governance), um valor muito importante aos árabes e que veremos como entendê-lo e adotá-lo, participando deste imenso mercado, que pode chegar a US$ 9,059 trilhões em 2027, quando incluímos o setor financeiro. Um mercado do qual o Brasil é o principal fornecedor de proteína (carne bovina e de frango) e com potencial de negócios que não para de crescer.

Mas o relacionamento com as sociedades árabes, como veremos, precisa ser amplo, incluindo cultura, família, sociedade, valores, princípios e tudo o que se relaciona à vida como ela é. Para isso, também temos que considerar as "mudanças efetivas" que estão acontecendo com as sociedades desses países, com as "mudanças "aparentes" e também com as "não mudanças".

Temos de avaliar a adequação de nosso comportamento e de nossas atitudes na construção do relacionamento. Esse é caminho inicial para a construção de parcerias estratégicas, almejadas e com projetos em andamento.

Precisamos entender – e vamos abordar aqui – que a grande maioria da população desses países é constituída de jovens com até 24 anos, muito bem formados e assumindo o papel de líderes de muitas organizações familiares ou de executivos em corporações multinacionais, sem qualquer tipo de restrição ou preconceito.

É importante conhecer (e saber como acessar) esses mercados e ter acesso a eles, entendendo que é algo possível e nada complexo, desde que seja por um trabalho planejado, consistente e coordenado por alguma instituição e/ou órgão preparado para colaborar nesse sentido.

Há no Brasil e nos países árabes essas instituições, que são muito bem preparadas e contribuem efetivamente para a expansão dessa relação nos mais diversos âmbitos, como a Câmara de Comércio Árabe-Brasileira, a ApexBrasil, as embaixadas árabes no Brasil e as embaixadas brasileiras nos países árabes, em conjunto com os poderes executivos de seus países com seus respectivos ministérios e secretarias, a Liga Árabe, a União das Câmaras Árabes que libera o conjunto das Câmaras Árabes conjuntas e dos países árabes, entre outros.

Vamos falar mais sobre essas visões no decorrer dos capítulos, apresentando dados estatísticos e informações confiáveis e assertivas, coletadas de fontes oficiais e de outras fontes verificadas.

Além disso, serão apresentadas e analisadas várias pesquisas e estudos de mercado e de opinião realizadas no Brasil, nos países árabes, em países islâmicos e países com forte presença da população muçulmana.

Tudo isto dará base para analisarmos a imagem do Brasil no Mundo Árabe e a imagem da população árabe no Brasil. Neste contexto vamos refletir sobre a necessidade urgente de criarmos e administramos a marca

Brasil partindo de um plano estratégico da marca Brasil, específico aos árabes, assumindo nossa vocação e nossa importância como nona maior economia e um dos maiores produtores de alimentos do mundo.

Os dados foram muito enriquecidos por entrevistas com empresários e executivos de vários setores envolvidos diretamente no dia a dia dos negócios, comprando, vendendo, negociando e, principalmente, criando relacionamento.

Para uma visão mais institucional, relatamos e utilizamos muito conteúdo de conversas e entrevistas com autoridades, embaixadores, encarregados de negócios e dirigentes de instituições comprometidos com as relações políticas e diplomáticas, e envolvidos nas tratativas e peculiaridades do dia a dia. Este material vai fornecer um entendimento ainda mais claro, pois relatam experiências, histórias das relações pessoais e comerciais.

Serão também apresentados vários *cases* ao longo do livro, principalmente os que vivi, com relatos interessantes do meu período de mais de vinte e cinco anos de relacionamento comercial e institucional com os países árabes, atuando como cônsul honorário da Tunísia no Estado de São Paulo, como presidente do Conselho Empresarial Brasil-Tunísia e na Câmara de Comércio Árabe-Brasileira como diretor de Marketing, vice-presidente de Marketing e de Comércio Exterior, presidente e, agora, conselheiro de Orientação e Deliberação.

Nessas experiências, pude acompanhar brasileiros e árabes em dezenas de missões comerciais, participar de feiras internacionais e setoriais no Brasil e na maioria dos países de língua árabe. Tive o privilégio de participar de negociações entre governos, planejamentos estratégicos e táticos, assinar diversos acordos de cooperação nas áreas de comércio, de tecnologia, de mídia, de *know-how*, de sustentabilidade, entre outros.

Nas visitas de reis, presidentes da república e de ministros que acompanhei, muito foi discutido, negócios foram alavancados, acordos de cooperação foram estabelecidos e oportunidades foram detectadas, mas também foi preciso dirimir desentendimentos e gerenciar algumas crises.

Vamos falar dessas crises, porque, apesar de não terem sido frequentes, aconteceram em momentos específicos em decorrência de eventos imponderáveis, ditando o tom dos anos seguintes. Essas crises podem e devem ser vistas como experiências que merecem ser analisadas e, a cada caso, usadas como *feedback*, inclusive pelo aprendizado e pelos resultados positivos que trouxeram.

Sem dúvida, essa jornada é constituída de experiências incomuns que me privilegiaram com conhecimentos variados e riquezas diferenciadas. Como não poderia deixar de ser, esta jornada foi observada sob o olhar de minha profissão como estudioso e estrategista de mercado, concretizado na H2R Insights & Trends, uma consultoria Pathfinder.

Essa vivência me proporciona uma visão complementar e importantíssima quando exerço a Diplomacia Econômica (tema tratado em um capítulo específico), que compreendi ser fundamental e a base na construção e no desenvolvimento das relações comerciais, porque necessariamente passam pelas relações humanas. Aí, sim, colocamos em prática todo o conhecimento que temos de pessoas, sentimentos, comportamentos, sutilezas do poder, do não dito etc.

Este material utiliza a minha jornada como instrumento para facilitar o entendimento e alavancar ações, não tem o objetivo contar a minha estória. É um livro para empresários, executivos, diplomatas, estudantes e estudiosos, familiarizados ou não com as relações árabes e brasileiras. Ele pode complementar o conhecimento ou facilitar o ingresso nessa promissora relação.

O conteúdo foi organizado para levar o leitor a um conhecimento crescente a cada capítulo, mas sem prejudicar a leitura alternada entre um assunto e outro. Aliás, uma das preocupações foi tornar este livro uma espécie de "manual", que não requer necessariamente uma leitura linear, podendo ser consultado conforme o tema de interesse.

Além disso, neste livro há um destaque especial, "Dicas", com vários lembretes práticos adequados para o momento do planejamento, da realização e mesmo da pós-negociação. As dicas não estão organizadas por assunto ou momento da negociação propositalmente. Elas podem ser úteis em toda a jornada, antes, durante e depois.

Na seção "Pontos de vista", constam as entrevistas realizadas exclusivamente para a confecção deste livro, as quais foram fundamentais para o nosso conteúdo.

Por fim, é importante destacar a importância deste livro para o debate sobre o comércio entre Brasil e o Mundo Árabe.

Espero que a leitura contribua para uma maior compreensão dos desafios, para o aproveitamento das oportunidades desse comércio e para o fortalecimento das relações diplomáticas entre as regiões.

Meu desejo é que possam também surgir novos apaixonados por estas relações e pelas relações humanas, base para os negócios entre árabes e brasileiros, assim como povos de todo o mundo entre si.

Boa leitura e, claro, bons negócios.

Capítulo 1

O Mundo Árabe

É muito importante e interessante conhecer os países árabes geográfica, demográfica e culturalmente. Como enfatizado em todo o conteúdo deste livro, para bem negociar, ou melhor, para se relacionar com os árabes, é preciso respeitar sua cultura, suas peculiaridades, suas diferenças e, sobretudo, compreender o que a complexidade e a diversidade com que se caracterizam significam tangível e intangivelmente para essas relações.

Isso pode mostrar o potencial do país, as características do público com quem estamos falando e, mais do que isso, o que o futuro nos reserva.

Vamos ver neste capítulo que os países árabes estão localizados em diversas regiões e têm níveis de desenvolvimento e economias diferentes; suas semanas começam em dias variados; e a língua falada em negócios ora é inglês, ora é francês, mas todas essas particularidades não os afastam de características centrais, que lhes garantem identidade.

A língua-mãe de todos é o árabe. Eles fazem parte da Liga dos Estados Árabes (LEA), a maioria professa a religião muçulmana e centra a vida nos preceitos do islamismo. Para todos, sem exceção, a religião exerce papel fundamental, pois os dirige, integra e distingue, dando-lhes sentido. Os significados são diferentes, mas o papel da religião é indiscutivelmente o mais importante fator da identidade árabe, além da língua.

Essa é uma constatação que devemos levar em consideração e respeitar: numa relação com árabes, seja comercial ou social, não se pode, de forma alguma, tocar no assunto religião. O risco de não agradar é praticamente 100%. Independentemente da nossa religião e da do interlocutor, não se deve tocar no assunto.

Outro ponto que unifica os árabes é a grande proporção de jovens que formam a população. Os países árabes são constituídos majoritariamente de população, na faixa de 0 a 24 anos, e essa particularidade acarreta algumas implicações e consequências para hoje e para o futuro.

Por serem mais jovens, eles têm crescido em população mais do que a taxa mundial, além de serem mais férteis. No conjunto, são mais produtivos por terem uma proporção maior da população na faixa economicamente ativa, produzindo e gerando mais renda e riqueza. A perspectiva de crescimento do PIB do conjunto dos países árabes é a maior em comparação com a Zona do Euro, Estados Unidos da América, América Latina e Caribe.

Portanto, eles são mais ativos e têm maior grau de adesão e familiaridade com a modernidade e tecnologia. Tanto é assim, que, para eles, o país dos sonhos são os Emirados Árabes Unidos, o Estado que atualmente mais ousa do ponto de vista tecnológico e tem se desenvolvido de forma muito acelerada, mas mesmo assim mantendo as tradições.

Esses jovens também estão tendo maiores oportunidade e condições de formação fora de seus países.

População mais jovem, mais produção, mais riqueza, participação quantitativa crescente na população mundial, crescimento econômico maior, formação aprimorada e atualizada com o que há de melhor no mundo etc. – essa é uma fórmula que, ao que parece, resultará em uma "tempestade perfeita", ou seja, indica que essa parte da população mundial passará a influenciar efetivamente a outra parte.

Os hábitos, costumes, crenças e procedimentos deste povo passarão, de forma acelerada, a se destacar, assim como o estilo *Halal*[1] começa a ter força e ser coincidente com as exigências do ESG (Environmental, Social and Governance, ou ambiental, social e governança, em português), um conjunto de padrões e práticas que define se uma empresa é socialmente consciente, sustentável e corretamente gerenciada.

Esse protagonismo árabe pode e deve ser entendido como uma grande oportunidade, mas, para isso, devemos "trocar os óculos", em um esforço de conhecimento, compreensão e respeito sob o ponto de vista árabe, com a visão árabe. Como vamos ver, nada disso é impossível e difícil, uma vez que os valores e princípios árabes são saudáveis, progressistas, justos e sustentáveis.

Geografia

Os árabes são um grupo de pessoas com origens diversas, que compartilham a língua árabe, uma rica cultura e uma história milenar. Com o objetivo de fortalecer e coordenar decisões estratégicas dos países árabes, sejam elas políticas, econômicas ou sociais, bem como facilitar a mediação de conflitos, foi criada a Liga dos Estados Árabes (LEA), em março de 1945. Atualmente, ela é composta por 22 países, sendo quatro da região do Levante (Jordânia, Líbano, Palestina e Síria), dez do norte da África (Argélia, Comores, Djibuti, Egito, Líbia, Marrocos, Mauritânia, Somália, Sudão e Tunísia) e oito do Golfo (Arábia Saudita, Bahrein, Catar, Emirados Árabes Unidos, Iêmen, Iraque, Kuwait e Omã), conforme ilustrado no mapa.

Cada um dos países que compõem a LEA tem suas próprias características climáticas e seus ecossistemas. De maneira geral, a região tem forte presença de desertos, montanhas e vegetação característica do clima árido e semiárido. Uma parte deles também apresenta um clima mais mediterrâneo em algumas regiões.

---

1 Antônimo de *haraam*. Termo do idioma árabe para se referir a comportamentos, formas de vestir e de falar, alimentos que são permitidos pela religião. O tema será abordado no Capítulo 2.

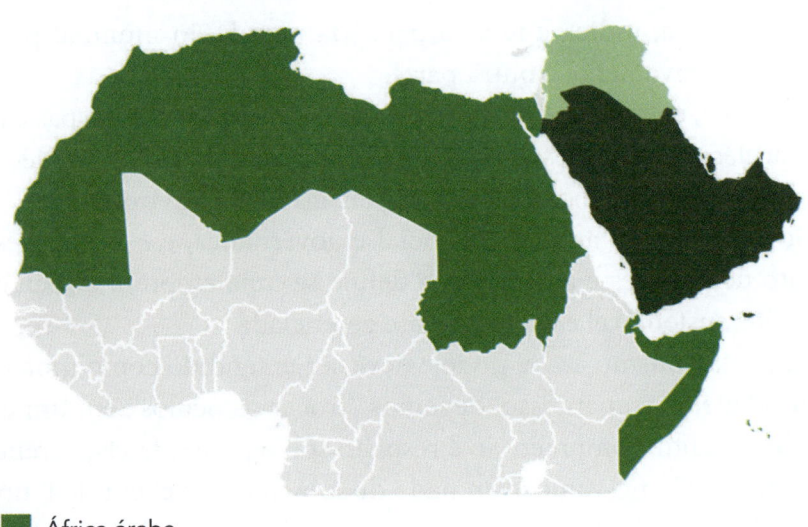

■ África árabe
■ Levante
■ Golfo arábico

Fonte: Elaborado pelo autor a partir de www.freeworldmaps.net.

Riade, Arábia Saudita

Argel, Argélia

Manama, Bahrein

Lusail, Catar

Ngazidja, Comores

O Mundo Árabe **33**

Djibuti, Djibuti

Cairo, Egito

Dubai, Emirados Árabes Unidos

Antiga cidade de Petra, Jordânia

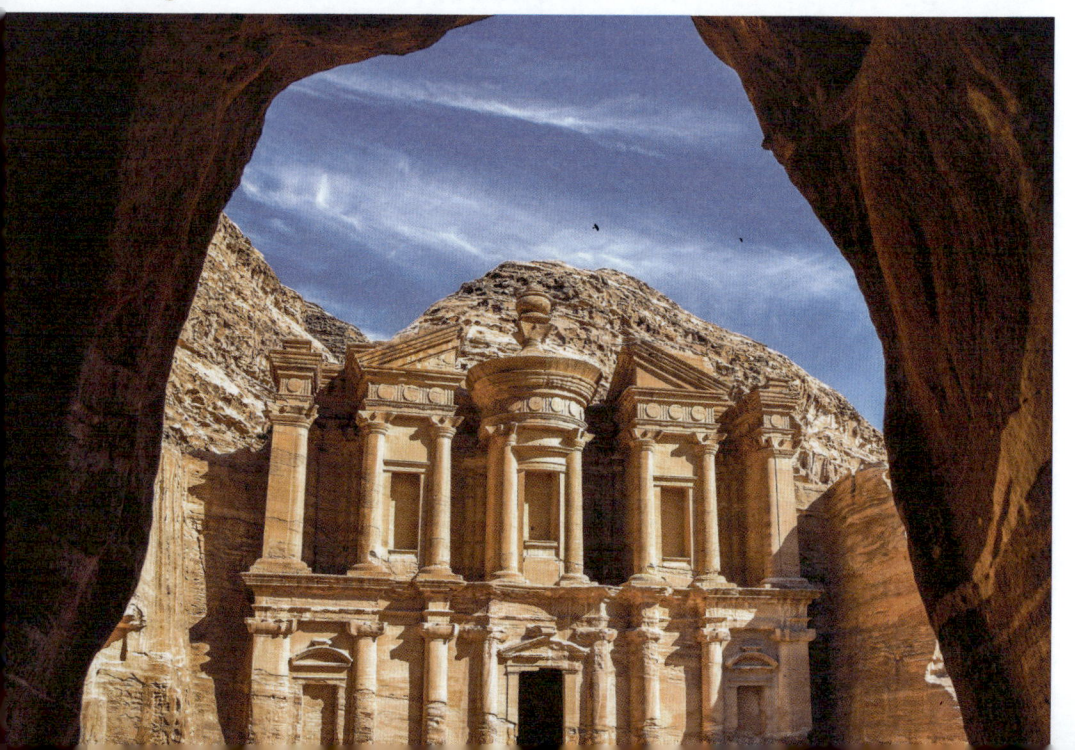

O Mundo Árabe   **35**

Iêmen

Iraque

Kuwait, Kuwait

Beirute, Líbano

O Mundo Árabe 37

Trípoli, Líbia

Marraquexe, Marrocos

Nouakchott, Mauritânia

Mascate, Omã

O Mundo Árabe **39**

Jerusalém, Palestina

Damasco, Síria

Mogadíscio, Somália

Cartum, Sudão

Guellala, Tunísia

Demografia

A população dos países integrantes da LEA é de quase meio bilhão de habitantes, o que representa aproximadamente 6% do total da população mundial. Conforme estimativa do Banco Mundial (World Bank Database) para os próximos dez anos, a população dos países árabes vai crescer a um ritmo mais acelerado (quase o dobro) do que a do restante do mundo.

Além disso, os dados levantados pela instituição indicam que o Mundo Árabe é bastante plural em termos econômicos e demográficos. O Egito é o país mais populoso e expressa uma densidade demográfica elevada. Quanto à população total, Sudão, Argélia e Iraque vêm em seguida, mas bem distantes: cada qual com menos da metade da população total do Egito. A maior parcela da força de trabalho em relação à população, no entanto, encontra-se no Catar e nos Emirados Árabes Unidos, com percentuais de empregabilidade inclusive maiores do que em países como Brasil e Estados

Unidos. A maior expectativa de vida é do Catar. Bahrein e Emirados Árabes Unidos também se destacam.

Ao avaliar os dados por região, é possível constatar que o Golfo se destaca no percentual de empregabilidade, na expectativa de vida e no Produto Interno Bruto (PIB) *per capita* dos países que o compõem. Os países com maior PIB são Catar e Emirados Árabes Unidos. Contudo, Omã e Arábia Saudita também chamam a atenção devido à taxa de crescimento do PIB nos últimos anos.

A média de expectativa de vida da região do Levante é similar à dos países do Golfo, 74 anos. Nesta área, os países com maior PIB *per capita* são Jordânia e Líbano.

Por fim, a região do norte da África apresenta a maior população árabe da Liga e tem expressado um crescimento econômico significativo.

Outra especificidade do Mundo Árabe é sua pirâmide etária. Ao contrário dos países ocidentais, chama atenção a presença da população jovem. Praticamente 50% tem no máximo 24 anos, enquanto que os mais velhos (60 anos ou mais) representam apenas 7% da população. Esta é uma característica que tem consequências que iremos analisar e apontar ao longo da obra, principalmente por dar às populações árabes um diferencial competitivo significativo.

Apesar de todas as regiões apresentarem este diferencial com números próximos, vale destacar o Levante com a população mais jovem, seguida pelo norte da África, e Golfo.

Quanto ao gênero, a participação de homens é um pouco maior. Representam cerca de 52% e as mulheres ultrapassam 48%.

Em alguns países árabes é constatada uma desproporção de gênero pela maior presença masculina. Isto ocorre principalmente no Golfo, o que se deve à ampla migração em torno do trabalho no setor de construção civil. Esta também é a razão de um reforço na presença da faixa etária de 30 a 49 anos.

O crescimento rápido da população traz também um ingrediente de modernidade e inovação, uma vez que, ao contrário da população mundial, as nações integrantes da LEA estão em fase de adensamento dos setores produtivos da sociedade, incrementando a população economicamente ativa. Enquanto nas maiores economias do mundo observa-se um aumento de aposentados e uma diminuição da população economicamente ativa, como se viu o Mundo Árabe apresenta uma pirâmide etária invertida.

Espalhados pelo mundo e com poder aquisitivo crescente, os valores, comportamentos e sensibilidades religiosa e ética desses jovens adultos influenciarão cada vez mais os mercados para variados produtos e serviços, tais como alimentos e bebidas; turismo; moda e vestuário; mídia e entretenimento; farmacêutico e cosmético etc.

Cultura e sociedade[2]

Como a população árabe está espalhada por diversos territórios, com multiplicidade de configurações sociais, políticas e econômicas, dificilmente poderíamos falar de uma cultura única e não transpassada por cada contexto em específico. Contudo, os países árabes apresentam uma série de características comuns que podem referenciar as trocas econômicas e não econômicas entre os países árabes e o mundo não árabe.

Para os negócios, é preciso compreender que o diálogo com empreendedores e clientes de culturas diferentes pode ser facilitado e até potencializado por meio de um olhar mais aberto. Dessa forma, entende-se a cultura do outro a partir de seus próprios elementos, e não a partir da cultura do estrangeiro. Despir-se de preconceitos e pressuposições sobre a cultura e a sociedade árabe pode acelerar o estabelecimento de *networks* consistentes e facilitar o diagnóstico de oportunidades de negócios que poderiam não ser vistas sob as lentes do exterior (veja ao fim do Capítulo 2, "Relações do Brasil com o Mundo Árabe", o *case* Pandemia).

---

[2] MEHTAP, S.; PELLEGRINI, M. M.; CAPUTO, A.; WELSH, D. H. B. Entrepreneurial intentions of young women in the Arab world: socio-cultural and educational barriers. *International Journal of Entrepreneurial Behavior & Research*, v. 23, n. 6, p. 880-902, 2017. Disponível em: www.emerald.com/insight/content/doi/10.1108/IJEBR-07-2017-0214/full/html. Acesso em: 28 dez. 2023. Ministry of Defence UK. Cultural appreciation booklets for Iraq, Afghanistan and the Arab World, 2007. In: *The Arab World:* an introduction to cultural appreciation. 2007. Disponível em: https://assets.publishing.service.gov.uk/media/5a79916340f0b642860d91ac/arab_world_introduction_cultural_appreciation_booklet.pdf. Acesso em: 28 dez. 2023.

A religião mais professada do Mundo Árabe é o Islamismo. O Islamismo é baseado em uma série de valores *Halal* presentes em todos os aspectos e níveis da vida social.

A religião islâmica tem seus preceitos estabelecidos pelo Alcorão, seu livro sagrado. O sistema de leis islâmicas é chamado de Shariah, um conjunto de princípios e diretrizes que regem a vida dos muçulmanos em todos os seus aspectos, desde a fé e a adoração até a vida social, política e econômica.

Economia[3]

Visão geral

Assim como diversas dimensões do Mundo Árabe, a economia também é sedimentada nos princípios e valores da religião islâmica. Nesse campo, o *Halal* é de enorme centralidade, uma vez que esse princípio estabelece aquilo que é permitido. Desse modo, produção, distribuição e consumo de bens e serviços são regulados por permissões e, consequentemente, proibições que se baseiam na ética islâmica. Essa anuência é tão fundamental, que a grande maioria dos países do Mundo Árabe apresenta leis que classificam o que é considerado *Halal*. Carne de porco, por exemplo, é um item proibido.

Além de um impacto regional, a economia do Mundo Árabe tem implicações globais. Em um contexto de grande importação de produtos para consumo interno, por exemplo, em que seria mais difícil controlar o processo produtivo dos itens alimentícios, os certificados *Halal* tornam-se instrumentos fundamentais para a consolidação das trocas econômicas e da circulação mundial de mercadorias endereçadas aos consumidores árabes e, como veremos, cada vez mais, aos consumidores em geral. Isso acontece principalmente em um contexto no qual, segundo apontam estudos da H2R Insights & Trends e da Nielsen[4], cerca de sete em cada dez consumi-

---

3 DinarStandard. *State of the Global Islamic Economy Report 2020/2021*. 2020. Disponível em: https://static.poder360.com.br/2021/12/Relatorio-da-Economia-Isla%CC%82mica-Global-2020-2021.pdf. Acesso em: 29 dez. 2023.

4 NIQ. *The sustainability imperative*. The Nielsen Company, 12 oct. 2015. Disponível em: https://nielseniq.com/global/en/insights/analysis/2015/the-sustainability-imperative-2/. Acesso em: 30 dez. 2023.

dores estão interessados em pagar mais por produtos éticos e sustentáveis. Nesse cenário, os certificados *Halal* transcendem a dimensão religiosa e as fronteiras culturais, atingindo cada vez mais os outros nichos de consumidores em todo o mundo. No Capítulo 9, "Oportunidades", vamos verificar em detalhes os significados da certificação *Halal*.

Crescimento

Juntos, os países árabes representam, aproximadamente, 3% da economia mundial. Em 2022, o Produto Interno Bruto (corrente) foi de quase US$ 3,5 trilhões, o que colocaria o Mundo Árabe no top 10 das maiores economias mundiais em comparação aos demais países. Quanto ao crescimento econômico, nos últimos trinta anos o Mundo Árabe ficou abaixo apenas dos Estados Unidos, da China, do Japão e da Alemanha. É interessante observar, além disso, que o crescimento econômico dos países árabes também acompanha a taxa de crescimento da Índia e está acima de economias como a da Turquia.

As previsões indicam que, considerando os países do Mundo Árabe, o crescimento do PIB real a preços correntes seguirá a tendência do PIB mundial, com crescimento próximo a 3%.

Quanto ao comércio exterior, o Mundo Árabe se destacou durante muitos anos, e até hoje se destaca, na exportação de combustíveis, participando com mais de 70% do total exportado pelo mundo.

Além disso, os países árabes também se destacaram na importação de alimentos (10% do total mundial) devido às condições adversas de produção agrícola na região.

Capítulo 2

Relações do Brasil com o Mundo Árabe

Relações diplomáticas

O início das relações diplomáticas entre o Brasil e o Mundo Árabe remonta à origem ibérica do Brasil Colônia e vai se aprofundando devido ao fluxo migratório dos sírios e libaneses e às visitas de Dom Pedro II ao Líbano e Egito, ainda no século 19, como bem descrito e analisado no livro de Roberto Khatlab *As viagens de D. Pedro II*[1].

---
1   KHATLAB, Roberto. *As viagens de D. Pedro II*: Oriente Médio e África do Norte, 1871 e 1876. São Paulo: Benvirá, 2015.

Já as relações diplomáticas oficiais entre o Brasil e os países árabes se iniciaram em 1924, com o Egito. Desde então, o Brasil vem estreitando cada vez mais as relações com o Mundo Árabe. Vale ressaltar que o estabelecimento dessas alianças foi intensificado na década de 1970, em ocasião do choque do petróleo. Com a alta dos preços, garantir equilíbrio entre as exportações e importações era central para a estabilidade econômica dos países.[2] A década anterior também se destaca na consolidação de relações diplomáticas, uma vez que a diplomacia brasileira focou grande parte dos seus esforços no comércio exterior para a expansão do mercado brasileiro.[3] O registro mais antigo de criação de embaixada ou representação diplomática do Brasil no Mundo Árabe é a do Líbano, em 1920. Contudo, a maior parte das embaixadas ou representações diplomáticas do Brasil no Mundo Árabe foi criada nas décadas de 1960 e 1970, embora existam registros de criações mais recentes, tais como as de Comores, Djibuti e Mauritânia, em 2010. Mais recentemente ainda, em 2021, foi inaugurada a mais nova embaixada, desta vez no Bahrein. Por outro lado, as embaixadas e representações diplomáticas dos países árabes no Brasil se desenvolveram sobretudo mais tardiamente, após a década de 1990.

Os acordos de cooperação também foram assinados mais tarde, ao longo das décadas de 1970, 1980 e 2010. Visitas presidenciais brasileiras de forma mais constante aos países árabes aconteceram, principalmente, após 2002. Houve visita presidencial à Argélia em 1983; ao Marrocos, em 1984; ao Egito, ao Líbano, à Líbia, à Síria e aos Emirados Árabes, em 2003; e ao Catar e à Arábia Saudita, em 2009. Deste período em diante todos os presidentes brasileiros realizaram visitas ao Mundo Árabe. As primeiras visitas de representações diplomáticas brasileiras também se concentraram no

---

[2] Relações entre o Brasil e o Mundo Árabe: construção e perspectivas. Brasília: Fundação Alexandre de Gusmão, 2001. (Anais do Seminário Internacional realizado em Brasília, em junho 2020). Disponível em: http://funag.gov.br/loja/download/3-Relacoes_entre_o_Brasil_e_o_mundo_arabe.pdf. Acesso em: 30 dez. 2023.

[3] SANTANA, Carlos Ribeiro. O aprofundamento das relações do Brasil com os países do Oriente Médio durante os dois choques do petróleo da década de 1970: um exemplo de ação pragmática. *Rev. bras. polít. int.*, v. 49, n. 2, dez 2006. Disponível em: https://www.scielo.br/j/rbpi/a/FqKZQ7mR4Hd3jKFYD46xmTQ/?format=pdf&lang=pt. Acesso em: 30 dez. 2023.

mesmo período. Quanto ao Mundo Árabe, as primeiras visitas ao Brasil, das representações diplomáticas ou de mandatários daqueles países, ocorreram, principalmente, após a década de 1990, com destaque para o início dos anos 2000.

É preciso registrar que a primeira visita de um líder brasileiro aos países árabes se deu em 1871. Dom Pedro II, além dessa viagem, retornou à região em 1876/1877.

Os acordos de cooperação internacional entre o Brasil e os países árabes estão concentrados, especialmente, na área da agricultura e na área de defesa e segurança. Destacam-se, além disso, cooperações em agendas como meio ambiente, educação, esportes, ajuda humanitária e investimentos.

Segundo o Ministério das Relações Exteriores do Brasil, a Delegação Permanente da Liga dos Estados Árabes (LEA) foi aberta no país em 1956, com *status* diplomático reconhecido a partir de 1975.

De maneira geral, as relações diplomáticas entre o Brasil e os países árabes são antigas e marcadas por cordialidade e parceria, ao mesmo tempo que o Brasil melhora, a cada década, a sua relação com aqueles países. A partir do crescimento das possibilidades de comércio, as relações diplomáticas tendem a expandir cada vez mais e vice-versa, ou seja, um maior desenvolvimento das relações diplomáticas entre o Brasil e os países árabes também pode sedimentar a abertura de setores de investimento para os anos vindouros.

Comércio exterior

As relações comerciais entre o Brasil e o Mundo Árabe ganharam força a partir de 1980, no contexto da crise do petróleo. Atualmente, segundo aponta o Ministério das Relações Exteriores, o Brasil apresenta grande fluxo de importação e exportação para os países árabes e conta com superávit comercial.

Ao longo dos últimos vinte anos, a relação comercial entre o Brasil e o Mundo Árabe se mostrou bastante rentável, com tendência de crescimento tanto das exportações quanto das importações, o que é muito positivo. À medida que as exportações se equilibram com as importações, a relação comercial se torna mais saudável, beneficiando a parceria e tornando, inclusive, a logística mais estruturada e de menor custo.

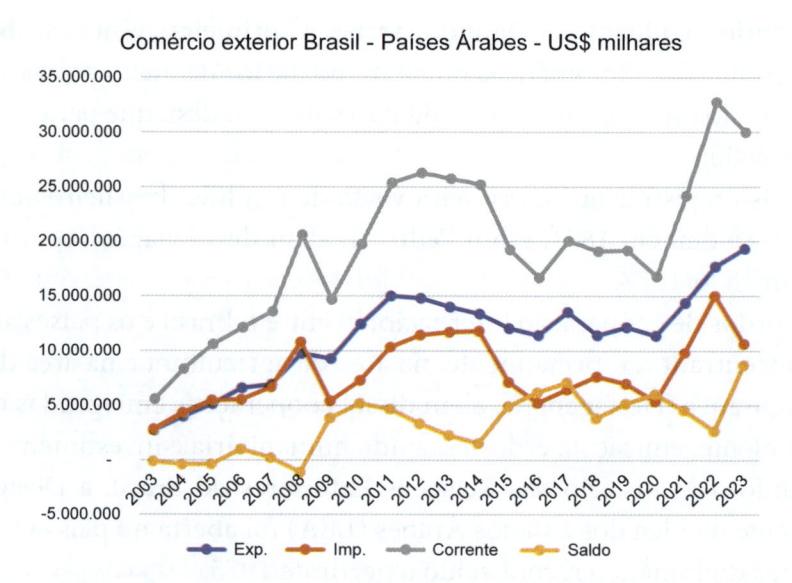

Comércio exterior Brasil - Países Árabes - US$ milhares

Fonte: Ministério do Desenvolvimento, Indústria, Comércio e Serviços.

Nos últimos anos, se considerado em seu conjunto, o Mundo Árabe é o terceiro maior mercado para as exportações brasileiras, ultrapassado apenas pela China e pelos Estados Unidos. É uma região central para o comércio exterior do Brasil e também, como visto, consolida-se como área estratégica para o agronegócio, uma vez que é o segundo maior comprador do Brasil nesse setor, com crescimento anual próximo aos dois dígitos.

Os países para os quais o Brasil mais exporta são: Arábia Saudita, Emirados Árabes Unidos, Argélia, Egito e Iraque, que juntos, representaram mais da metade das exportações à Liga Árabe.

Nas últimas duas décadas, os produtos que mais se destacaram nas exportações foram os alimentícios. Há um crescimento considerável da exportação de produtos alimentícios a partir de 2009.

Os materiais em bruto, como minério de ferro, também crescem exponencialmente, sobretudo a partir de 2020, muito por conta da ampliação de mercados árabes para o minério de ferro brasileiro e também pela pluralização de empresas brasileiras, não se concentrando apenas na Vale por meio de sua filial em Omã.

No que diz respeito às importações, os produtos que mais se destacaram no mesmo período foram combustíveis, fertilizantes e plásticos. Nota-se que, de 2018 a 2020, houve decréscimo nas importações de combustíveis minerais, lubrificantes e materiais relacionados, enquanto os produtos químicos começaram a tomar a dianteira a partir de 2015.

Quase 90% do que o Brasil importa dos árabes corresponde a combustíveis minerais e fertilizantes. Na via contrária quase 70% correspondem às *commodities* alimentícias.

Vale mencionar, também, que as importações do Brasil crescem a cada ano. Diversas empresas brasileiras estão firmando parcerias e realizando investimentos significativos nos países da Liga e com eles. Apesar da tendência superavitária da balança comercial com o Mundo Árabe nos próximos anos, a expectativa de crescimento recai tanto sobre as exportações quanto sobre as importações. Portanto, as oportunidades de investimento crescem a ritmos galopantes em ambos os lados dessa relação.

As possibilidades de negócios e acordos também podem ser potencializadas a partir de maiores investimentos em infraestrutura logística e modernização de portos. Além disso, trabalhar a imagem dos produtos brasileiros no mercado internacional e realizar missões oficiais e eventos nos países árabes auxilia na construção de produtos competitivos para exportação. Nesse sentido, o fortalecimento do Brasil como um importante ator do comércio internacional também requer um envolvimento coordenado dos setores público e privado.

A entrevista com o consultor de comércio exterior e ex-secretário-geral da Câmara de Comércio Árabe-Brasileira, Michel Alaby, em "Pontos de vista", é bastante esclarecedora sobre o comércio exterior entre o Brasil e os países árabes.

Para consultar dados quantitativos do Mundo Árabe e de suas relações comerciais (Comex) com o Brasil (Capítulos 1 e 2), acesse os QR Codes:

Banco Mundial
https://data.worldbank.org/

International Trade Centre
https://www.trademap.org/Index.aspx

Salaam Gateway
https://www.salaamgateway.com/

Ministério do Desenvolvimento, Indústria, Comércio e Serviços
https://www.gov.br/mdic/pt-br/assuntos/comercio-exterior/estatisticas/base-de-dados-bruta

Nações Unidas
https://data.un.org/

Alguns exemplos de *cases* sobre esse tema para ilustrar nossa ideia.

CASE | PANDEMIA

Durante a pandemia do coronavírus, diversos países enfrentaram uma série de dificuldades em diversos níveis da vida social e da economia. Nesse cenário, interessa observar de que forma a situação pandêmica impactou a relação entre os países árabes e o Brasil.

Em primeiro lugar, uma característica muito forte dos árabes é a necessidade do presencial, da relação olho no olho. Por esse motivo, tecer relações no Mundo Árabe é um processo um pouco mais demorado, porque somente depois de se apresentar e conversar é possível mostrar o que se pretende. O mais comum é que essas etapas não aconteçam à primeira visita. Eles, de fato, prezam um relacionamento que vai além da atividade de compra e venda. Eles querem saber com quem estão falando. Não há ali apenas um vendedor, mas uma pessoa com uma vida, uma família, e assim o relacionamento vai sendo construído para a consolidação da negociação. Por isso, o presencial é tão importante para os árabes. Quando a pandemia foi deflagrada, houve um corte nesse tipo de relação, e o isolamento (mundial) se mostrou um grande desafio para os negócios.

Outro dado importante desse contexto pandêmico foi o fato de os países começarem a fechar suas fronteiras. Apesar de não existir, naquela época, um desabastecimento efetivo, havia uma ameaça. Como a maioria dos países árabes é carente de produção de alimentos, o contexto gerou uma possibilidade de insegurança alimentar. Então, surgiu o questionamento: se os países que fornecem alimentos fecham as fronteiras e param ou diminuem as exportações, como abastecer o Mundo Árabe?

Em vista de superar as dificuldades, a Câmara do Comércio Árabe-Brasileira decidiu realizar, no início da pandemia, seu primeiro webinar, mesmo quando os meios e instrumentos para a realização de eventos on-line eram pouco conhecidos e explorados. Por meio de diagnóstico cultural e da dificuldade apresentada, entendeu-se que era preciso convencer os representantes dos países árabes a utilizar telas on-line para fazer negócios, uma vez que não havia outra alternativa possível.

Convite para o Webinar Brasil e países árabes: cadeia de suprimentos no setor de alimentos, perspectivas e desafios no atual cenário – 2020.

Fonte: Câmara de Comércio Árabe-Brasileira.

https://www.youtube.com/watch?v=RZza_Mpc7ws

No início, apesar das sugestões de contatos on-line, os representantes árabes foram um pouco refratários, uma vez que ainda havia a expectativa de que a pandemia logo arrefeceria. Mesmo assim, com o fechamento das fronteiras e sabendo da preocupação dos países com a importação de alimentos, a Câmara de Comércio Árabe-Brasileira realizou esse primeiro webinar exatamente sobre a questão da segurança alimentar. Toda essa articulação aconteceu em torno de quinze a vinte dias após o início do fechamento das fronteiras.

Durante a organização do evento, a então ministra da Agricultura, Tereza Cristina, foi convidada para uma conversa com o secretário-geral das Câmaras de Comércio Árabes, o Dr. Khaled Hanafy. O secretário expressou todo o temor apresentado pelos países do Mundo Árabe no campo do suprimento de alimentos, e a ministra assegurou que esses países eram parceiros muito importantes, tradicionais e fiéis do Brasil. Ela foi assertiva em garantir que o Brasil continuaria exportando normalmente. A partir desse diagnóstico assertivo e rápido, fomos capazes de quebrar barreiras importantes, gerando, entre os árabes, uma visão de que é possível confiar no Brasil, pois o país cumpre os compromissos assumidos, e de que também são possíveis reuniões on-line.

Ainda em 2020, a Câmara Árabe-Brasileira tinha programado um fórum econômico entre o Brasil e os países árabes na modalidade presencial, como havia acontecido em anos anteriores.

Presidente Michel Temer e Rubens Hannun durante o Fórum Econômico Brasil & Países Árabes: Construindo o Futuro – 2018.
Fonte: Câmara de Comércio Árabe-Brasileira.

Plenária do Fórum Econômico Brasil & Países Árabes: Construindo o Futuro – 2018.

Fonte: Câmara de Comércio Árabe-Brasileira.

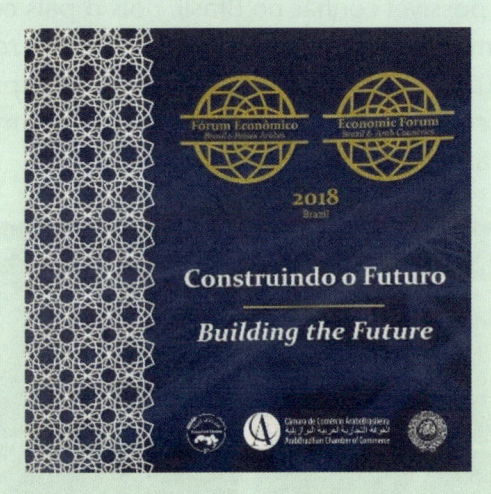

Fórum Econômico 2018 (em português e inglês).

https://online.fliphtml5.com/jwqnu/shqf/index.html

Fórum Econômico 2018 (em árabe).

https://online.fliphtml5.com/jwqnu/ohsv/index.html

    Na ocasião, viajei até a região, convidando autoridades e representantes. Contudo, a pandemia chegou e fomos obrigados a cancelar, acreditando que estávamos apenas adiando o evento, porque também achamos que ela passaria rapidamente. Como sabemos, a pandemia não parou como havíamos previsto. Então, ou a Câmara Árabe promovia o fórum de maneira virtual ou não faria. Mesmo com muitas dúvidas internas e externas sobre se funcionaria um encontro virtual com o público árabe, decidimos realizar o evento.

Realizar o fórum virtualmente foi um grande desafio, porque na época ainda não se tinha tanta informação sobre como realizar esses eventos de escala mundial. Afinal, estariam envolvidos o Brasil e 22 países árabes, de três continentes, e ainda abriríamos para árabes do mundo inteiro. Sem contar as questões com o fuso horário. Então, nos debruçamos sobre um planejamento que prevenisse, ao máximo, os possíveis riscos. Porque, por exemplo, se a conexão caísse, um ministro ou um presidente da república poderia estar sem conexão no ambiente virtual. Assim, testamos a conexão com os convidados, aferimos as funcionalidades com eles e pensamos em inúmeros planos alternativos.

Como resultado, o fórum durou quatro dias e meio, em horários viáveis para todos. Convidamos autoridades, empresários e o público em geral.

Secretário-geral da Liga Árabe – Sr. Ahmed Abou Al Ghait na abertura do Fórum Econômico Brasil & Países Árabes: O futuro é agora – 2020.

Fonte: Câmara de Comércio Árabe-Brasileira.

Presidente Jair Bolsonaro, Ministro da Economia Paulo Guedes e Ministro das Relações Ernesto Araújo, na abertura do Fórum Econômico Brasil & Países Árabes: O futuro é agora – 2020.

Fonte: Câmara de Comércio Árabe-Brasileira.

Tivemos palestrantes de trinta países do mundo todo: árabes (vinte, ao todo), Brasil, Estados Unidos, China, entre outros. Ao todo, contamos com a presença de cem palestrantes. O então presidente, Jair Bolsonaro, abriu o evento. Todos os dias, ministros brasileiros estavam presentes falando com ministros árabes. Foi um evento que contou com 10 mil participantes de mais de sessenta países do mundo, com vinte horas de transmissões ao vivo e seis acordos assinados.

Além disso, houve espaços de contraponto. Então, caso o ministro de Relações Exteriores do Brasil falasse, haveria outro ministro de Relações Exteriores proveniente de algum país árabe.

O webinar também aumentou a possibilidade de público, a acessibilidade aos debates e o enriquecimento das trocas. Diversas mulheres CEOs de multinacionais nos países árabes e empresárias sauditas compareceram ao evento e possibilitaram trocas significativas. Enquanto eventos presenciais poderiam ter algumas limitações, comparativamente esse se mostrou bem diversificado. Ademais, apesar de na época ninguém falar em "metaverso", criamos um ambiente virtual interativo e de exposição dos patrocinadores, que foi visitado por mais de

2,3 mil pessoas. Elas podiam visitar os estandes com os seus avatares, fazer reuniões, entre outras funcionalidades. Eu mesmo tinha um avatar e fiz reuniões no "metaverso" durante o fórum.

Estande virtual da Câmara de Comércio Árabe-Brasileira no Fórum Econômico Brasil & Países Árabes: O futuro é agora – 2020.

Fonte: Câmara de Comércio Árabe-Brasileira.

O Grupo Bandeirantes de Comunicação, com um estúdio no local de exposições pôde entrevistar participantes, expositores, palestrantes e autoridades do Brasil e do Mundo Árabe, disponibilizando o material em seus veículos de comunicação.

Toda essa situação foi uma lição sobre como é possível trabalhar em condições adversas. É muito importante respeitar a cultura dos países árabes, mas, nesse caso, não havia outra alternativa possível. Claro que precisamos respeitar a cultura: precisamos conhecer como eles são, a que eles dão valor, justamente para conquistar a confiança e dialogar sobre as possibilidades de flexibilização.

No caso em questão, os próprios correspondentes nos países questionaram o sucesso ou se os árabes participariam. Contudo, entre diálogos e negociações, construídos aos poucos e mostrando proatividade, fomos capazes de convencer de que aquele espaço poderia, de fato, promover e aprofundar relações comerciais em todo o mundo.

Além de todo esse contexto, nossos parceiros também se mostraram bastante proativos durante a pandemia. Percebendo o quanto estavam frágeis em relação aos alimentos, também buscaram fortalecer parcerias com outros países e começaram a desenvolver estratégias para lidar com a situação, tais como aumentar a estocagem, começar a desenvolver produção interna, diversificar fornecedores e melhorar a logística. Devido ao contexto de escassez de terras agricultáveis, também começaram a incentivar estudos que trabalhassem o desenvolvimento de plantações em contextos desfavoráveis. Muitos processos mostraram a agilidade dos árabes em lidar com cenários de crise: eles começaram a se vacinar mais rápido, desenvolveram-se de maneira significativa no *e-commerce*, entre outras ações.

O Brasil se mostrou grande parceiro desses objetivos de inovação e reestruturação. Apesar de o país ser um dos principais exportadores de alimentos para o Mundo Árabe, a parceria comercial mostrou-se mais importante. Ou seja, o Brasil poderia até diminuir um pouco a venda de algumas *commodities*, mas poderia vender outros itens, inclusive com maior valor agregado (maquinário, por exemplo). O mesmo se deu com a criação de gado e de frango. Se os parceiros árabes ampliassem essa atividade, os empresários brasileiros poderiam vender mais ração e assim por diante.

Nesse contexto, eles começaram a olhar o Brasil com outros olhos e pensar: "Se os parceiros comerciais vão nos deixar falando sozinhos, podemos ampliar nossa parceria com o Brasil". Então, eles nos chamaram e comunicaram que estavam precisando de fornecedores de produtos que o Brasil não comercializava até aquele momento. Eles queriam diversificar fornecedores para não ficar tão inseguros em contextos de crise.

Nesse momento, eles viram no Brasil um grande parceiro para a consolidação de novos nichos. A partir desse panorama, a Câmara de Comércio Árabe-Brasileira iniciou um trabalho de *networking* com fornecedores brasileiros, a partir do diagnóstico dos setores prioritários em diversas áreas, não apenas no de alimentos: calçados, plástico, azulejo etc. Representantes de mais de 30 setores da economia foram convidados para conversar com a Câmara Árabe, de modo que a instituição pudesse apresentar as oportunidades de negócios, as características exigidas dos produtos, as características dos consumidores, os níveis de preço, dentre outros tópicos.

Começamos, então, a promover webinars a cada 15 dias, para que representantes dos setores, árabes ou brasileiros, pudessem conversar entre si. Em vez de um cenário de paralisia causado pela pandemia, promoveram-se diversos espaços de grande convergência de oportunidades e possibilidades.

A pandemia é um *case*, porque fomos capazes de tomar decisões em vista de quebrar barreiras consolidadas, sem afrontar os modos de fazer dos árabes. Mostra, também, como é possível vencer desafios, por mais complexos que sejam. Tínhamos o problema da tecnologia, a barreira da língua – todos os webinars tiveram tradução simultânea –, outras dificuldades e riscos adversos.

O virtual agilizou e melhorou a qualidade de muitos elementos das relações comerciais. Contudo, esse contexto não diminuiu a força do presencial, visto que no período pós-pandemia o contato face a face foi retornando paulatinamente. Não é porque conseguimos fazer tudo on-line naquele período que estabelecemos esse modo de proceder no pós-pandemia, justamente porque sabemos que, do ponto de vista cultural, o presencial é importante para o Mundo Árabe e também não deixa de ser ao brasileiro.

Toda a situação mostrou para o Brasil e para os árabes a diversidade de possibilidades de negócios e trabalhos que poderiam ser explorados ou aprofundados. Mostrou que estávamos no caminho de criar uma verdadeira parceria estratégica, e não apenas uma relação de compra e venda, já que, na relação de compra e venda, compramos e vendemos hoje, mas podemos não comprar e vender amanhã.

Acesse o QR Code para ouvir o podcast da Agência de Notícias Brasil Árabe – Anba: "Como a pandemia modificou o comportamento do consumidor árabe".

https://open.spotify.com/episode/3mH3e2E4FoD4E6f7DzMiW1?si=2dIeSo2RR_G1XzYXpt8VnA

Capítulo 3

Imagem do Brasil nos países árabes

Antes de começarmos a alinhar ideias neste capítulo, vale uma reflexão introdutória: uma boa imagem do Brasil é fundamental para o desenvolvimento e incremento de negócios entre Brasil e países árabes, mais até do que na relação com outras nações.

O Brasil tem de formar e administrar seu *branding* especialmente em relação ao Mundo Árabe. É preciso trabalhar a marca pensando no mercado, na população, na sociedade árabe. Deve-se ter em conta as peculiaridades e necessidades específicas do Mundo Árabe, bem como as do mercado brasileiro. Assim como exemplificado na seção especial "Dicas", o *branding* tem de contemplar o conjunto árabe-brasileiro, brasileiro-árabe.

A imagem positiva faz com que se conquiste e não se afaste da legitimidade, credibilidade e confiança. Mas, para o Brasil ter essa boa imagem, esses três pilares (confiança, credibilidade e legitimidade) precisam estar bem formados, pois criam as bases para o estabelecimento de acordos, abertura de portas, facilitação de procedimentos, vantagens competitivas, tratamento diferenciado em situações diversas aos cidadãos, às empresas, aos governos e a todos os *stakeholders*.

A imagem é também fator importante em diversas situações, como conflitos, necessidades de escolha, estabelecimento de prioridades etc. A imagem influencia todas as decisões a serem tomadas. Isso ocorre tanto nos âmbitos institucional, macro e estratégico, quanto nas ações cotidianas de empresários, comerciantes, turistas, consumidores etc. Portanto, é importante que os países trabalhem para melhorar sua imagem, pois isso pode ter um impacto positivo em diversos aspectos de sua economia e sociedade.

Decidir fazer uma viagem de turismo, por exemplo, significa pensar nas belezas do país, se é caro ou barato hospedar-se lá, se estará quente ou frio naquela região no período da viagem, além de outros dados objetivos. Mas também levamos em consideração muito dos sentimentos subjetivos, do que achamos e do que se fala daquele país: se o povo é acolhedor, se é seguro estar lá, se o país é organizado, qual é a qualidade dos produtos e serviços, entre outros elementos de imagem que formamos daquele destino.

Assim também ocorre com os compradores de produtos e serviços. Eles vão recorrer ao que sabem ou ao que falam sobre o país e, em decorrência, sobre seus empresários: se cumprem compromissos, qual é a qualidade, responsabilidade, continuidade de fornecimento etc.

Consumidores finais também agem assim, mesmo gostando, podem rejeitar produtos de moda, por exemplo, se o país fabricante não é reconhecidamente um líder em moda. Como também o contrário é verdadeiro. Há preferências, mesmo que objetivamente as vantagens sejam menores.

A imagem é um conjunto de ingredientes tangíveis, intangíveis, racionais e emocionais agindo na mente de todos os nossos públicos. Basta pensar a respeito para se lembrar de exemplos de casos em que a imagem jogou a favor ou contra, ou, pior ainda, nem jogou.

No caso dos países árabes, esse conjunto age de forma ainda mais intensa, uma vez que seus cidadãos são extremamente criteriosos, exigentes, desconfiados, bem-informados, fiéis e leais, e dão aos fatores emocionais e intangíveis carga extra na balança da decisão, sendo necessário um tratamento de imagem único, focado. Vamos ver alguns exemplos.

Na década de 1970, em meio à crise do petróleo, o mundo ficou com déficit do produto, pois estava nas mãos dos poucos países produtores, todos eles integrantes da Organização dos Países Exportadores de Petróleo (Opep), na maioria árabes, e o Brasil foi privilegiado na distribuição do produto por parte dos árabes, em razão da sua imparcialidade nos conflitos regionais, especificamente na Guerra do Yom Kippur (Dia do Perdão).

Já em 2019, com a intenção do governo brasileiro de mudar a embaixada de Israel (em Tel Aviv) para Jerusalém, o Brasil teve problemas nas exportações de carne, especificamente para a Arábia Saudita (veja o *case* completo ao fim do Capítulo 8, "O desenvolvimento das relações comerciais"). Alegando critérios técnicos, vários frigoríficos brasileiros foram descredenciados por alguns países árabes e, dessa forma, passaram a não mais ter permissão para exportar. A intenção do governo brasileiro também motivou cidadãos do Sultanato de Omã a protestarem contra produtos do Brasil, a ponto de supermercados omanistas tirarem de suas prateleiras produtos brasileiros.

O relacionamento diplomático também foi prejudicado. Nesse caso, o protagonista foi o Egito. Uma reunião que seria realizada no Cairo (entre o Sr. Aloysio Nunes, ministro de Relações Exteriores do Brasil à época, e o governo do Egito) foi cancelada na véspera, sob o argumento de um imprevisto, mas, pelo que se apurou, a motivação tinha sido, na verdade, a posição do Brasil em relação à mudança da embaixada.

Outro caso negativo ocorreu em minha primeira viagem aos países árabes. Acompanhando uma missão comercial da Câmara de Comércio Árabe-Brasileira em um seminário no Kuwait, ocasião na qual o presidente da Câmara, Orlando Sarhan, promovia a parceria entre os dois países, uma autoridade local trouxe à tona uma dívida do Brasil com um fundo de investimento kuwaitiano que nunca foi paga, mesmo após vários acordos assinados. A menção a isso colocou a perder todo o esforço brasileiro e, infelizmente, até hoje este fato é mencionado.

Por outro lado, o Brasil foi muito procurado durante a pandemia de covid-19 para fornecer diversos produtos aos árabes, porque garantiu a eles o não fechamento das fronteiras brasileiras e, assim, eles puderam respirar um pouco mais aliviados, sabendo que a segurança alimentar em seus países estava garantida (no Capítulo 2, "Relações do Brasil com o Mundo Árabe", abordamos esse *case* com mais detalhes). O Brasil estava fazendo seu papel, como foi anunciado por Tereza Cristina, ministra da Agricultura, Pecuária e Abastecimento do Brasil à época. Ela garantiu a continuidade do abastecimento, promessa feita ao secretário-geral da União das Câmaras Árabes, Khaled Hanafy, em webinar promovido pela Câmara de Comércio Árabe-Brasileira no primeiro mês da pandemia.

Nessa live, a ministra, quando a questionei sobre a possibilidade de o Brasil paralisar sua produção ao exterior, deixou claro que o país, independentemente das dificuldades de produção e transporte, manteria seus compromissos com os países da Liga Árabe, inclusive lhes dando prioridade na entrega de produtos do agronegócio.

Esse posicionamento assertivo, demonstrando total parceria, reforçou a imagem do Brasil como país confiável. Em reação imediata, os árabes solicitaram, ao escritório internacional da Câmara de Comércio Árabe-Brasileira em Dubai, a identificação e o desenvolvimento de fornecedores brasileiros de produtos para os quais o Brasil não era um fornecedor habitual e, mais importante, produtos não alimentícios, de valor agregado.

Até em situações corriqueiras a imagem interfere. Em várias ocasiões de que participei, vi entraves, tanto simples quanto complexos, sendo resolvidos após menção de nossa origem. A lembrança de Pelé, Ronaldinho ou Sócrates reforçava nossa imagem de gente boa, alegre, que merece ser tratada com uma exceção ou outra, receber um agrado extra, uma concessão, sem sair das regras e da lei.

Infelizmente, essa recepção festiva e acolhedora tem sido menos intensa, não só pelos tropeços do futebol brasileiro, mas também por situações relatadas nos *cases*: Mudança da Embaixada (veja o *case* completo no Capítulo 8, "O desenvolvimento das relações comerciais") e Carne Fraca (veja o *case* completo na conclusão deste capítulo), além do alardeado descuido com a floresta amazônica.

Mas não é apenas em situações do dia a dia que a imagem interfere positiva ou negativamente. Por exemplo, a imagem mostra sua importância na concessão de um espaço nobre ou não em uma feira internacional. Se o país, seus empresários e seus produtos são bem-vistos, gerando prestígio e atraindo público, além de ser um expositor frequente e fiel, a organização da feira faz várias concessões para atrair esses expositores.

A concorridíssima Gulfood, uma das maiores feiras de alimentos do mundo realizada anualmente no mês de fevereiro, em Dubai, tem seus espaços disputados anos antes de cada edição. O Brasil, apesar de ser um dos três maiores produtores de alimentos do mundo, demorou várias edições para ter seu espaço ampliado e com melhor localização. E que ainda pode melhorar. Esse caso é muito curioso e de muito aprendizado: produtos brasileiros, com marcas de empresas brasileiras, participam dessa feira desde a primeira edição, com estandes de boa metragem e localização, mas, por algum motivo, talvez por não confiarem na imagem do Brasil, não usavam e não promoviam a "Marca Brasil".

Quando o país resolveu participar de forma organizada, institucional e comercial, promovendo diversos produtos, precisou começar do zero, porque a participação das grandes marcas, que nunca mencionavam o Brasil, nada agregou e possivelmente jogou contra, pois deixou a dúvida: por que as empresas brasileiras participantes nunca promoveram a marca do país?

No sentido oposto, é possível ver no mundo inteiro um caso exemplar positivo. As sandálias Havaianas, que têm expressiva participação em vários mercados, promovem a marca Brasil, utilizando inclusive "Havaianas do Brasil" e muitos elementos culturais brasileiros em suas comunicações, como praias, florestas e paisagens urbanas.

A Embraer, uma das principais fabricantes de aeronaves do mundo, também é uma importante embaixadora da marca Brasil em âmbito internacional. A atuação global, com clientes em mais de cem países, os investimentos em pesquisa e desenvolvimento e a geração de empregos e renda contribuem para a promoção da imagem do Brasil como um país com capacidade de produzir produtos e serviços de alta qualidade, inovador, criativo e empreendedor. Ainda mais interessante, em um setor no qual a tecnologia e a inovação são fatores inerentes, trazendo luz para essa *expertise*, pois sai do lugar-comum de grande exportador do *commodities*.

Não estou sugerindo que as empresas brasileiras tenham a obrigação de promover a marca Brasil, mas seria bem colaborativo a toda a indústria e, consequentemente à economia brasileira se o fizessem. Mas, para isso, elas devem estar envolvidas em um plano estratégico unificado e convencidas de que também se beneficiariam do resultado do esforço de imagem.

Plano estratégico da marca Brasil, especial ao Mundo Árabe

O Brasil precisa assumir a marca Brasil!

O Brasil precisa assumir que é a nona economia do mundo e trabalhar a imagem que reflita esta importância!

É preciso administrar as forças e fraquezas no caminho mais adequado e produtivo para a marca Brasil, no sentido de maximizar tudo de positivo e mitigar o negativo.

Para isso, é preciso ter um plano estratégico para a marca Brasil, algo específico para o Mundo Árabe, com estratégia focada no Mundo Árabe, com diagnóstico, objetivo, público-alvo, pilares estratégicos, estratégias, ações, metas, responsáveis, cronograma, meios e métricas de medição quantitativas e qualitativas, formas de administração e correção do rumo e dos recursos.

E não se pode errar. Isso requer um exaustivo diagnóstico, com um raio X mostrando onde estamos, como estamos, nossos pontos fortes, nossos pontos fracos, desafios, diferenciais etc.

Hoje, a imagem parece difusa. Não é? Parece que não? Será? Precisamos ter certeza.

Com este diagnóstico, confrontando a imagem que temos com a realidade do que somos, precisamos criar condições de mostrar essa realidade alinhada aos nossos objetivos e metas, assumindo e promovendo nossa vocação.

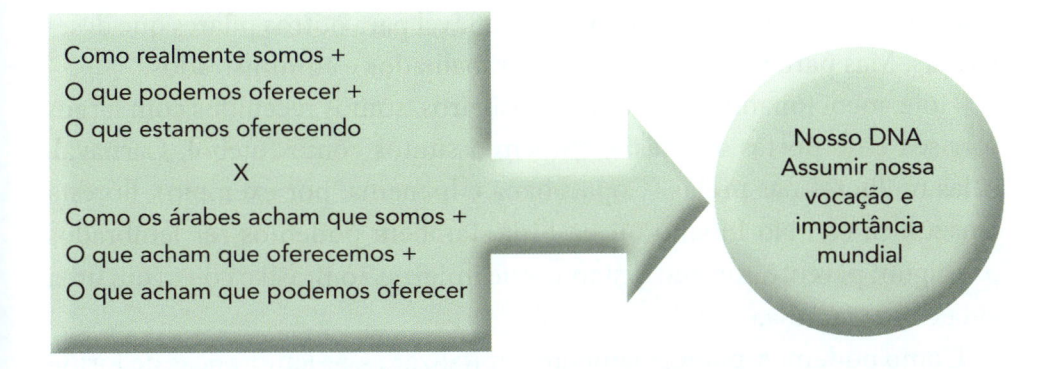

> Como realmente somos +
> O que podemos oferecer +
> O que estamos oferecendo
>
> X
>
> Como os árabes acham que somos +
> O que acham que oferecemos +
> O que acham que podemos oferecer

> Nosso DNA
> Assumir nossa vocação e importância mundial

O Brasil atualmente é reconhecido nos países árabes como o país do futebol, das belezas naturais, das festividades do Carnaval, que tem povo acolhedor, simpático e mulheres atrativas.

Por esses pontos podemos verificar que a imagem do país está bem mais atrelada a serviços e comportamentos. Isso é positivo, mas podíamos atrelar também a produtos de valor agregado. É provável que este posicionamento seja decorrência de o país ter pautado a participação no mercado árabe a eventos e *commodities*.

De qualquer forma, não temos clareza de nossa imagem. Conversas com árabes residentes no Brasil que lideram negócios com árabes e com empresários que moram nos países árabes mostram a não clareza da marca Brasil. Enquanto empresários brasileiros atribuem ao produto "made in Brazil" um abrangente conhecimento e reconhecimento de qualidade, profissionais residentes no Mundo Árabe relativizam essa afirmação, colocando-a em dúvida, ou até mesmo afirmando que o Brasil pode nem mesmo estar sendo visto ou percebido por grande parte do mercado. Significância nada condizente com a nona economia mundial.

Essa questão mostra, acima de tudo, a necessidade urgente do diagnóstico e, a partir dele, a construção do plano estratégico focado no Mundo Árabe, que contemple em suas linhas de ação o reforço às forças e o mitigar das fraquezas.

Continuando assim, será reforçada a imagem da vocação de base agrícola e de serviços específicos. Esses pilares vocacionais são muito positivos e podem agregar valor e criar base sustentável para outros pilares que desejarmos. Mas para isso eles têm de ser trabalhados e administrados.

Hoje, mencionando que somos brasileiros, somos recebidos com largos sorrisos e de portas abertas, e surgem assuntos como futebol, Carnaval, belas mulheres nas praias (Copacabana e Ipanema, por exemplo), floresta amazônica etc. No Líbano ou na Síria, também podemos ser lembrados por algum parente, mesmo distante, que imigrou ao Brasil e construiu uma vida e uma família.

Como podemos, planejadamente, capitalizar essas lembranças de forma ainda mais positiva, afastando o negativo, fazendo essas nossas qualidades e características trabalharem em prol de nossos produtos de valor agregado, serviços, empresas, empresários, instituições, estudantes etc.?

Alguns pontos fortes brasileiros, se forem usados de maneira inteligente e promovidos estrategicamente para a marca Brasil, podem gerar infinitos benefícios.

Ao citar que os árabes contribuíram e contribuem para o desenvolvimento do Brasil, com seus 12 milhões de cidadãos brasileiros de origem árabe (o equivalente a 6% da população do país), com uma vida diferenciada, ótima posição social, nível de renda e de instrução muito superior à média, conforme pesquisa da Câmara de Comércio Árabe-Brasileira, realizada pela consultoria H2R Insights & Trends, a receptividade dos árabes de qualquer um dos 22 países da Liga Árabe é enorme. Eles se enchem de orgulho, de admiração e gratidão. Esse tema foi amplamente explorado no Capítulo 4, "Presença e imagem dos árabes no Brasil".

Na mesma linha, é possível utilizar o fato de que 26% das lideranças empresariais brasileiras são de origem árabe, protagonistas e participantes ativos dos mais diversos setores, como educação, gastronomia, esporte, artes, cultura, medicina, engenharia, direito, comércio, indústria, construção, comunicação, marketing etc. Sem falar na política, que tem em Michel Temer, ex-presidente da República do Brasil, o exemplo mais significativo.

Demostrando que a população de origem árabe está perfeitamente integrada à comunidade brasileira e não sofre qualquer tipo de preconceito, a pesquisa "Laços de amizade", realizada pela consultoria – Núcleo de Estudos dos Mercados Árabes e Islâmicos – H2R Insights & Trends para a Embaixada do Sultanato de Omã, a população brasileira traçou o perfil dos árabes residentes no Brasil de forma muito elogiosa, como fica claro no gráfico.

Característica	%
Trabalhadores	97%
Respeitadores	93%
Criteriosos	92%
Empreendedores	91%
Cultos	91%
Estudiosos	90%
Inteligentes	89%
Éticos	89%
Alegres	86%
Amigos	85%
Honestos	85%
Boa gente	88%
Confiáveis	80%
Mão-fechada	72%
Extrovertidos	57%
Modernos	57%
Emotivos	54%

Fonte: Estudo "Laços de Amizade" – Núcleo de Estudos dos Mercados Árabes e Islâmicos – H2R Insights & Trends.

Veja o resultado completo do estudo "Laços de Amizade" acessando o QR Code.

https://online.fliphtml5.com/jwqnu/ijuf/index.html

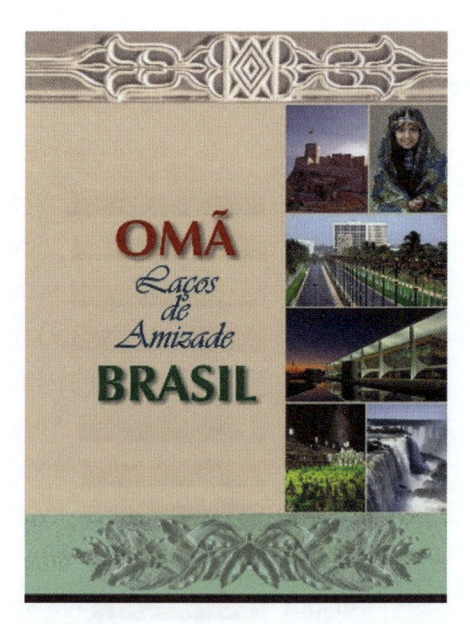

Omã. Laços de amizade. Brasil

Pode ser de extrema utilidade usar a grandiosidade e a perfeição do Carnaval brasileiro (desde o planejamento até a realização) como qualidade também das empresas brasileiras atuantes no setor de entretenimento, shows, grandes eventos e turismo, atraindo atenção e demanda para as empresas e profissionais da área.

Certa vez, visitando o Ministério do Entretenimento da Arábia Saudita, pudemos promover a qualidade de nossas empresas de eventos. Utilizando os exemplos do Carnaval, da Copa do Mundo, das Olimpíadas e de grandes shows, não foi difícil demonstrar a alta qualidade da organização e perfeição na realização. Assim, plantamos nos sauditas o interesse em conhecer nossas empresas e contratá-las.

A inserção, nesse caso, de empresas brasileiras na Arábia Saudita não limita sua consequência à venda de produtos e serviços. Por se tratar de uma iniciativa pioneira do reino saudita, a abertura interna para uma convivência dos jovens, independentemente de gênero, promovendo prazer, diversão e entretenimento saudável, dá ao Brasil um lugar privilegiado para mostrar seus valores, comportamentos, crenças, qualidades e, portanto, protagonizar o importante momento em conjunto, trocando, assim, influências. Com isso, o Brasil pode cristalizar sua posição naquele país com resultados excelentes, qualitativos e quantitativos.

É importante entender a importância desse momento.

MINISTÉRIO DO ENTRETENIMENTO

Uma das primeiras iniciativas do principe herdeiro da Arábia Saudita, Mohammad bin Salman, um jovem com cerca de 30 anos quando nomeado, foi a estruturação do Ministério do Entretenimento. Na visita que fizemos, fomos positivamente surpreendidos. Além da própria existência do Ministério, o espaço físico do órgão governamental também causou esse efeito. Um moderno prédio com andares abertos, estações de trabalho equipadas com equipamentos tecnológicos de ponta, destinados a jovens na faixa de 21 a 30 anos, sem divisão de gênero.

Esses jovens têm como função a pesquisa, avaliação e escolha de eventos e atividades de entretenimento para a juventude. Uma verdadeira revolução. Neste contexto a escolha de fornecedores não só envolve o critério qualidade, mas também procedimentos, valores e comportamentos dos integrantes das empresas e do país de origem da empresa. Por isso, a grande importância da inserção do Brasil e de suas empresas de eventos em projetos extremamente valorizados pela população jovem residente no país e pelos líderes de opinião de todo o mundo.

Reunião no Ministério do Entretenimento da Arábia Saudita em Riad – 2019.

Foto: Rubens Hannun.

É importante também ter argumentos para sair de situações negativas. Em uma visita aos Emirados Árabes Unidos, um recepcionista de hotel onde eu me hospedava, ao pegar meu passaporte e identificar minha origem, imediatamente perguntou: "Quando vocês vão parar de queimar a Amazônia?". Se eu não tivesse na memória os dados de produtividade da nossa agricultura, de que somos um dos países que, relativamente, mais preservam sua terra nativa etc., não conseguiria reverter a imagem ruim que começava a se formar naquele profissional do turismo[1].

---

1 Brasil é um dos países que mais preserva vegetação nativa, destaca nota da SPE. Ministério da Economia, *gov.br*, 15 jul. 2020. Disponível em: https://www.gov.br/economia/pt-br/assuntos/noticias/2020/julho/brasil-e-um-dos-paises-que-mais-preserva-vegetacao-nativa-destaca-nota-da-spe. Acesso em: 4 jan. 2024.

Imagem do Brasil nos países árabes 75

Esses casos podem ocorrer de forma planejada e não apenas ocasional. Podemos e devemos criar ações de promoção que estendam as boas qualidades a tudo.

Abertura do Festival Brasileiro no Yas Mall em Abu Dhabi, Emirados Árabes Unidos – 2018.
Fonte: Câmara de Comércio Árabe-Brasileira.

Festival Brasileiro no Yas Mall em Abu Dhabi, Emirados Árabes Unidos – 2018.
Fonte: Câmara de Comércio Árabe-Brasileira.

Abu Dhabi recebe Brazilian Festival

Um grande destaque que vale ser citado como exemplo, reverberado e, claro, colocado em prática em ações com os países árabes, foi o Brazilian Festival, que ocorreu de 22 a 25 de fevereiro de 2018, no Yas Mall, um dos maiores shoppings da região. Contou com atividades comerciais e culturais, celebrando as relações entre o Brasil e os Emirados Árabes Unidos.

A Câmara de Comércio Árabe-Brasileira cuidou de todos os detalhes, que, na abertura do shopping Yas Mall, já começou divertindo o público, com atrações culturais e esportivas. Durante os demais dias, além das performances, ocorreu mostra de produtos nacionais brasileiros. O saldo final foi altamente positivo, pois as empresas expositoras conseguiram contatos, e houve, inclusive, negócios fechados. As atrações culturais, como era de esperar, ganharam a simpatia do público árabe e forte exposição positiva na mídia local.

https://anba.com.br/abu-dhabi-recebe-brazilian-festival/

Abu Dhabi recebe Brazilian Festival

Evento com atividades comerciais e culturais ocorrerá no Yas Mall de 22 a 25 de fevereiro de 2018, e celebrará as relações entre o Brasil e os Emirados Árabes Unidos.

https://anba.com.br/camara-arabe-leva-o-brasil-a-abu-dhabi/

Câmara Árabe leva o Brasil a Abu Dhabi

A abertura do Brazilian Festival no shopping Yas Mall divertiu o público com atrações culturais e esportivas. Performances e mostras de produtos nacionais vão até domingo.

https://anba.com.br/brazilian-festival-termina-com-saldo-positivo/

Brazilian Festival termina com saldo positivo

Empresas expositoras conseguiram contatos e houve inclusive negócio fechado. Atrações culturais ganharam a simpatia do público árabe.

Tendo esses pontos claros, precisamos mudar o *status* da imagem brasileira. Por exemplo, em recente pesquisa realizada para a Câmara de Comércio Árabe-Brasileira, detectou-se que os produtos "made in Brazil" estão longe dos primeiros colocados no ranking de qualidade e preferência dos consumidores árabes.

A imagem do Brasil nos países árabes, assim como a de um país árabe no Brasil, é formada por ações concretas e por inúmeros detalhes que vão formando um mosaico, podendo resultar tanto em uma bela pintura quanto em um amontoado de peças desconexas que confundem e atrapalham, como um quebra-cabeças sem solução.

Todas as áreas, todos os poderes, todos os organismos/instituições, a iniciativa privada, o turista, o cidadão etc. são *stakeholders* importantes, com um papel nessa formação de imagem.

Como explicitado, quando falamos nas relações "business to business" e "business to consumer", os árabes dão importante papel à profundidade e completude das relações, sem intimidades, mas com todas as dimensões contempladas para que os negócios e os relacionamentos se realizem.

Assim, é preciso prestar atenção em todos os detalhes, por menores que sejam: atitudes, movimentos, comportamentos.

Além das palavras, tudo fala

Nas primeiras feiras das quais participamos no Mundo Árabe, a Câmara de Comércio Árabe-Brasileira levou empresas interessadas em promover seus produtos naqueles países. Observando o comportamento dos empresários de diversos países e do Brasil na montagem, durante as feiras e na desmontagem dos estandes, preparamos para as feiras seguintes um material informativo e formativo de procedimentos a serem seguidos, para assim termos uma identidade que garantisse a construção da imagem positiva diferenciada que perseguimos. A compreensão e a adesão formal e explícita ao manual de procedimentos passaram, na gestão de Antonio Sarkis Júnior, a ser pré-requisitos para a participação.

Nesse manual, para exemplificar, foram estabelecidos os seguintes procedimentos:

- Representantes das empresas não poderiam, de maneira alguma, fazer as refeições dentro do estande, uma prática comum em estandes de outros países e que ofendiam ou reforçavam a imagem negativa dos empresários e seus países de origem.
- Participação obrigatória durante todos os dias da feira e pelo período completo, da abertura ao fechamento.
- Todos os materiais e produtos da empresa deveriam estar no estande um dia antes da abertura, e o próprio estande deveria estar pronto.
- Os materiais deveriam estar em árabe e/ou em inglês.
- É necessário ter uma lista de produtos com preços em dólares. De forma alguma o representante poderia estar sem todas as informações dos produtos ofertados.

Além desses, outros procedimentos gerais e específicos adequados ao setor de atividade foco da feira, país-sede do evento etc. também foram estabelecidos.

A partir da adesão, as empresas participantes recebiam treinamento antecipado no Brasil e outro já no país árabe, inclusive com a participação do embaixador brasileiro, explicando os hábitos locais, comportamentos a evitar etc.

O ideal é que tudo seja seguido à risca, mas, infelizmente, nem sempre é assim. Por isso, é importante que haja fiscalização e treinamento constantes.

Cumprir de maneira adequada todas essas normas, além de adotar outras atitudes quanto a questões como organização, profissionalismo, respeito, conhecimento do ambiente etc., somado ao nosso *know-how* na organização de eventos, torna positiva a imagem de nossos produtos, serviços, empresas, empresários, cidadãos, estudantes etc.

Estande do Brasil em feira internacional.
Fonte: Câmara de Comércio Árabe-Brasileira.

Um exemplo dessa utilização positiva do que fazemos, mostrando aspectos nem sempre visíveis, são as edições da revista *Brazil Goal*, editada pela Câmara de Comércio Árabe-Brasileira em 2005, durante a gestão de Paulo Sérgio Atallah.

Essa iniciativa tinha por objetivo divulgar aos empresários árabes as qualidades intrínsecas contidas na realização do Carnaval, na construção e administração de shoppings centers, na criatividade do futebol brasileiro entre outros.

Capas de três exemplares da Revista Brazil Goal editada pela Câmara de Comércio Brasil-Árabe e produzida pela AMG Comunicação – 2001.

Fonte: Câmara de Comércio Árabe-Brasileira.

Também um excelente exemplo de construção de imagem com estratégia focada no Mundo Árabe é a nova sede da Câmara de Comércio Árabe-Brasileira, por mim inaugurada. O imóvel foi adquirido, idealizado e construído na gestão do presidente Marcelo Nabih Sallum, em edifício ícone localizado na Avenida Paulista, na cidade de São Paulo. Esta sede agrega a toda relação brasileira com o Mundo Árabe, capitaneada pela Câmara, seja ela institucional, comercial, cultural ou social, atributos ligados a qualidade, confiança, organização, consistência e solidez, entre outras forças, abrindo uma série de oportunidades.

As palavras também significam muito, para o bem e para o mal. Certa vez, durante pronunciamento em um fórum comercial, uma autoridade brasileira elogiou a estrutura do país anfitrião, porém confundiu o nome deste país. Isso pareceu ser compreensível e entendido pelos anfitriões, mas foi desastroso para a imagem e pontualmente enfraqueceu todas as negociações daquele momento.

Exemplos da sede da Câmara de Comércio Árabe-Brasileira: auditório e perspectiva do prédio da sede, idealizada à luz de estratégia focada no Mundo Árabe.

Fonte: Câmara de Comércio Árabe-Brasileira.

Outro caso exemplar aconteceu no início dos anos 2000, quando promovemos, em uma feira no Egito, um produto brasileiro com importações proibidas no país, mostrando nosso insuficiente conhecimento das características daquele mercado e um despreparo na capacitação e seleção das empresas brasileiras participantes da feira.

Claro que são ocorrências pontuais e que vão se corrigindo com o tempo, mas não podemos deixar de apontá-las e agregá-las ao nosso aprendizado e à nossa elaboração das ações.

O planejamento e a administração da imagem passam por tudo isso. É uma construção que nunca termina. Seu movimento é constante. Cada palavra de uma autoridade, cada produto com defeito entregue, cada contrato cumprido com perfeição, cada gol de um brasileiro, cada desfile de escola de samba, cada notícia de não cumprimento de direitos humanos, cada demonstração de cuidado com a floresta amazônica, cada estudante brasileiro que se candidata a um trabalho ou estudo, cada avião brasileiro voando nos céus do Oriente Médio, cada participação em feira fazem o movimento ocorrer. Nada é insignificante, tudo conta.

É preciso fortalecer a imagem com um número infinitamente maior de pontos positivos, para criar uma consistência que suporte eventuais pontos negativos fora da curva.

A formação e a administração da imagem e do *branding* Brasil são tão importantes e complexos, que merecem tratamento exaustivo e contínuo, impossível de serem esgotados neste capítulo.

Tem de haver um projeto e um responsável para que se siga em direção ao mesmo objetivo, com mesmo propósito, com mesmos valores, partindo do mesmo diagnóstico. Empresas, governo, organizações não governamentais sem fins lucrativos precisam somar os esforços com a consciência de que o ganho será comum e o crescimento geométrico.

É importante consultar em "Pontos de vista" as diversas versões sobre a imagem do Brasil nos países árabes e as sugestões que nos deram nossos entrevistados.

CASE | CARNE FRACA

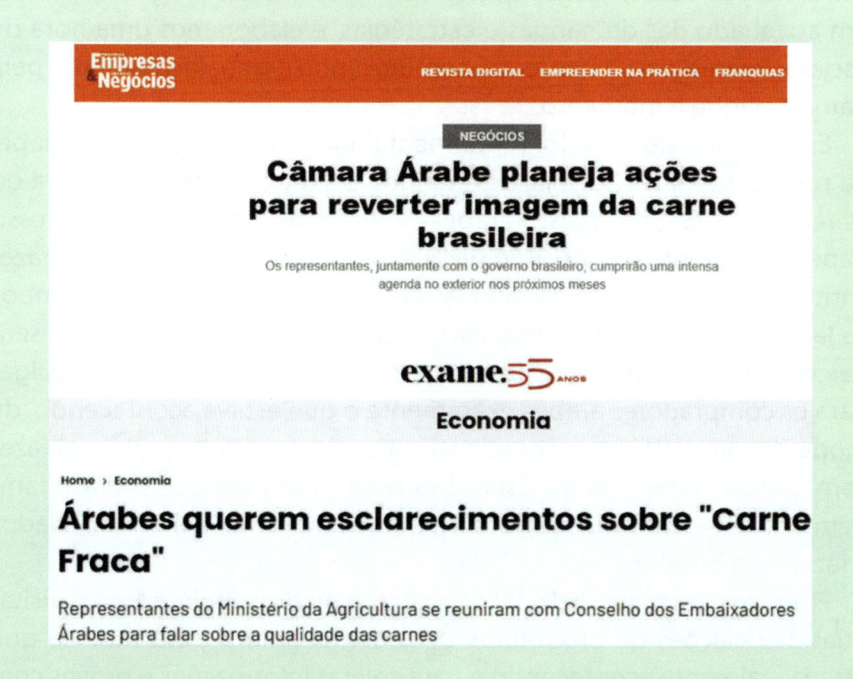

Empresas & Negócios — REVISTA DIGITAL · EMPREENDER NA PRÁTICA · FRANQUIAS

NEGÓCIOS

Câmara Árabe planeja ações para reverter imagem da carne brasileira

Os representantes, juntamente com o governo brasileiro, cumprirão uma intensa agenda no exterior nos próximos meses

exame.55 ANOS

Economia

Home › Economia

Árabes querem esclarecimentos sobre "Carne Fraca"

Representantes do Ministério da Agricultura se reuniram com Conselho dos Embaixadores Árabes para falar sobre a qualidade das carnes

A história da operação Carne Fraca se iniciou em março de 2017, com a denúncia de que havia papelão na carne brasileira. Eu tinha acabado de chegar de viagem quando me aprofundei sobre as notícias que me alcançaram no Marrocos, onde eu estava. Essa denúncia gerou uma grande insegurança nos compradores, e os governos começaram a ficar agitados sobre a questão. A relação comercial do Brasil com o Mundo Árabe é expressiva, com significativas exportações de proteína animal, e um rumor de que havia um sério problema com a carne em um período de grandes volumes de compras seria muito prejudicial.

Os noticiários falavam que os países queriam parar de comprar carne brasileira e que a situação era complicada. Foi, então, que instalei na Câmara Árabe um comitê de crise para entender o que poderíamos fazer naquele cenário e impedir a perda de mercados. Compunham esse comitê: o vice-presidente de relações internacionais Osmar Chohfi, o vice-presidente de comércio exterior Ruy Cury, o diretor de comunicação Walter Nori, o secretário-geral da Câmara, Michel Alaby, o diretor de inteligência de mercado Mauricio Borges e o gerente de relações governamentais Tamer Mansour. Nós nos reunimos e começamos a fazer um apanhado das demandas e estratégias, e elaboramos uma nota de esclarecimento para a imprensa, comunicando o trabalho realizado pela Câmara naquele momento.

Esse comitê de crise foi fundamental inclusive para definir o papel da própria Câmara. Ou seja, deveríamos defender a carne brasileira ou as reivindicações dos países árabes? Refletimos sobre qual seria nosso papel e chegamos à conclusão de que a Câmara tinha a missão de fazer a intermediação entre o Mundo Árabe e o Brasil, de forma que ambos os lados fossem beneficiados, sempre à luz da realidade dos fatos sem parcialidade. Portanto, a instituição se comprometeu a apurar e divulgar para os compradores árabes exatamente o que estava acontecendo, de modo imparcial. Nós nos conscientizamos de que nosso papel era fazer com que os árabes comprassem um bom produto e que o Brasil também vendesse um bom produto. Tínhamos que olhar para os dois lados e fazer essa interligação.

Fizemos a reunião no dia 20 de março, e no dia seguinte fomos visitar duas associações de produtores de proteína animal para saber o que estava realmente acontecendo e para coletar informações e provas com transparência e imparcialidade. Essa decisão só foi possível a partir do amadurecimento da discussão no dia anterior. Visitamos as instituições e levamos conosco um plano de ação que havíamos estruturado para a atuação da Câmara no caso. Esse plano incluía, entre outras coisas, visitas às instituições e um projeto de imagem para o Brasil, envolvendo jornalistas, formadores de opinião do Mundo Árabe, principalmente dos quatro países mais importadores de carne brasileira, tal como um plano de acompanhamento do que os árabes estavam falando em seus respectivos países.

Nesse mesmo dia, a tensão ficou ainda maior, porque recebemos a notícia de que a Argélia e o Egito haviam fechado a importação de carnes do Brasil. Os Emirados Árabes Unidos e a Arábia Saudita também estavam fechando oficialmente. No dia seguinte, fomos a Brasília, como parte do plano de ação. Nós nos reunimos com os embaixadores árabes, chamamos o Ministério da Agricultura e pudemos ouvir o que estava acontecendo a partir do ponto de vista dos agentes e das instituições.

Então, o Ministério da Agricultura, com os seus técnicos, explicou para os embaixadores presentes o que se passava. Estes ouviram e solicitaram um parecer técnico do Ministério da Agricultura. Imediatamente, o Ministério expediu o parecer, e nós o enviamos para os árabes. Estes, por sua vez, o transmitiram para seus países.

Coincidentemente, uma missão do Egito veio comprar carne do Brasil no período dessa crise. Já estavam no Brasil quando a situação se deflagrou. Vieram, mas não comprariam nada em razão dos acontecimentos. Nós nos reunimos com essa delegação, fomos mostrando as resoluções e, no fim, acabaram comprando mais toneladas do que intencionavam na chegada, porque viram o quanto os produtores brasileiros estavam comprometidos com solução e qualidade.

Todas essas iniciativas possibilitaram a retomada da relação comercial. A operação Carne Fraca começou no dia 17 de março; no dia 21, iniciamos o plano de ação; e a abertura do mercado foi noticiada no dia 23. Ou seja, em dois dias conseguimos manejar a crise através de ações coordenadas.

Outra estratégia foi levar o ministro da Agricultura, Blairo Maggi, aos países árabes para uma conversa com os ministros da Agricultura e do Abastecimento, e com os órgãos reguladores dos países, podendo, assim, explicar o que aconteceu e reiterar o esforço do Brasil. Os mercados já haviam sido abertos, mas a ação foi importante para fortalecer a aliança, que estava fragilizada. Foi uma ação com enorme repercussão, porque, como característica dos árabes, o contato face a face é muito respeitado. Foi um ato de respeito ter saído do Brasil para dar uma justificativa a eles em seu próprio país. Mostrou comprometimento com a relação comercial. Levamos em conta a cultura dos países árabes e gerimos essa iniciativa do contato face a face entre as autoridades. Convencemos o então ministro de que, naquela situação, não adiantaria ligar ou mandar uma carta.

Os árabes são fiéis a bons fornecedores. Mesmo seduzidos por preços mais baixos, não ficam mudando de fornecedor com frequência. Portanto, queríamos manter a fidelidade e, para isso, precisávamos reestabelecer a relação de confiança. O fato de a Câmara Árabe ter realizado essas ações também conferiu a ela um papel de liderança. Assim, os árabes estreitaram a relação de confiança com a instituição, tornando-a um aporte cada vez maior dessa relação.

E não paramos por aí. Primeiro implementamos as ações mais rápidas, em curto prazo, como mandar carta em árabe para todo o nosso *network* nos países, repassando as informações técnicas. Depois, iniciamos as ações mais duradouras, como se reunir toda semana com os embaixadores árabes. Contratamos também uma assessoria de imprensa específica para esse assunto no Mundo Árabe..

O plano de imagem também foi importante para reestabelecer a reputação afetada do Brasil. O presidente Michel Temer ofereceu um jantar com churrasco brasileiro e convidou todos os embaixadores árabes. Nós realmente levamos esse plano adiante, muito voltado para a divulgação de imprensa e visitas. Hoje, temos feiras alimentícias nos países do Mundo Árabe em que as empresas vão, expõem e fazem um grande churrasco para os compradores, para a imprensa e para as autoridades do país. Eles fazem uma festa com a carne brasileira. Isso passou a ser uma prática comum.

Esse *case* foi muito significativo porque mexeu com algo muito sério e mostrou que precisamos ser protagonistas, como sempre falou o presidente Salim Taufic Schahin em suas gestões. Em algumas situações, não podemos esperar e precisamos tomar a frente, assumir a liderança. Precisamos ser ágeis, transparentes e neutros, para ser possível colaborar com todos os envolvidos. Além disso, mostra que é preciso agir de maneira coordenada e entender o papel de cada instituição. Construímos com os árabes uma relação social antes da relação comercial. Para isto a transparência é fundamental.

O comitê de crise se tornou permanente e, assim, pudemos debater as questões mais complexas de maneira mais eficiente. No fim das contas, o Brasil se saiu melhor do que antes. Contudo, correu grande risco de perder todos esses mercados.

Matérias analisando a atuação da Câmara de Comércio Árabe-Brasileira durante a Operação Carne Fraca, a partir do relatório de atividades da Câmara de Comercio Árabe-Brasileira – 2017.

Fonte: *Jornal Valor Econômico*, 5 de julho de 2017.

Capítulo 4

Presença e imagem dos árabes no Brasil

Os empresários brasileiros e o governo podem e devem se beneficiar da presença dos árabes, de seus descendentes e de sua imagem na sociedade brasileira, para incrementar os negócios.

Como fica claro neste livro, a ligação do árabe com a família e a preocupação com o bem-estar das pessoas são notáveis. Mesmo não conhecendo o Brasil, não tendo parentes ou conhecidos no país, o árabe é muito sensível ao tratamento dado à sua comunidade em outro contexto, em outro país.

Em todas as minhas experiências, ao mencionar minha origem síria e falar, mesmo que rapidamente, a respeito de alguns dados sobre os árabes no Brasil, a receptividade e disponibilidade que demonstravam para mim e para o que eu tinha a oferecer cresciam enormemente.

Razões para a receptividade e o interesse dos árabes

Precisamos entender

Os árabes são cuidadosos com a família, com o próprio grupo social e com o ser humano de maneira geral. Além disso, estão sempre profundamente interessados nas pessoas da comunidade, querem ter notícias, saber como vivem, o que fazem, movendo esforços constantes para que tudo saia da melhor forma. No Capítulo 8, seção "Business to consumer", vamos falar sobre a prática do boca a boca na divulgação de um produto ou serviço. O árabe entende como uma obrigação orientar essa rede de relações sobre suas experiências, sejam elas boas ou más.

Outro dado importante a analisar é a exceção caracterizada pelo Brasil na recepção aos árabes e sua integração à sociedade brasileira. Nenhum outro lugar do mundo recebeu e recebe os árabes de forma tão natural e colaborativa como o Brasil, independentemente do país de origem, religião, vestimenta, hábitos etc. Pelo contrário, em muitos países os árabes não são bem recebidos e sofrem preconceito, e muitas vezes não podem viver a vida conforme sua cultura, seus hábitos etc. No Brasil, a liberdade é garantida para tudo. Assim também é recebido o brasileiro nos países árabes, de braços abertos.

Mas é claro que a relação entre os povos deve seguir os parâmetros de respeito à cultura e aos hábitos do outro país. Com isso, árabes e brasileiros podem formar uma parceria de ganha-ganha em várias áreas. Em relações econômicas e comerciais, pode, sem dúvida, haver benefícios para ambas as partes.

Três estudos realizados no Brasil demonstram o quanto o terreno já está semeado para o estabelecimento de parcerias estratégicas e o consistente desenvolvimento e ampliação do comércio e investimentos.

Como já citado no Capítulo 3, "Imagem do Brasil nos países árabes", no primeiro estudo, "Laços de Amizade", realizado em 2015 por solicitação da embaixada do Sultanato de Omã em Brasília, liderada pelo embaixador Dr. Khalid Said Al Jaradi, a consultoria H2R Insights & Trends, realizadora da pesquisa, constatou que, mesmo sem ter muitas informações sobre os países árabes e sua sociedade e apesar de ter informações parciais e muitas vezes incorretas, o brasileiro tem um ótimo conceito do árabe que mora no Brasil. Considera essa comunidade séria, trabalhadora, honesta, amiga, sociável, perfeitamente integrada, que muito contribuiu e continua contribuindo para o desenvolvimento do país, em especial no comércio, na gastronomia, na engenharia e na medicina.

Aceitaria um árabe ou descendente em minha família

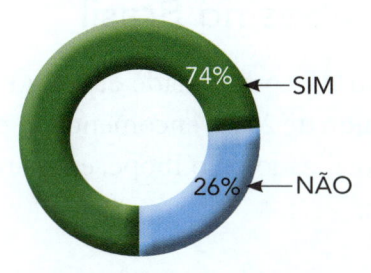

- 74% — SIM
- 26% — NÃO

Aceitaria um árabe ou descendente participando da minha vida profissional e de meus negócios

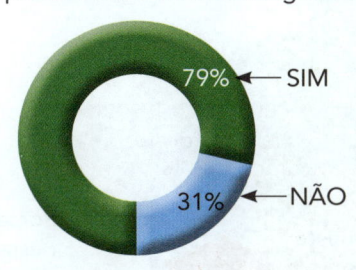

- 79% — SIM
- 31% — NÃO

Aceitaria um árabe ou descendente em meu convívio social

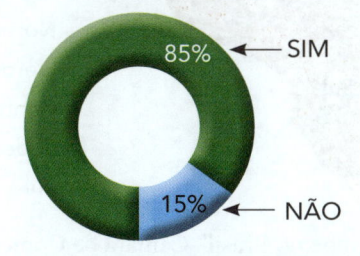

- 85% — SIM
- 15% — NÃO

Fonte: Estudo "Laços de Amizade" H2R Insights & Trends.

Os brasileiros não se frustram em conviver rotineiramente com alguém de origem árabe em relações profissionais, comerciais, familiares e sentimentais, demonstrando confiança, admiração e total alinhamento, sem qualquer tipo de preconceito. E gostariam de se aproximar, visitando países árabes.

https://online.fliphtml5.com/jwqnu/ijuf/index.html

Presença dos árabes no Brasil

Essa perfeita integração da comunidade árabe ao Brasil e ao seu povo é detectada em outro estudo de 2019, encomendado pela Câmara de Comércio Árabe-Brasileira e realizado pelo Ibope, em parceria com a consultoria H2R Insights & Trends.

Norte 6%
Nordeste 30%
Centro-oeste 5%
Sudeste 41%
Sul 18%

Porcentagem de árabes e descendentes em relação ao número de habitantes de cada região do Brasil:

Região	%
Norte	4%
Nordeste	7%
Centro-oeste	3%
Sudeste	5%
Sul	7%

Fonte: Estudo "A presença árabe no Brasil". Câmara de Comércio Árabe-Brasileira e H2R Insights & Trends.

Esse trabalho trouxe a constatação estatística da expressiva presença árabe no Brasil. A comunidade é constituída por 12 milhões de pessoas, o que representa 6% da população brasileira, se autodenomina de origem árabe-brasileira ou brasileira-árabe e se orgulha dessa origem. Ela está representada em todas as regiões, estados e cidades do país.

A comunidade árabe também está posicionada nas camadas mais altas de instrução e poder econômico. Reconhece quão bem o Brasil recebeu seus ascendentes, oferecendo oportunidades, tratando-os como alguém do próprio país. Por essas e outras razões, procura retribuir com trabalho, fidelidade e patriotismo.

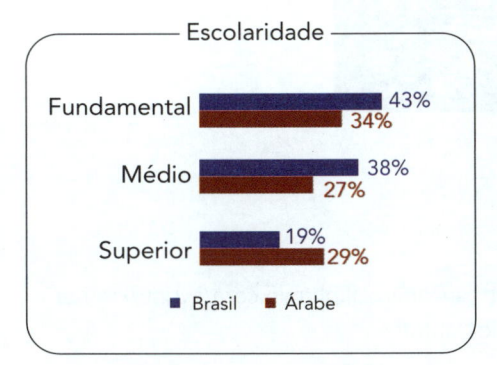

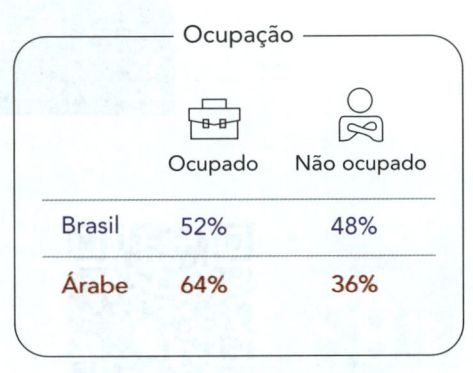

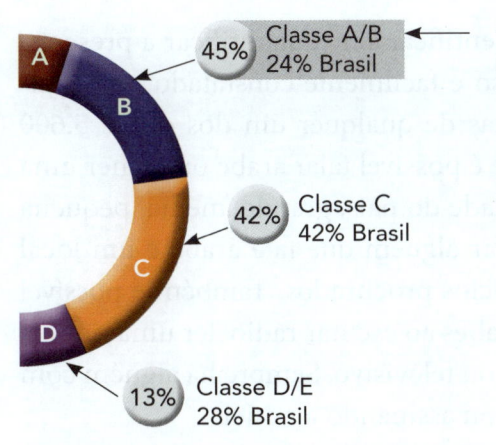

Escolaridade

	Brasil	Árabe
Fundamental	43%	34%
Médio	38%	27%
Superior	19%	29%

Ocupação

	Ocupado	Não ocupado
Brasil	52%	48%
Árabe	64%	36%

- Classe A/B: 45% / 24% Brasil
- Classe C: 42% / 42% Brasil
- Classe D/E: 13% / 28% Brasil

Os árabes e descendentes de árabes possuem condição econômica mais elevada que a média da população brasileira.

Enquanto 24% dos brasileiros são das classes A/B, quase metade dos árabes e descendentes (45%) estão nessa mesma categoria socioeconômica.

Fonte: Estudo "A presença árabe no Brasil" Câmara de Comércio Árabe-Brasileira e H2R Insights & Trends.

A pesquisa "A presença árabe no Brasil" pode ser acessada por inteiro no livro homônimo do Sr. Walid Yagizi, pelo QR Code.

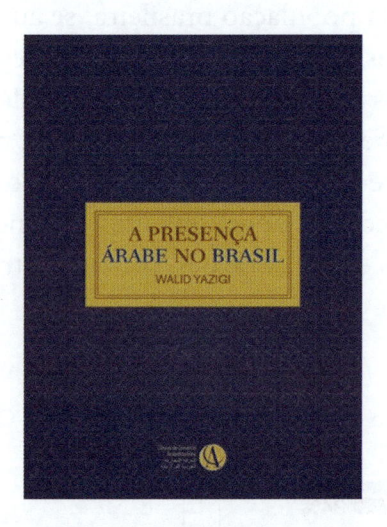

https://online.fliphtml5.com/jwqnu/kmme/index.html

A pesquisa foi importante para, cientificamente, quantificar a presença árabe no Brasil, mas na realidade isso é facilmente constatado por qualquer brasileiro, basta andar pelas ruas de qualquer um dos quase 5.600 municípios do país para perceber que é possível falar árabe ou comer uma esfiha ou um quibe. Em qualquer cidade do país, grande, média, pequena ou micro, esse brasileiro vai encontrar alguém que fale árabe e um local que venda um dos produtos alimentícios procurados. Também é possível constatar a presença de brasileiros-árabes ao escutar rádio, ler uma notícia em qualquer veículo digital impresso ou televisivo. Sempre há alguém com sobrenome árabe sendo entrevistado ou assinando a notícia.

Isso é tão normal, que qualquer brasileiro andando nas cidades sempre passa por uma rua com nome árabe e não precisa pensar muito para se lembrar de algum conhecido mais ou menos próximo de sobrenome árabe e até mesmo um familiar que se agregou à família.

Fotos: Rubens Hannun.

Fonte: Câmara de Comércio Árabe-Brasileira.

Influência da comunidade árabe na vida brasileira

O resultado de todo esse ambiente brasileiro-árabe, construído durante um século e meio, corrobora com a afirmação de as oportunidades estarem abertas para se desenvolverem em benefício das duas partes do mesmo mundo (Brasil e países árabes).

Isso é constatado no terceiro estudo citado, também encomendado pela Câmara de Comércio Árabe-Brasileira e realizado pela consultoria H2R Insights & Trends em 2020, tendo como universo o setor empresarial. Foi verificada a significativa influência dos executivos originários da comunidade na liderança das entidades empresariais do país, sejam do comércio, indústria, serviços, agroindústria etc. Mais de um quarto dos líderes empresariais brasileiros (26%) tem origem árabe. Esses empresários já fazem negócios, mais do que os não árabes, ou estão ansiosos para fazer negócios com os países árabes, reconhecendo o grande potencial dessa relação.

Lideranças Associações: Dentre as associações brasileiras o número de árabes ou descendentes de árabes em cargos de liderança é ainda mais expressivo, representando mais de 4 vezes a porcentagem dessa comunidade na população brasileira.

Os números reforçam a posição de destaque que os descendentes de árabes conquistaram no Brasil.

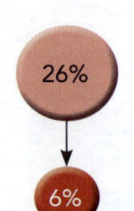

26%: Média de 2,5 descendentes árabes em associações com lideranças árabes e descendentes.

6%: Árabes ou descendentes na população brasileira.

Fonte: Estudo "A presença árabe no Brasil – Etapa III – Empresas" Câmara de Comércio Árabe-Brasileira e H2R Insights & Trends.

Mas a influência não para por aí. É visível na educação, saúde, finanças, comunicação e marketing, cultura e artes, esportes, culinária, varejo, indústria, agricultura, engenharia, política, entre outras.

Como os brasileiros-árabes têm um nível educacional mais alto do que a população brasileira no geral, é natural que os profissionais dessa comunidade se diferenciem. Assim, praticamente em todos os domínios há árabes-brasileiros protagonistas, e esse protagonismo gera certa influência, que não é reconhecida a olho nu, mas vai acontecendo no dia a dia, naturalmente, que é a forma mais eficaz de a influência se tornar hábito, procedimento, atitude. Isso não é consciente nem a quem a exerce nem a quem está sob o domínio dela.

Há vários exemplos disso além dos já mencionados, mas vale a pena citar mais alguns para concretizar como a qualificada presença se transforma em influência e em hábitos e valores.

A segunda maior comunidade árabe no Brasil, de origem síria, especificamente da cidade de Homs, fundou em 1923 o Lar Sírio Pró-Infância, em São Paulo. Essa casa, até então de atendimento a crianças órfãs, foi evoluindo em sua missão e hoje em dia:

> "O Lar Sírio trabalha com programas de **proteção especial** e de **proteção básica** às crianças, adolescentes e jovens. Em todos os seus programas são incluídas as famílias, na busca do fortalecimento dos vínculos familiares, inserção e promoção social.
>
> Seu trabalho é acolher, proteger, educar e preparar crianças e jovens na cidadania e iniciar sua vida profissional. Orientar e encaminhar suas famílias para que possam cumprir seu papel parental e social." (O texto consta no site www.larsirio.org.br.)

É importante verificar que as mais de 2.500 crianças e suas famílias que fazem parte desses programas em sua maioria não têm origem árabe. Dessa forma, essas crianças brasileiras são influenciadas não propositalmente pela cultura árabe em sua formação; e as famílias, por conviverem com essas crianças, também levam para a vida os valores, a ética e os propósitos apreendidos. Deve-se considerar que esse grupo, em seu convívio no ambiente familiar e social, multiplica exponencialmente os aprendizados.

A comunidade árabe também está presente e atua no dia a dia dos brasileiros de várias outras formas. A lista a seguir é meramente exemplificativa e não exaustiva.

- Atendimento em hospitais de excelência, fundados pela comunidade, como o Hospital Sírio Libanês e o HCor (Hospital do Coração).
- Atendimento de médicos de origem árabe.
- Professores árabes que ministram aulas nas principais universidades e escolas do Brasil.
- Participação em clubes sociais e esportivos do Brasil inteiro, seja como sócio, seja em eventos, igual ao que acontece com o Esporte Clube Sírio, o Clube Atlético Monte Líbano, Sociedade Antioquina do Brasil, Clube Homs, Lar Druzo Brasileiro e tantos outros, frequentando, acompanhando as atividades e até torcendo junto. Foi o caso da torcida brasileira para o Esporte Clube Sírio, quando o time disputou e se sagrou campeão mundial de basquetebol em 1979.
- Oferta de refeições nos milhares de restaurantes árabes que há no país. A influência árabe é tão forte, que a maioria das famílias árabes e brasileiras faz comida árabe em casa ou compra pratos árabes.
- Atendimento de algum familiar, árabe ou não, na Associação Beneficente "A Mão Branca de Amparo aos Idosos".

Convite webinar Câmara Árabe

Webinar | A Comunidade Árabe no Brasil: IDENTIDADE, INFLUÊNCIA, CONTRIBUIÇÃO E LIDERANÇA.

Presença e imagem dos árabes no Brasil 99

https://www.youtube.com/watch?v=FjzHrzIaRUk&t=3s

Convite webinar Câmara Árabe

Webinar Casa Árabe "A imigração árabe no Brasil: análise e suas interpretações".

https://www.youtube.com/watch?v=9bky-DgK5-4

https://fb.watch/qU08S5AFpB/

Convite webinar Câmara Árabe

Essa forte influência também é percebida nos inúmeros eventos frequentemente realizados, analisando a sociedade brasileira árabe ou a homenageando, como a Mostra Mundo Árabe de Cinema, o festival de música de autores e cantores de origem árabe, webinars, entre outros.

Essa é uma pequena amostra do ambiente extremamente favorável que, se bem divulgado e trabalhado, vai potencializar exponencialmente os negócios, e isso pode ser utilizado de forma institucional por empresas e governo, bem como pontualmente, em uma venda ou negociação. Sem dúvida, a influência desse contexto será significativa para a abertura ou mesmo reabertura de muitas portas. Além disso, servirá, para a resolução de impasses, estabelecimento de acordos, realização de investimentos, colocação de produtos nos mercados árabe e brasileiro e contratação de serviços. Claro que tudo isso também pode acontecer sem essa influência, mas, com ela, tudo será facilitado e, em uma concorrência, elementos como esses tendem a ser decisivos.

Capítulo 5

Diplomacia Econômica Ampliada

A efetividade da Diplomacia Econômica Ampliada forma a base para os negócios

Diplomacia econômica é uma área da diplomacia que se concentra nas relações econômicas entre países. Envolve o uso de medidas e estratégias diplomáticas para promover os interesses econômicos de um país, como o comércio, o investimento estrangeiro, a cooperação econômica e a resolução de disputas comerciais. Por meio dela, os países buscam fortalecer suas relações comerciais, melhorar o clima de negócios, negociar acordos comerciais favoráveis e resolver questões relacionadas ao comércio internacional. Isso pode incluir o estabelecimento de embaixadas econômicas, a realização de negociações bilaterais ou multilaterais e a participação em organizações internacionais relacionadas ao comércio. A diplomacia econômica desempenha papel importante na promoção do crescimento financeiro, na criação de empregos e no desenvolvimento sustentável.

Considerando todas as características de como os árabes trabalham seus relacionamentos comerciais, como demonstrado no Capítulo 8, em "Business to business" (B2B) e "Business to consumer" (B2C), pode-se afirmar que os 22 países integrantes da Liga Árabe formam o terreno mais fértil para a aplicação da diplomacia econômica. Assim, a diplomacia econômica com esse conjunto de países pode e deve agregar outras áreas fundamentais às boas relações culturais, artísticas e esportivas, por exemplo.

Por essas razões, e vendo-as ocorrer na prática, tomo a liberdade de ampliar o conceito e criar a noção de Diplomacia Econômica Ampliada.

Ela funciona como nas relações comerciais B2B, em que todas as áreas da vida são envolvidas no início do relacionamento para criar base de conhecimento sustentável. Isso significa a família, as atividades profissionais, culturais etc., ou seja, falamos da vida como um todo. Assim deve ser, também, no relacionamento institucional do Brasil com os países árabes.

O desafio é grande. Como já mencionado, é preciso ampliar o conceito da diplomacia econômica a outras áreas, trabalhar a transculturalidade e respeitar as peculiaridades de cada um dos 22 países sem perder a noção do conjunto. Isso é verdadeiro se o objetivo é trabalhar com mais de um país, o que normalmente acontece, e é a situação mais rentável.

Qais Marouf Kheiro Shqair, embaixador da Liga dos Estados Árabes no Brasil, em entrevista exclusiva para este livro, e o texto especialmente produzido também para este livro pelo embaixador da Palestina e decano dos embaixadores, Ibrahim Alzeben, deixam isso bem claro e podem ser consultados em "Pontos de vista".

Um bom exemplo de Diplomacia Econômica Ampliada foi a participação e a homenagem a filmes brasileiros no Festival Internacional de Cinema de Cartago, em 2002, e a realização de um evento esportivo, em 2008, ambos na Tunísia. Embora a dimensão do desafio impressione, os resultados alcançados impressionaram ainda mais. Um resultado importante está na fidelidade e na relação crescente e duradoura que se estabelecem e têm reflexos diretos na melhoria da imagem do Brasil nos países árabes e a relação cultural entre todos, como afirma na entrevista o embaixador Qais Shqair.

No caso do festival, o cinema brasileiro foi homenageado com a apresentação de sete filmes nacionais. O Festival de Cartago é bienal e competitivo, mas somente filmes árabes ou africanos concorrem aos prêmios. Essa homenagem ao Brasil na Tunísia foi resultado de um trabalho de divulgação do cinema brasileiro pela Câmara de Comércio Árabe-Brasileira, em parceria com a Associação Jangada, que divulga a cultura brasileira pelo mundo, e o Ministério da Cultura do Brasil.

https://anba.com.br/festival-de-cartago-comeca-terca-feira-na-tunisia/

O segundo exemplo foi a participação do time de basquete do Esporte Clube Sírio, de São Paulo, em evento esportivo na Tunísia, em 2008. Essa integração foi organizada por Antonio Sarkis Júnior, então presidente da Câmara de Comércio Árabe-Brasileira, da Embaixada da Tunísia em Brasília e do Consulado Honorário da Tunísia em São Paulo, contando com jogadores veteranos que disputaram um amistoso contra a equipe de veteranos da Federação de Basquete da Tunísia.

Os vencedores receberam o Troféu Ramon Semin, criado pela Câmara de Comércio Árabe-Brasileira, pelo Esporte Clube Sírio e pelo Consulado Honorário da Tunísia em São Paulo, em homenagem ao ex-vice-presidente administrativo da Câmara e ex-presidente do Clube Sírio, Ramon Semin, que sempre sonhou em promover jogos de basquete entre tunisianos e o time do Sírio. Os veteranos brasileiros fizeram questão de deixar o troféu para os tunisianos.

https://anba.com.br/veteranos-do-basquete-em-acao-na-tunisia/

Troféu Ramon Semin – 2007.

Fonte: Consulado Honorário da Tunísia em São Paulo.

Mais do que o jogo em si, foi muito importante o estreitamento da relação com o país árabe. Como gesto simbólico de integração entre os países, os veteranos brasileiros receberam e trouxeram para o Brasil sementes de tamareira – considerada uma árvore sagrada e mágica há milhares de anos na região –, que foram plantadas nos jardins do Esporte Clube Sírio. Agora há duas árvores com sementes da Tunísia crescendo no Brasil.

Vale destacar também entre as ações culturais que beneficiaram a relação com os países árabes, novamente com a Tunísia, a tradução para a língua árabe da obra *Novo mundo nos trópicos*, de Gilberto Freyre. A obra foi publicada em parceria com o Ministério da Cultura da Tunísia e o Ministério das Relações Exteriores do Brasil (Itamaraty) e o evento de lançamento aconteceu na embaixada brasileira em Tunis. O livro foi distribuído na maioria dos países árabes, disseminando a cultura brasileira.

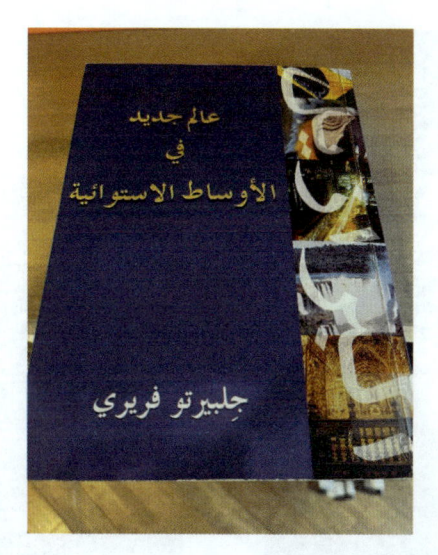

Capa do livro Novo mundo nos trópicos, de Gilberto Freyre, traduzido para a língua árabe.

Fonte: Câmara de Comércio Árabe-Brasileira.

Outros exemplos de ações que têm relação direta com a chamada Diplomacia Econômica Ampliada:

▶ Parceria com o Instituto do Mundo Árabe, de Paris, e o Consulado da França, em São Paulo, para a realização de exposição no Brasil de obras do IMA no Instituto Tomie Ohtake, em 2019. Todos os embaixadores do Mundo Árabe no Brasil participaram do evento fotográfico do Mundo Árabe, mostrando a importância do acontecimento para a diplomacia entre Brasil e esses países, tanto por laços afetivos quanto comerciais, que começam por meio da cultura.

https://anba.com.br/exposicao-fotografica-mostra-pluralidade-do-mundo-arabe/

Capa do livro sobre a exposição Taswir – A fotografia árabe contemporânea – 2019.

Fonte: Rubens Hannun.

Capa interna do livro sobre a exposição Taswir – A fotografia árabe contemporânea – 2019.

Fonte: Rubens Hannun.

- ▶ Exposição cultural Arábia Saudita, em 2010, no Ibirapuera.
- ▶ Exposição de Omã, em 2015, em São Paulo, Brasília e Rio de Janeiro. Esse país é considerado um grande promotor da paz.

https://anba.com.br/exposicao-mostra-tolerancia-religiosa-em-oma/

- ▶ Apresentações e shows artísticos de grupos do Kuwait, em 2019.

https://anba.com.br/sao-paulo-recebe-a-semana-cultural-do-kuwait/

Show de grupo do Kuwait na Câmara de Comércio Árabe-Brasileira – 2019.
Fonte: Câmara de Comércio Árabe-Brasileira.

Também aqui no Brasil uma importante obra de inciativa brasileira e libanesa está em andamento, o projeto USEK.

O projeto USEK, com o nome completo "Projeto de Digitalização da Memória da Imigração Sírio e Libanesa no Brasil", é uma iniciativa conjunta da Universidade Saint Esprit de Kaslik (USEK), no Líbano, e da Câmara de Comércio Árabe-Brasileira.

O projeto USEK é de grande importância para a preservação da história da imigração sírio-libanesa no Brasil. A digitalização dos documentos permitirá que pesquisadores, estudantes e público em geral tenham acesso a um rico material histórico sobre essa comunidade.

Outro exemplo importante se deu na ocorrência da explosão do porto de Beirute no Líbano, quando o governo do Brasil, o governo do Estado de

São Paulo e diversas entidades, entre elas a Câmara de Comércio Árabe-Brasileira, prestaram solidariedade e ajuda.

A explosão devastadora no porto de Beirute, no Líbano, ocorreu em 4 de agosto de 2020, causando uma tragédia de enormes proporções. O governo brasileiro expressou solidariedade ao Líbano e ofereceu ajuda humanitária para ajudar nas operações de socorro e na recuperação do país.

A ajuda brasileira ao Líbano após a explosão no porto de Beirute incluiu o envio de uma equipe de busca e resgate do Corpo de Bombeiros do Estado de São Paulo. Essa equipe foi composta por profissionais especializados em operações de busca e resgate em situações de desastre, incluindo médicos, engenheiros, bombeiros e cães de busca. Eles foram enviados para ajudar nas operações de busca e resgate de vítimas nos escombros e para fornecer assistência médica.

Além disso, o Brasil também enviou suprimentos de ajuda humanitária, como alimentos, medicamentos e equipamentos médicos, para assistência às vítimas e reconstrução das áreas afetadas. Essa ajuda foi fornecida por meio da Agência Brasileira de Cooperação (ABC) do Ministério das Relações Exteriores do Brasil, inclusive com o envolvimento do ex-presidente do país Michel Temer, de origem libanesa (árabe). Temer acompanhou pessoalmente, em Beirute, a entrega das contribuições.

A Câmara de Comércio Árabe-Brasileira, em parceria com diversas entidades, recolheu doações de remédios e recursos financeiros por meio de um show da orquestra de Beirute e renomados artistas brasileiros, que foi exibido duas vezes na TV Cultura de São Paulo.

A ajuda brasileira ao Líbano demonstrou solidariedade efetiva em um momento de crise e sofrimento e refletiu o compromisso do Brasil em apoiar o Líbano e os países árabes em estado de emergência.

A participação das sociedades brasileira e árabe-brasileira trabalhando em conjunto para colaboração e apoio a um país árabe muito bem demonstra até onde pode ir a Diplomacia Econômica Ampliada, inclusive sendo exemplo internacional, como ficou claro com a publicação de um artigo de minha autoria na mídia libanesa, mostrando a força da coletividade e sua perfeita integração.

https://anba.com.br/midia-libanesa-publica-artigo-sobre-ajuda-brasileira/

Fonte: Câmara de Comércio Árabe-Brasileira.

Também na época da pandemia de covid-19, por outro lado, a comunidade árabe-brasileira, estimulada pela Câmara de Comércio Árabe-Brasileira, doou aos hospitais públicos brasileiros com menos recursos o material necessário para tratamento dos pacientes internados nas UTIs. Essa iniciativa foi amplamente divulgada na mídia como uma forma de retribuição da comunidade ao povo brasileiro, que tão bem recebeu e recebe os imigrantes árabes.

https://www.youtube.com/watch?v=2sz2wP-sM-o

QR Code do Jornal Nacional.

Esses exemplos mostram como os modelos de ações, que começam pelas áreas de cultura, esporte, saúde e sociedade, podem ser ampliados e amplificados para a economia. Esses *cases* foram realizados pela Câmara de Comércio Árabe-Brasileira no Brasil, mas há muitos exemplos (abordados neste livro) de ações realizadas nos países árabes, como a ida de escola de samba e da Turma da Mônica, adaptados, claro, de acordo com os costumes locais.

O Brasil é visto com simpatia pelos árabes, e isso pode se estender às relações comerciais, que são um portão de entrada interessante para essas economias e estão inseridas no conceito da Diplomacia Econômica Ampliada. E "Ampliada" significa cultura, costumes e família, e faz muito sentido na relação com os árabes.

Mas a Diplomacia Econômica Ampliada também pode ter por foco inicial e principal a economia, os negócios, o comércio e muito além. Seus resultados são extraordinários para as relações entre os países e o Brasil.

O World Company Award (WOCA), realizado pelo Global Council of Sales Marketing (GCSM), presidido pelo empresário Agostinho Turbian, em 2019, com a parceria das Embaixadas do Brasil no Egito (embaixador Rui Amaral) e do Egito no Brasil (embaixador Alaa Roushdy), e com a Câmara de Comércio Árabe-Brasileira, realizou no Cairo o Fórum Econômico Brasil-Egito. Mas muito além do comércio, este acontecimento, com mais de 80 empresários e personalidades egípcias e brasileiras, inclusive com a presença do atual vice-presidente da República do Brasil, Dr. Geraldo Alkmin, mostrou o quanto pode ser efetiva a Diplomacia Econômica Ampliada. Em paralelo ao Fórum, um vasto programa com visitas a ministros e a sites culturais estreitou as relações e plantou as sementes para o desenvolvimento futuro em várias áreas dos negócios, cultura, turismo e sociedade.

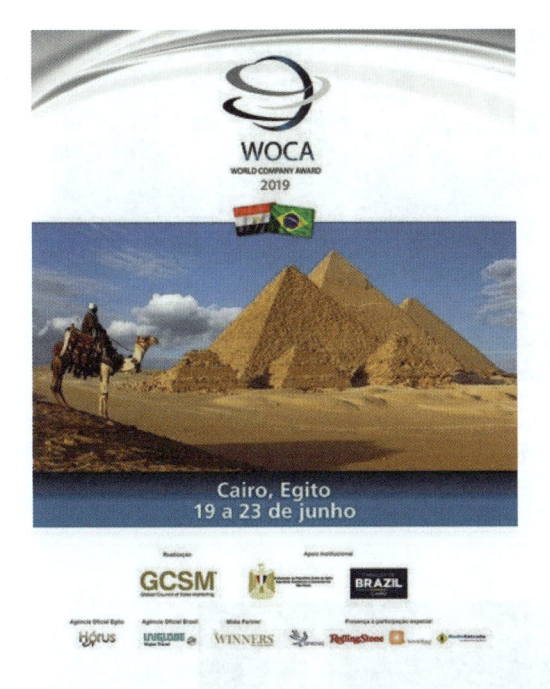

Material de divulgação do WOCA no Cairo, Egito – 2019.

Fonte: 123RF.

Fórum Econômico Brasil-Egito – 2019.

Fonte: Divulgação/WOCA 2019.

Encontro da Comitiva oficial do WOCA 2019 à ministra dos Investimentos do Egito Sahar Nars, acompanhada de Mohab Mamish, presidente da autoridade do Canal de Suez.

Fonte: Divulgação/WOCA 2019.

Premiação WOCA 2019.

Fonte: Divulgação/WOCA 2019.

Premiação WOCA 2019.

Fonte: Divulgação/WOCA 2019.

Premiação WOCA 2019.
Fonte: Divulgação/WOCA 2019.

É importante que esse conceito seja bem assimilado, para ninguém cair na tentação natural de acreditar que determinadas ações, como as exemplificadas acima, signifiquem dinheiro jogado fora e que só façam sentido quando há verba disponível ou "sobrando".

Em momentos difíceis, com pouca disponibilidade de recursos, é natural e muito frequente cair na tentação de considerar estas ações "um luxo". Mas isso é miopia, pois são elas que poderão assegurar a continuidade de muitos negócios.

Quando se faz, por exemplo, um acordo na área de saúde com intercâmbio de médicos entre os hospitais para melhoria do serviço cirúrgico, aparentemente significa maior qualidade da saúde das populações envolvidas. Isso em si é importantíssimo, mas também está sendo alavancada a comercialização de uma série de produtos e serviços, como móveis e aparelhos hospitalares, serviços de treinamento, ensino e pesquisa, construção de prédios etc. Tudo isso porque, ao visitarem o país, as delegações participantes dos programas de intercâmbio ficam expostas a todos os produtos e serviços que veem no dia a dia em funcionamento, bem como aqueles que lhes foram promovidos. Isso mesmo, essas ocasiões são oportunas para ações de divulgação e marketing integradas às atividades em que a delegação está inserida, sem serem invasivas e agressivas.

Esses *cases* tratam especificamente de alguns países árabes, mas não podem ser exclusivos. O Mundo Árabe é constituído por 22 países, com suas particularidades e peculiaridades (um tema importante e delicado, muito mencionado neste livro), mas que têm sinergia. Um produto, por exemplo, desde sua embalagem, deve ser pensado dentro desses parâmetros. Quando se trabalha a região, objetivando um país, sempre é possível expandir as oportunidades para outros países da região, respeitando as peculiaridades de cada um. Nesse ponto, a Diplomacia Econômica Ampliada é fundamental.

Um caso exemplar disso é a Mostra Mundo Árabe de Cinema, de iniciativa do Instituto da Cultura Árabe (ICArabe), e apoiado pela Câmara de Comércio Árabe-Brasileira desde sua primeira edição. A cada ano, o festival traz ao Brasil filmes de diversos países árabes, do norte da África, do Levante e do Golfo Arábico. Sua penetração, notoriedade e influência na sociedade brasileira, brasileira-árabe e árabe residente em seus países vão além da cultura. Indiretamente, isso atrai vários negócios para os dois lados, como turismo, por exemplo.

https://anba.com.br/com-olhar-sobre-o-feminino-mostra-de-cinema-arabe-e-aberta/

Convite para a Mostra Mundo Árabe de Cinema (on-line) – 2020.
Fonte: Câmara de Comércio Árabe-Brasileira.

A Diplomacia Econômica Ampliada, no caso da mostra é exemplar porque é completa. Ela atende e atinge todos os países do conjunto Brasil e Mundo Árabe. Ela acontece no Brasil, mas pode ter filmes das 22 nações integrantes da Liga Árabe, promovendo as especificidades culturais e sociais, bem como produtos e serviços, em duas vias.

E o comércio tem de ser bom para os dois lados.

Quanto mais equilibrada a balança comercial entre os países, melhor será a perspectiva de futuro, garantia de suprimento e colocação de produtos e serviços.

Se por um lado os empresários, de qualquer país, estão interessados na venda, cabe à Diplomacia Econômica, no nosso caso, Ampliada, promover o equilíbrio comercial para o bem das relações entre os países, da construção das parcerias estratégicas, da realização de acordos em várias áreas, da fidelidade, lealdade e preferência, garantindo assim que o empresário realize a venda que tanto almeja.

Capítulo 6

Impacto do Calendário Islâmico e sua influência nos negócios

Para trabalhar com os países árabes e/ou de maioria islâmica, é necessário ter clareza de que que eles seguem um calendário próprio, que não é necessariamente coincidente com o seguido em outros países.

O calendário islâmico tem o ciclo lunar como base. Nele, os anos são de 354 ou 355 dias, divididos em 12 meses de 29 ou 30 dias. Os meses se iniciam apenas após a mudança da lua para a fase crescente, o que influencia a duração dos meses.

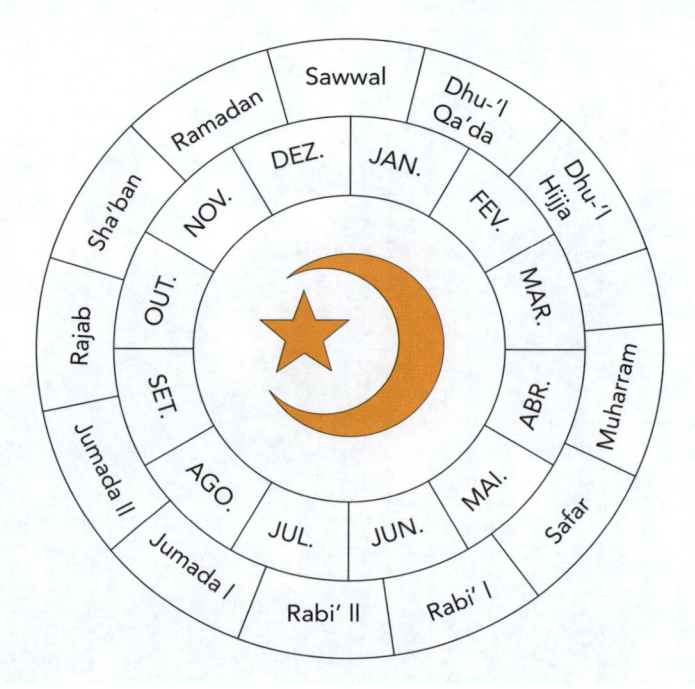

Calendário islâmico.

Fonte: H2R Insights & Trends.

Muitos países seguem o calendário islâmico para os dias da semana, que vão de domingo a quinta-feira. O fim de semana é formado pela sexta-feira, que é considerado um dia sagrado (o mais importante para a religião muçulmana), e pelo sábado.

Essas dinâmicas específicas têm aplicações práticas nas relações de negócios, uma vez que as práticas comerciais acontecem nos dias úteis, que mudam dependendo do país. Por isso, quando há a intenção de fazer negociações nesses contextos, é importante consultar o calendário seguido por aquele país em particular, uma vez que não necessariamente ele segue o mesmo calendário que a maioria dos países.

O mapa a seguir mostra de maneira detalhada a modalidade de fim de semana que cada país segue. São possíveis cinco modalidades:

- sexta-feira e sábado;
- sábado e domingo;
- quinta-feira e sexta-feira;

- sexta-feira;
- domingo.

Calendário Islâmico

- Sexta-feira e sábado
- Sábado e domingo
- Quinta-feira e sexta-feira
- Sexta-feira
- Domingo

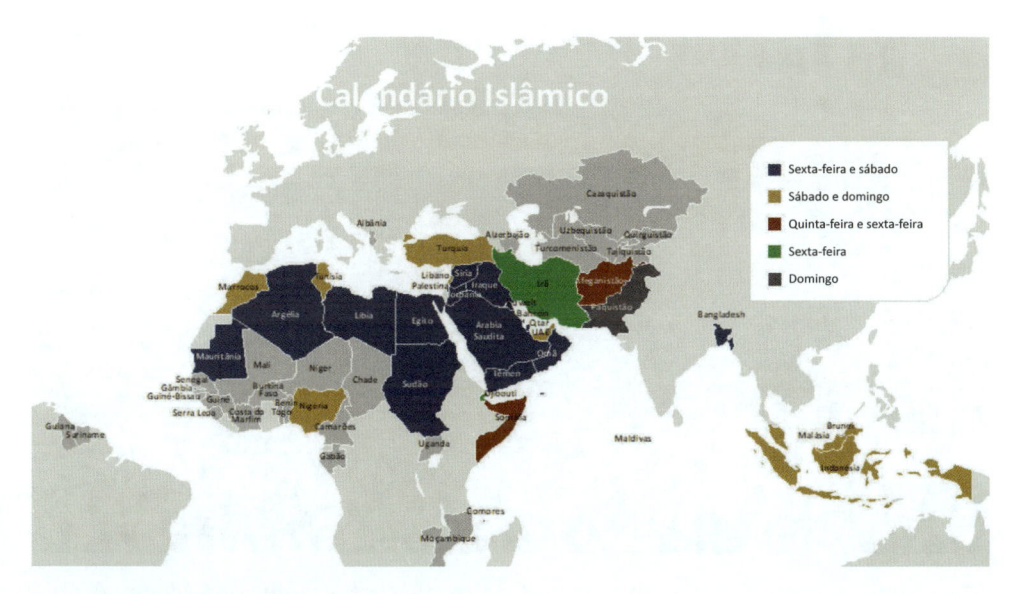

Fonte: H2R Insights & Trends.

Esse calendário também é bastante influenciado pelas festividades e celebrações da religião, que alteram não apenas o dia e horário de trabalho, mas, principalmente, os hábitos e comportamentos da população em geral. Respeitar esses momentos e saber lidar com eles é bastante prudente e vai consolidando a relação comercial.

As datas festivas a serem observadas são, em especial: Eid-Al-Adha, a festa do sacrifício, uma celebração muçulmana que coincide com o Hajj, a peregrinação obrigatória que os muçulmanos devem realizar à Meca; Ramadã; e Eid-al-Fitr, término do Ramadã.

Vamos nos deter ao Ramadã, a celebração que causa o maior impacto no comportamento dos muçulmanos ao redor do mundo, o que pode ser explicado por ser um evento que dura um mês, afetando fortemente as relações entre as populações islâmicas e grupos muçulmanos e não muçulmanos. Esses impactos podem ser observados entre a população islâmica, tanto em países onde a religião predomina quanto naqueles onde não é majoritária.

Muçulmanos orando em torno da al-Caaba al-Musharrafah, em Meca, Arábia Saudita.

Ramadã

O Ramadã é um dos cinco pilares do Islã. Acontece no nono mês do calendário islâmico, sendo também a denominação do próprio período em que ocorre. É considerado sagrado porque se acredita que foi nesse período que o Arcanjo Gabriel desceu dos céus com a palavra de Allah, em uma recitação que durou 28 dias, posteriormente compilada no texto que forma o Alcorão. No Ramadã, os muçulmanos fazem um jejum que se estende do nascer ao pôr do sol. Obrigatoriamente, devem jejuar por completo, sem nem ao menos ingerir água. Também faz parte desse jejum abster-se de todas as atitudes consideradas pecaminosas, assim como deve haver o aprofundamento das cinco diretrizes que guiam o comportamento de qualquer muçulmano ao redor do mundo.

Pode-se dizer que a purificação trazida pela prática do jejum durante o Ramadã se completa por:

- aproximar-se de Deus;
- sentir a vida dos menos favorecidos;
- incentivar um estilo de vida saudável.

Jovem mulçumano em oração.

Frutas secas degustadas durante o Ramadã.

Ajuda aos menos favorecidos.

Isso vai sendo atingido nesse período de pausa. Essa pausa permite e é dedicada à profunda reflexão, com positividade, em que a oração tem papel fundamental. Oração de agradecimento e gratidão. Mas essa pausa não significa isolamento. É um momento para estreitar o convívio com a família e, juntos, aproximarem-se de Deus e agradecerem. Também é um momento de se aproximar de toda a comunidade e dar uma atenção especial aos mais carentes, compartilhando os privilégios e o bem-estar.

É um mês em que a linha mestra deve ser traçada respeitando-se:

- a partilha como justiça;
- o reforço e a criação de laços verdadeiros;
- o respeito sem preconceitos e amarras;
- a convivência aberta;
- a promoção e a observância da paz;
- o interesse verdadeiro e genuíno;
- o acolhimento, independentemente de interesses, religiões etc.

Impacto do Calendário Islâmico e sua influência nos negócios 125

Bem-estar da família muçulmana.

Família muçulmana.

Estilo de vida de jovens muçulmanas.

Como se pode observar, as atitudes e os comportamentos nesse período sagrado são bastante específicos e especiais. Como não poderia deixar de ser, eles interferem nas práticas comerciais B2B e B2C, como também no consumo diário e nas compras de maneira geral.

A intensificação das celebrações também faz parte desse período de pausa. Dessa forma, sempre ao terminar o jejum de cada dia (ao pôr do sol), muitas reuniões familiares e sociais são realizadas para a quebra do jejum de forma comunitária. Nessas ocasiões, há muita fartura, e o consumo de comidas e bebidas não alcoólicas aumenta, ocorrendo um fenômeno sazonal no consumo. Para isso, as casas se abastecem mais de alimentos, e os pontos de venda incrementam seus estoques para atender à maior procura.

Mas não apenas os setores de alimentos e bebidas não alcoólicas são afetados positivamente, visto que essas confraternizações diárias exigem uma arrumação especial da casa promotora da quebra do jejum. Como são trinta dias, é provável que a maioria das casas sediem, em algum dia, a confraternização. E como os participantes e promotores veem essas ocasiões como oportunas para melhor se apresentarem, alavancam setores como mobiliário, moda, cuidados pessoais, perfumaria e cosméticos, entre outros.

A tudo isso soma-se a comemoração do término do Ramadã, o Eid al--Fitr, celebrado no último dia do mês sagrado. Nesse dia, agrega-se aos comportamentos gastronômicos de todos os dias do mês sagrado presentear os familiares, reforçando ainda mais a sazonalidade de vários setores, inclusive brinquedos, eletrônicos etc.

Esse momento especial do ano oferece grandes oportunidades de negócios. No entanto, por ter o jejum como pilar central, a sensibilidade dos cidadãos muçulmanos está alta, e qualquer deslize pode colocar todo o investimento a perder.

Um exemplo do risco que se pode correr está nas embalagens de celebração do Ramadã ("Ramadã mubarak" significa "Ramadã abençoado") que ofertem produtos sabor bacon, ingrediente originário de carne suína, proibida na religião islâmica. Ainda que se faça menção somente ao sabor, a propaganda é infeliz, pois caracteriza desrespeito e falta de conhecimento – e sensibilidade.

Em contrapartida, um bom exemplo de acerto com sensibilidade está no *outdoor* do McDonald's. O anunciante não apresenta seu produto alimentício para não parecer desrespeitoso ao atiçar a vontade dos consumidores cerceados do consumo naquele momento. Mas é importante observar que ele anuncia e celebra junto. Ao contrário, um dos concorrentes da marca celebra promovendo o produto alimentício.

Como se vê, evitando os riscos, as oportunidades são várias. Mas, para serem capitalizadas, é preciso observar e respeitar a alteração do estado físico e espiritual da população, em função do jejum e dos procedimentos preconizados pelos significados por trás do mês sagrado, já citados anteriormente.

Outros *cases* interessantes são os filmes veiculados em países não muçulmanos. O respeito está acima de tudo, e os comerciais transmitem empatia, compreensão, parceria e amizade. Uma verdadeira demonstração e qualificação de respeito.

O filme da Apple procura orientar os usuários do iPhone sobre como configurar o aparelho para evitar distração nos momentos de reflexão.

A Amazon mostra seu papel ao retratar o companheirismo de dois religiosos de cultos diferentes que no período do Ramadã têm preocupações semelhantes um com o outro e ao demonstrar que a empresa torna possível a troca de produtos entre si.

Já a Coca-Cola, valendo-se da emoção, usa seu refrigerante como elemento de união entre muçulmanos e não muçulmanos.

Os valores de união, de amor e de generosidade, pilares potencializados entre a comunidade muçulmana durante o Ramadã, também são mobilizados pela Cartier em uma campanha que resgata os costumes e as tradições árabes, em uma estética que remete às dinâmicas culturais do Mundo Árabe. Para isso, a marca utiliza o valor dos seus produtos (joias) para expressar a importância da união.

Impactos no B2C

- Nesse período, os consumidores têm mais tempo e se dedicam mais às compras on-line do que em outros meses. Os índices de compra se aproximam muito dos índices de procura e pesquisa e, em alguns casos, a compra supera a procura. Assim, propagandas nas plataformas de *e-commerce* e redes sociais são bem mais rentáveis do que nos outros meses.
- A procura e a compra de alimentos e bebidas não alcoólicas nobres, com maior valor agregado, aumentam significativamente.
- A procura e a compra de pacotes turísticos para períodos logo após o Ramadã se intensificam.
- Diferentemente dos outros meses, as compras durante o período de quebra do jejum (entre o pôr e o nascer do sol) atingem índices altos, necessitando atendimento reforçado.

Impactos no B2B

Durante o mês sagrado do Ramadã, a produtividade geral cai cerca de 35% a 50% por causa de alguns motivos objetivos e outros decorrentes dos procedimentos e do estado de espírito:

- A jornada de trabalho tem uma média de duas horas por dia, impactando cerca de 2,5% da jornada total do ano.

- O setor privado adia decisões importantes, concentrando-se nos aspectos corporativos e organizacionais.
- Em vários países, o setor público não funciona.

Procedimentos adequados

É importante observar os procedimentos adequados para os negócios e relacionamentos pessoais:

- Verifique o horário de funcionamento do local e da empresa com a qual pretende se comunicar ou visitar.
- Mantenha os negócios pela manhã, na primeira metade do dia, mais perto do nascer do sol. Assim você encontra os interlocutores que estejam em jejum mais dispostos e atenciosos, e há maior probabilidade de estarem focados no seu interesse.
- Evite ou até mesmo não faça reuniões com almoço, café e mesmo água. Culturalmente, é sensível não comer ou beber na companhia de alguém que está jejuando.
- Caso no escritório haja muçulmanos e não muçulmanos, procure ter um lugar especial, isolado, para os colegas que não jejuam poderem fazer suas refeições sem desrespeitar os jejuadores.
- Use vestimenta modesta; evite roupas chamativas ou extravagantes.
- Comporte-se de forma simples e natural, sem exageros.
- Entenda e responda às saudações da época, como "Ramadã mubarak", que para os muçulmanos significa "Ramadã abençoado", ou com "Ramadã karim", que significa "Ramadã generoso". Ao ser cumprimentado com uma dessas expressões, responda da mesma forma.
- Caso você seja privilegiado e receba um convite para o Iftar (quebra do jejum ao pôr do sol) e para os Suhoors (última refeição antes do início do jejum, ao nascer do sol) – algo incomum para este último –, aceite, pois é muito positivo. Como é praticamente uma homenagem você estar sendo convidado, não aceitar pode parecer descaso ou desrespeito.

Conforme identificamos em alguns comerciais, uma marca, pessoa ou empresa podem se comunicar, "vender", aproximar-se de forma não invasiva, demonstrando total conhecimento, respeito e proatividade em relação à cultura árabe. É importante demonstrar que se conhece o momento, a importância e o significado, mas também é importante e fundamental expressar interesse e compreensão sem ser inconveniente.

Capítulo 7

A importância da informação e do conhecimento

Para trabalhar no relacionamento comercial do Brasil com os países árabes, é preciso ter bom conhecimento sobre particularidades desse mundo e de cada país em particular: população, vida, sociedade, economia, política, cultura etc., por meio de informações reais e atualizadas. Isso é fundamental! Este livro privilegia esse conhecimento.

Situações como distância geográfica, quantidade pequena de falantes da língua no Brasil e de português no Mundo Árabe, bem como a escassez de informações do dia a dia de árabes e brasileiros nas mídias, mantêm as populações muito mal informadas e desatualizadas.

Nos dois casos, ainda há o agravante de que as notícias veiculadas, na maioria das vezes, são distorcidas ou privilegiam determinado aspecto ou viés. O risco de tomar decisões com informações erradas é muito maior do que tomar decisões sem informações.

Mas são casos diferentes. Ao tomarmos decisões com informações erradas, estamos errando também, indo por caminhos que nos levarão a destinos ou soluções que podem comprometer todo o esforço despendido e, pior, comprometer o futuro.

No caso de tomarmos decisões sem informações, podemos acertar ou errar, ou, pior, podemos não tomar decisão alguma, porque nem percebemos a oportunidade ou a necessidade de decidir ou agir.

Esses dois mundos já perderam muito tempo e desenvolvimento mútuo pelas imprecisões nas informações ou pela falta delas.

Se o árabe perceber qualquer falta de conhecimento ou imprecisão de informações, todo o esforço empregado e potencial existente podem ser perdidos.

Imprecisões

Ao veicular notícias sobre o Brasil, a maioria da mídia árabe destaca o folclore, o Carnaval, as belezas naturais das praias e florestas, o futebol, os jogadores etc. Ou noticiam os pontos negativos, como pobreza, corrupção e desmatamento da Amazônia.

Também é assim quando a mídia brasileira veicula notícias sobre os árabes e suas nações. Muito se fala de petróleo, conflitos, deserto, ditaduras, autoritarismo, camelos e assim por diante.

Na maioria das matérias, de um lado e de outro, não se procura dar visões aprofundadas, realistas e atuais.

Não se fala, por exemplo, das conquistas brasileiras no campo da agricultura, pecuária, produção aeronáutica, qualidade dos serviços e produtos, energia alternativa, entre outras. Mostram o Carnaval, mas não a eficiência do brasileiro para realizar um evento desse porte em tempo predeterminado e com a perfeição que faz. Fala-se do jogador de futebol, mas não das características criativas do brasileiro, que o tornam tão habilidoso. Um outro exemplo: o Brasil é o maior fornecedor de proteína e de outros produtos alimentícios para o Mundo Árabe, garantindo a segurança alimentar de muitos países, mas isto não é divulgado.

Os mesmos pecados são cometidos pela imprensa brasileira. Muito se fala do petróleo, de seu preço e do cartel mantido pela Opep, com maioria árabe, mas nada é dito a respeito do investimento realizado pelos árabes em energias alternativas e das cidades verdes, construídas de forma pioneira, que fornecem conhecimento a todo o mundo.

Fala-se da falta de liberdade das mulheres e de sua submissão, mas nada a respeito da participação delas nos altos escalões das empresas e de governos. Em alguns países, essas participações superam os números não só do Brasil, mas de muitos países da Europa e das Américas.

Vivi uma situação exemplar dessa miopia informativa quando estava na presidência da Câmara de Comércio Árabe-Brasileira. Em uma reunião da qual participavam representantes do governo, empresários e jornalistas, alguém na plateia disse: "Presidente Rubens, diga aos árabes para eles deixarem os camelos e olharem para as atrações tecnológicas do nosso país". A plateia concordou. Foi preciso mencionar que vários países árabes já eram exemplos de tecnologia, modernidade e inovação, além de manter a tradição. Também foi necessário dizer que os árabes aos quais eles se referiam estavam liderando a utilização do Airbus A380, a maior aeronave de passageiros do mundo, enquanto muitos países, até aquele momento, ainda não tinham um aeroporto com infraestrutura capaz de receber um voo daquele avião.

Ausência de conhecimento

A falta de informação e, portanto, o não conhecimento, também pode causar erros ou equívocos e sobretudo acarretar estreitamento de caminhos, além de atrapalhar a escolha da melhor opção, o acompanhamento da evolução de determinados temas etc. Os exemplos são muitos e no comércio, então, são contundentes.

Os países árabes são grandes fabricantes de produtos químicos, que poderiam ajudar muito na agricultura brasileira. Mas, por falta de oportunidade e também de conhecimento, quase não são colocados na lista de opções, e com isso o Brasil deixa de tê-los em concorrências que poderiam possibilitar maior produtividade e rentabilidade.

O Brasil produz grande parte das mercadorias que o Mundo Árabe consome, entretanto poderia exportar muito mais, caso conhecesse, um pouco mais profundamente e em detalhes, certas necessidades. Isto também é verdade pensando no que os árabes compram e vendem aos brasileiros. Ambos poderiam conhecer melhor o que o outro produz ou consome. Isso ficou evidente no período da pandemia de covid-19, quando houve um despertar para a economia complementar dos países em alguns setores.

E não apenas na área do comércio. Na educação e no mercado de trabalho, por exemplo, se houvesse mais conhecimento mútuo, a presença de jovens árabes nas universidades brasileiras e de brasileiros nas empresas árabes de ponta traria grandes vantagens para ambas as sociedades, além de dinamizar a relação entre os países.

O caminho

Essas lições da falta de conhecimento e do conhecimento míope, aprendi bastante cedo na minha relação entre os dois mundos.

Ocorreu em uma das primeiras reuniões de que participei, entre a Câmara de Comércio Árabe-Brasileira e o Conselho dos Embaixadores Árabes (entidade que reúne todos os embaixadores árabes locados em Brasília), durante a presidência de Orlando Sarhan. Diagnostiquei essa deficiência em uma discussão acalorada a respeito das razões do não crescimento dos negócios entre os dois mundos, na época não atingindo 1% do comércio exterior bilateral. Ao concordarem com meu diagnóstico sobre um dos principais dificultadores ser a falta de conhecimento ou o conhecimento deturpado, iniciou-se um projeto para suprir essa carência.

E aí, uma constatação interessante: quando se tem consciência da necessidade de informação e conhecimento, ela passa a fazer parte das preocupações e das ações do dia a dia. Claro, se for possível estruturar um plano de trabalho com metas, objetivos claros e ações estruturadas, atendendo às estratégias traçadas, melhor. Mas, se isso não acontecer, a conscientização da necessidade já passa a ser um norteador das ações, do conteúdo das conversas, das pautas das reuniões etc.

Hoje, já existem algumas formas de acessar as informações e estar permanentemente atualizado no conhecimento.

Um primeiro passo é olhar as informações dos países integrantes da Liga Árabe no seu conjunto de 22 nações e cada uma nas suas especificidades. As razões para isso são bem objetivas.

Observar cada um separadamente é fundamental para os negócios porque eles têm diferentes necessidades e legislações, peculiaridades nas formas de fazer negócios, estágios também distintos de maturidade da população, regimes de governo diversos etc. Por exemplo, em um país a melhor forma de adentrar o mercado é pela participação em feiras setoriais; em outro, isso pode nada agregar e ser perda de tempo e dinheiro.

Mas considerar o todo também não deixa de ser imprescindível, porque, além de a língua ser a mesma e a cultura, similar, alguns deles funcionam como *hub* aos outros, pois a cooperação entre eles também é grande. Eles dão prioridade a outro árabe se uma escolha for necessária. Assim, a colocação de seu produto em um país pode se beneficiar da sinergia entre eles.

Dependendo de qual país, participar de uma feira implica atingir praticamente todo o bloco. A existência da Liga Árabe, da União das Câmaras Árabes, da Câmara de Comércio Árabe-Brasileira e das câmaras bilaterais congêneres em vários países não árabes bem demonstra a força do conjunto.

Por exemplo, quando analisamos o comércio do Brasil com os árabes, estamos falando do terceiro maior comprador dos produtos brasileiros, do segundo maior cliente do agronegócio do país e do primeiro cliente das proteínas. Importância superlativa, muito maior da importância de cada país individualmente. O conjunto permite ganhos em escala. Esses casos são muito simples e corriqueiros, mas exemplificam bem os benefícios da visão conjunta, como no caso já citado de uma feira.

Também enxergando o conjunto, temos condições de montar uma viagem muito mais rentável e produtiva. Por exemplo, podemos agregar a uma visita a um cliente na Tunísia, visitas ao Marrocos e à Argélia. Assim também no Golfo Arábico e na região do Levante. Dessa forma, vamos aproveitar melhor não apenas o transporte, mas também utilizar o mesmo material de divulgação na língua árabe para os vários clientes de países diferentes, aplicando os mesmos aprendizados sobre a cultura e procedimentos para estabelecimento de um eficaz relacionamento etc.

O olhar para o todo em vez da visão individual teve papel fundamental no aumento de seis a sete vezes na balança comercial do Brasil com o conjunto dos 22 países de língua árabe. No início dos anos 2000, ainda no governo do presidente Fernando Henrique Cardoso, nós da Câmara Árabe reivindicamos, ao Ministério de Relações Exteriores, que toda a política e ações comerciais, assim como a análise dos números, fossem realizadas de forma consolidada. Essa consolidação foi, com o tempo, se tornando realidade e ganhando força no governo, e permitiu maior produtividade nas relações e melhor aceitação dos próprios árabes.

Apesar de hoje já se falar em árabes na ApexBrasil, por exemplo, ainda há muito a fazer. Os países árabes estão em departamentos separados dentro do Itamaraty (Ministério de Relações Exteriores) e deveriam ter um departamento próprio para o bem das relações diplomáticas e comerciais e o estabelecimento da diplomacia econômica ampliada, conforme defino e descrevo no referido capítulo, anteriormente.

Já no primeiro ano do primeiro governo do presidente Luís Inácio Lula da Silva, levamos e entregamos a ele um estudo bastante claro sobre o potencial de compra dos árabes e das possibilidades de o Brasil colocar seus produtos. Foi uma análise bastante aprofundada do mercado total árabe, qual o papel e o peso de cada país da Liga Árabe naquele montante e os produtos envolvidos.

A equipe do presidente assimilou o estudo com muito interesse, e rapidamente o mandatário agendou uma visita a vários países, contemplando as três regiões: Golfo, norte da África e Levante, em 2003. Uma viagem realmente representativa e significativa, com uma missão de governo, políticos e empresários que seguiu intensa programação. Na agenda: mostra da cultura brasileira, encontros de líderes do executivo de estado, de empresários, debates e palestras sobre as possibilidades de cooperação entre os partícipes, assinatura de acordos de comércio e de uma feira de produtos brasileiros mostrando a diversidade de produção e de serviços (no caso, engenharia e área hospitalar) e motivando o turismo de saúde, entre outros.

A importância da informação e do conhecimento **137**

Presidente Luiz Inácio Lula da Silva e ministro de Desenvolvimento, Indústria e Comércio Exterior, Luiz Fernando Furlan, na abertura da semana brasileira em Dubai, Emirados Árabes Unidos, em 2003

Fonte: Câmara de Comércio Árabe-Brasileira.

Evento Cultural do Brasil nos Emirados Árabes Unidos, em 2003,

Fonte: Câmara de Comércio Árabe-Brasileira,

Presidente Luiz Inácio Lula da Silva na abertura do encontro empresarial Brasil Egito, em 2003.

Fonte: Câmara de Comércio Árabe-Brasileira.

Uma análise de potencial realizada pelo Departamento de Promoção Comercial e Investimentos (DPR), do Ministério de Relações Exteriores, e por integrantes da missão presidencial levou em consideração não só o conhecimento dos números de compra e venda, mas muito da cultura e de procedimentos. Toda a operação teve o mérito de respeitar os costumes e mostrar interesse e respeito – fatores, como já colocado neste livro, fundamentais na relação com os países árabes.

Os árabes, com todo esforço e dedicação dos brasileiros, se sentiram extremamente valorizados até mesmo privilegiados, porque enfim um mandatário brasileiro visitou o país. Naquela viagem, o presidente Lula inaugurou a visitação aos países árabes na era democrática do Brasil. Antes dessa missão, somente o imperador D. Pedro II havia visitado oficialmente a região árabe, isso em 1871 e 1876.

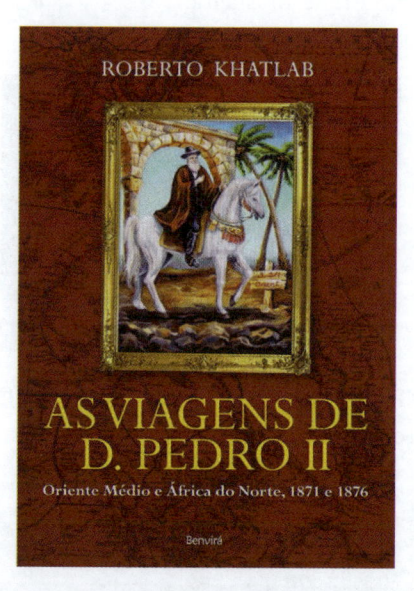

Capa do livro As viagens de D. Pedro II, *de Roberto Khatlab – 2023.*
Fonte: Câmara de Comércio Árabe-Brasileira.

Sem dúvida, esse trabalho fez os negócios com os árabes crescerem de seis a sete vezes em dez anos. A partir daí, o comércio se manteve nesse patamar, aproveitando o conhecimento adquirido, aprofundado e complementado com informações atualizadas e reais. Esse *status quo* só teve de ser socorrido no período compreendido pelo fim de 2018, quando o governo divulgou seu plano de mudança da embaixada brasileira em Israel de Tel Aviv para Jerusalém, mantendo essa "ameaça" até o fim de 2020 (detalhamos esse *case* no Capítulo 8, que aborda o B2C).

A ameaça desgostou muito a população árabe e alertou governos locais sobre uma atitude brasileira de desrespeito. Mais uma vez, informações tiveram o poder de esclarecer as autoridades brasileiras da miopia do gesto e do risco envolvido de perder um parceiro fiel e leal, responsável por grande parte do superávit comercial do Brasil.

Novamente, um relatório com o potencial do mercado árabe foi elaborado e levado ao governo federal, complementado por um intenso esforço de mídia, divulgando números consolidados dos negócios, empregos envolvidos, impostos recolhidos etc. Precisei, como presidente da Câmara Árabe-Brasileira, liderar o movimento em prol do conhecimento esclarecedor, não esmorecendo na concessão de entrevistas, participação em programas de rádio e televisão, elaboração de artigos e visitas pessoais a elementos influenciadores no Brasil e no Mundo Árabe. De novo, o poder da informação foi fundamental e conseguiu manter a relação com os árabes ativa, saudável e forte. Para isso, também foi essencial a compreensão e sensibilidade do governo.

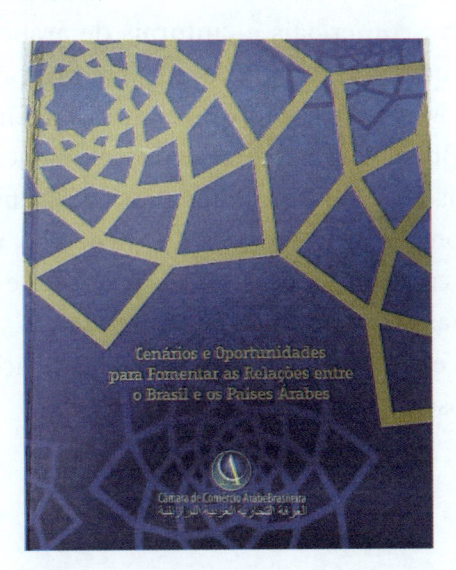

Capa do relatório Cenários e oportunidades para fomentar as relações entre o Brasil e os países árabes – *2017*.
Fonte: Câmara de Comércio Árabe-Brasileira.

Para acessar o conteúdo completo do relatório, utilize o QR Code:

https://online.fliphtml5.com/jwqnu/loow/index.html

Fica claro, assim, que todo esforço para o desenvolvimento das relações com esse mercado deve ter início com a procura por informações. Elas são a base segura para o acerto do caminho de forma sustentável no tempo e com qualidade.

Hoje, temos boas fontes de acesso a essas informações. Com o diagnóstico de os negócios carecerem de conhecimento para poder se desenvolver, a Câmara Árabe, em 2003, sob a presidência de Paulo Sérgio Atallah, criou a Agência de Notícias Brasil-Árabe (Anba). "Anba" também é palavra que significa "informação" em árabe.

A agência é um site criado com o objetivo de divulgar e ser fonte de notícias econômicas, comerciais e culturais de árabes e brasileiros. Para essa plataforma, a qual acompanho desde sua criação, desenvolvi, como vice-presidente de Marketing, acordos com dez agências de notícias dos países árabes e do Brasil. Com esses acordos, as agências parceiras passam notícias de seus países à Anba, e a Anba passa a elas notícias do Brasil. No site é possível encontrar as novidades dos negócios, análises bem-embasadas, números do comércio, exemplos inspiradores e oportunidades interessantes, nas línguas árabe, inglesa e portuguesa.

Para saber mais e ter notícias atualizadas das relações do Brasil com o Mundo Árabe, acesse: www.anba.com.br.

https://anba.com.br

Além das informações qualitativas do conteúdo deste livro, é possível acessar outras informações quantitativas nos endereços:

Banco Mundial
https://data.worldbank.org/

International Trade Centre
https://www.trademap.org/Index.aspx

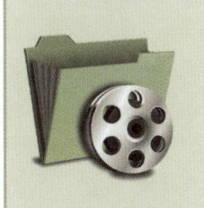

Salaam Gateway
https://www.salaamgateway.com/

Ministério do Desenvolvimento, Indústria, Comércio e Serviços
https://www.gov.br/mdic/pt-br/assuntos/comercio-exterior/estatisticas/base-de-dados-bruta

Nações Unidas
https://data.un.org/

Capítulo 8

O desenvolvimento das relações comerciais

B2B (*business to business*)

O B2B *(business to business)* com empresas dos países árabes exige maiores cuidados em seus procedimentos.

    É preciso ter bem claro que uma relação B2B (*business to business*) – expressão que se refere a empresas que vendem produtos e serviços para outras empresas – com um árabe, seja uma reunião, um contato em uma feira, uma visita à fábrica etc., não é só um evento comercial, é uma experiência social. Como experiência social, ela se reveste de conhecimento e interesse em aspectos que vão além da objetividade de um negócio, de uma venda, de um acordo e assim por diante. Estes podem ser os resultados, mas após um caminho de conhecimento, de troca de opiniões, de sentimentos.

Confiança é a palavra-chave dessa relação que se inicia. Ela dará o tom dos negócios. Uma vez conquistada, a relação tem potencial de se tornar duradoura, fiel e, quem sabe, uma parceria verdadeira, e não apenas uma relação de compra e venda.

Para os resultados acontecerem, esse caminho tem de ser seguido, verdadeiramente. E sabemos que uma boa relação precisa de tempo de maturação. É assim que seguem os negócios com os árabes. Não espere resultados na primeira visita, no primeiro contato. Podem até acontecer, mas é improvável. Se acontecer, será pela urgência de algo que precisa ser resolvido naquele momento, diferentemente disso, consiste em uma exceção a ser comemorada.

Muitos patriarcas estão passando a direção de suas empresas aos seus filhos muito bem formados em universidades de ponta da Europa e dos Estados Unidos. Quando não, as empresas podem estar sendo dirigidas por executivos não árabes. Executivos não árabes na direção de empresas árabes é mais frequente em países do Conselho do Golfo (Arábia Saudita, Bahrein, Catar, Emirados Árabes Unidos, Kuwait e Omã).

Entretanto, nada disso altera os procedimentos de relacionamento. É preciso extremo respeito à cultura árabe. Árabes e não árabes são influenciados por ela e seguem à risca seus rituais.

A promoção comercial de uma empresa, um produto ou um serviço para outra empresa deve também ter abordagens especiais e muito cuidadosas. A meta, portanto, deve ser estabelecer uma relação social sem ultrapassar limites, e a partir dela, a conquista da confiança.

Para isso, o contato pessoal é fundamental. Instrumentos de comunicação digitais podem ser usados para complementar esse contato, mas nunca ser o principal meio, pois nada substitui o olho no olho. A pandemia de covid-19 trouxe a prática de conversas virtuais, mas nem por isso passou a substituir o olho no olho. Como se trata de confiança com base em relações pessoais e sociais, o contato presencial é priorizado e valorizado.

O árabe sempre inicia o contato quebrando o gelo com uma conversa amena e interessada. É comum a conversa começar pela troca de informações sobre família, saúde, a viagem que se está fazendo, se existe alguma necessidade etc. E se espera que o interlocutor retribua da mesma forma. Mas, atenção, não se deve ir além do interesse verdadeiro e, de certo modo, superficial. É importante manter alguma distância e superficialidade para não soar invasivo nem pretender uma intimidade não consentida, principalmente com pessoas da família do sexo feminino. Religião e política são assuntos que não devem ser abordados.

O clima mais ameno do início da negociação acontece independentemente de se estar em país árabe. Quando o árabe está em visita, o anfitrião deve tomar a iniciativa e dirigir a conversa da mesma forma, começando com os assuntos sociais. Quando isso não acontece e a conversa vai objetivamente ao assunto comercial, não é incomum o árabe interromper as tratativas para introduzir assuntos mais amenos.

As reuniões também podem ser interrompidas por um funcionário que precisa de assinatura em um documento ou de uma decisão, ou por um telefonema. Essas interrupções serão sempre tratadas no idioma árabe, assim como as tratativas internas da própria negociação.

Também é muito adequado que, ao fim da reunião/negociação, haja uma troca de presentes. Essas lembranças são importantes, independentemente do valor monetário. O importante é a atenção que se percebe na intenção e na escolha – alguma coisa adequada ao interlocutor e pensada para ele. Pode ser um mimo típico do país ou algo assim. No caso do Brasil, os árabes apreciam muito camisas da seleção brasileira de futebol, pedras típicas do país, assim como elementos que representem a floresta amazônica.

Durante as reuniões serão servidos café, chá, sucos, água, tâmaras, doces, castanhas-de-caju etc. Aceite essa hospitalidade e retribua assim que tiver oportunidade. Se receber um convite para almoço ou jantar, é importante aceitar e demonstrar satisfação e alegria.

Para a reunião, a vestimenta mais adequada é a formal e sem exageros de qualquer tipo, podendo até ser considerada modesta. Nos cumprimentos e sempre que seu conhecimento permita, utilize palavras árabes. O esforço e interesse para isso sempre são muito bem-vistos. Espere o interlocutor tomar a iniciativa do cumprimento para segui-lo com o mesmo procedimento.

Por tudo isso, é prudente preparar a reunião com antecedência, valendo-se de informações, material físico e estado de espírito. Essa preparação deve envolver:

▶ Informações

Quanto mais soubermos dos interlocutores, melhor: origem, se são árabes ou não árabes, quais os cargos e níveis na hierarquia, geração etária, entre outras características. Mesmo que não sejam árabes, os procedimentos árabes influenciarão fortemente a reunião e, consequentemente, seu resultado. É conveniente que os níveis hierárquicos de um lado e de outro sejam semelhantes. É importante observar que isso é fundamental para os árabes: presidente fala com presidente, gerente fala com gerente e assim por diante. Normalmente, quem tem a palavra é o executivo mais graduado. Os de nível inferior aguardam serem solicitados, e só então se pronunciam.

Informações sobre os produtos comprados e características dos fornecedores concorrentes:

- origem (país e fornecedor);
- padrão de qualidade;
- serviços que eles oferecem;
- preço;
- negociações já em curso.

▶ Material físico

Amostras e material promocional são importantes. Leve para a reunião produtos reais na forma e no estado como serão entregues.

O material promocional deve estar em árabe e na língua de negócios do país. A maioria utiliza inglês. Em alguns países (Argélia, Marrocos, Mauritânia e Tunísia), a língua francesa é o segundo idioma e pode ser utilizado comercialmente.

O idioma utilizado é fator de diferenciação. A utilização do árabe e de outro idioma é fundamental e cria interesse imediato. Cuidado com a tradução. Traduções literais têm alta probabilidade de apresentarem alguma incorreção e, assim, colocarem tudo a perder.

Vamos usar um *case* real, sem mencionar nomes, para exemplificar essa situação. Em uma determinada feira, uma empresa brasileira expositora apresentou um produto em que uma palavra árabe na embalagem, ao contrário de destacar uma característica do produto, como era a intenção, ofendia a população local. Isso gerou um desconforto enorme, com grandes prejuízos para a empresa, e para a imagem do Brasil, naturalmente.

▶ Estado de espírito

Ter uma estratégia clara para a negociação é importante para nortear a flexibilidade que será necessária. É bom já estabelecer as possíveis concessões. Faz parte dessa flexibilidade não discordar ou contradizer a contraparte, ainda mais se for em público. Utilize palavras indiretas para isso.

Em uma negociação com esses atores, é preciso ser flexível. Pequenos gestos nesse sentido mostram interesse e boa vontade, podendo significar que a parceria será duradoura. Não deve haver um vencedor, os dois lados devem se sentir vencedores, como é real em uma verdadeira parceria.

É importante ter certeza e demonstrar com segurança que o produto ou serviço oferecido segue fielmente as exigências de qualidade, religiosas e legais. Para isso, é importante ter material institucional e comercial, conhecer todas as especificações, preços, condições etc., e responder a todas as dúvidas.

Atenção às expressões corporais. Em muitas ocasiões elas dizem mais do que as expressões verbais.

Não seja rígido, não fique ansioso e não pense apenas no curto prazo. É preciso ser paciente, amigo e parceiro, porém firme.

É preciso ser transparente nas colocações e na oferta, que deve estar claramente explícita quanto ao que é firme e ao que é condicional. Além disso, é necessário estar consciente de que o firme não pode ser retirado ou modificado após a reunião. É isso o que os árabes esperam e é assim que se relacionam.

Após a reunião, tudo o que foi tratado e acertado deve estar registrado para, no caso de o negócio ser fechado, dar prosseguimento aos trâmites burocráticos, que não são rápidos. Conhecendo antecipadamente o contato e a empresa-alvo, e levando em consideração todo esse conhecimento, o procedimento é facilitado.

Conquistar confiança e empatia é fundamental, e isso é possível com as mesmas características já discutidas para uma marca ser eleita pelo consumidor. Resumindo, algumas premissas para atingir esse mercado são:

- Na negociação, seja transparente e autêntico, e considere os valores sociais, morais e éticos do interlocutor.
- Preferencialmente, utilize materiais de comunicação no idioma local ou na língua utilizada empresarialmente no país – em geral, o inglês.
- Mostre interesse e realmente se interesse pela vida social e familiar do interlocutor, respeitando os limites do interesse com pouca intimidade.
- Acolha o interlocutor árabe, mesmo que você o esteja visitando. Quando você o recebe em seu país, isso é fundamental e pré-requisito para uma boa negociação.
- Valorize a importância do interlocutor. Quanto mais alto o nível hierárquico do representante da empresa ou do país, mais portas se abrirão, e elementos não comerciais influenciarão positivamente as negociações.

Para a negociação ter sucesso e o negócio ser fechado, é preciso cumprir uma série de procedimentos e ações, seguindo uma estratégia institucional do país e dos organismos representativos.

A relação institucional do país de origem da empresa e o do cliente é extremamente importante. Ela tem o poder de abrir, limpar e sedimentar os caminhos. Esse pode ser um grande diferencial.

Os meios, instrumentos e ações para a promoção comercial são variados, e cada um tem suas aplicações mais adequadas. Podemos olhar essas ações pela vertente do resultado no tempo: as de curto prazo, mais especificamente de vendas diretas; e as ações de médio e longo prazo, de relação institucional e pavimentação do caminho.

Seja qual for a estratégia e a ação, é importante saber que não se pode contar com vendas em uma primeira visita ao novo mercado. O mercado árabe, em geral, fecha um negócio após alguns passos de aproximação. Com passos cuidadosos, a aproximação vai amadurecendo a relação. Esse amadurecimento se dará com uma mescla de aspectos tangíveis e intangíveis, racionais e emocionais:

▶ <u>Acordos</u>: os acordos entre países e regiões são vitais por permitirem a importação e exportação de determinados produtos e serviços. Também podem reduzir taxas e impostos, e fazer a triangulação para venda a mercados comuns.

▶ <u>Feiras</u>: na maioria dos países a participação em feiras (principalmente setoriais) é bem importante. Nessas ocasiões, as empresas têm contato com muitos compradores potenciais que, uma vez interessados no produto, são influenciados pela atenção recebida, pela qualidade do material de comunicação, pelo nível de preparo do negociador, pelo histórico da empresa no país, entre outros. Os contatos realizados nas feiras podem progredir para uma visita à empresa do cliente. A participação contínua na feira passa uma mensagem positiva de intenção de investimento no país, gerando confiança.

Estande do Brasil na Gulfood em Dubai, Emirados Árabes Unidos.
Fonte: Câmara de Comércio Árabe-Brasileira.

▶ <u>Missões comerciais</u>: normalmente as missões comerciais são mais focadas setorialmente, ou mesmo por elo da cadeia, como uma missão específica para falar com varejistas, com construtoras etc. O foco estabelecido permite maior profundidade nos contatos, e também maior conhecimento do mercado daquele setor ou país. É importante a liderança da missão ser de alto nível hierárquico do governo e da Câmara de Comércio. O ideal é que tenha a liderança das duas entidades.

▶ Rodada de negócios: semelhante à missão comercial (e também devendo ter liderança forte e prestigiada), a rodada de negócios se diferencia por centralizar todos os representantes em um mesmo local. Neste local o atendimento, agendado com antecedência, deve ser realizado e deve também sediar uma pequena exposição de produtos e propiciar a confraternização entre os negociadores – elementos bastante úteis para integração e *networking*.

Rodada de negócios entre brasileiros e árabes.

Fonte: Câmara de Comércio Árabe-Brasileira.

▶ Conselhos empresariais: em geral liderados pela Câmara de Comércio Árabe-Brasileira e pela Câmara de Comércio do país árabe. Um conselho empresarial normalmente é estabelecido entre dois países e tem como integrantes líderes empresariais e/ou líderes setoriais em mesmo número e áreas de atuação. O conselho é regido por um estatuto que define regras, atribuições, responsabilidades e procedimentos. Normalmente, ele se reúne uma ou duas vezes por ano, alternando o país da reunião. O conselho tem por funções mais comuns estabelecer objetivos e metas comerciais, planejamento estratégico, definição de ações, proposição de acordos, aprofundamento e estreitamento das relações comerciais, sociais e institucionais.

O desenvolvimento das relações comerciais **151**

https://anba.com.br/conselho-define-acoes-de-promocao-comercial-brasil-tunisia/

Reunião do Conselho Empresarial Brasil Tunísia, realizada em Tunis – 2019.
Fonte: Câmara de Comércio Árabe-Brasileira.

▶ Palestras, seminários e fóruns: são ações que visam dar uma base de conhecimento a um determinado público a respeito do mercado-alvo, ou promover o país e seus produtos/serviços ao mercado que se está visitando. Além da promoção e capacitação gerada, esses eventos são ótimos para *networking*.

Seminário de negócios.
Fonte: Rubens Hannun.

Seminário de negócios.

Fonte: Rubens Hannun.

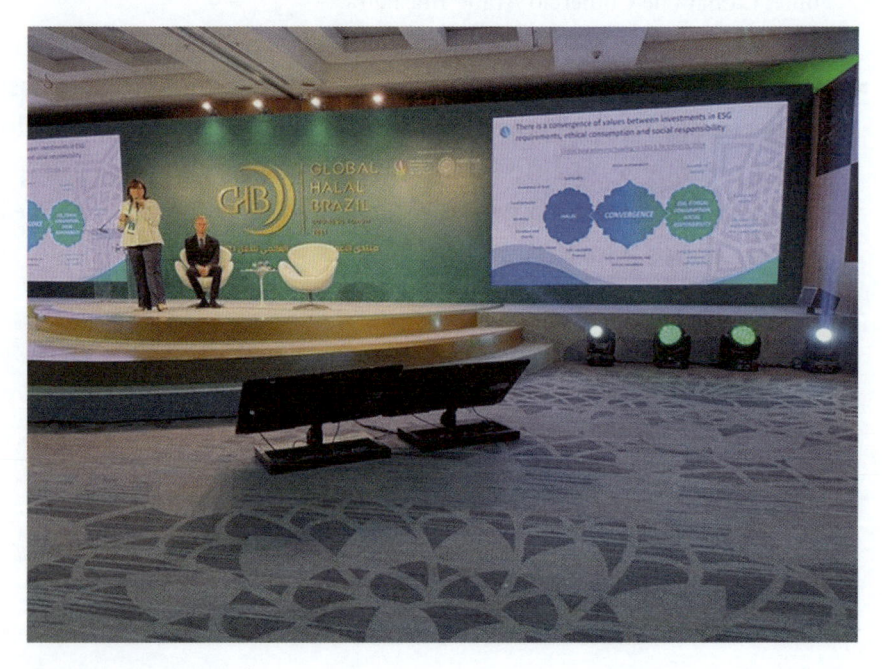

Fórum empresarial.

Fonte: Rubens Hannun.

O desenvolvimento das relações comerciais 153

Seminário de negócios.

Fonte: Rubens Hannun.

Seminário de negócios.

Fonte: Câmara de Comércio Árabe-Brasileira.

▶ Ações de experiência: essas ações trabalham as bases para uma eficiente promoção comercial. Nelas, o vendedor tem a oportunidade de vivenciar o dia a dia do país visitado da forma mais real possível, indo a supermercados, lojas e shoppings, fazendo compras, tirando dúvidas etc. Também são válidas ações desse tipo para conhecimento setorial dos processos produtivos, tais como visitas a prédios em construção; unidade fabril de determinado produto; abate de animais. Elas são importantes para ambientar-se ao país e conhecer o mercado consumidor, os concorrentes, os preços praticados e assim por diante. Podem ser realizadas isoladamente ou como primeira fase de uma viagem, antes da participação em alguma feira, missão comercial ou rodada de negócios. Realizar uma ação de experiência antes de as negociações se iniciarem é bem interessante e recomendável, porque isso o deixa mais preparado, e assim você não corre o risco de se confundir em uma negociação ou desconhecer totalmente o contexto de onde está e do produto/serviço que está negociando.

Mercado em Al Seef, Dubai, Emirados Árabes.

Praça Jemaa el-Fna, Marraquexe, Marrocos.

As ações listadas anteriormente muitas vezes são realizadas em conjunto, por exemplo:

- participação em uma feira seguida de uma missão comercial;
- reunião do conselho empresarial durante a participação na feira ou da realização de rodada de negócios;
- palestra antecedendo a rodada de negócios.

No mundo ideal, independentemente do formato da ação de promoção, ela deve ser antecedida, um ou dois dias, por uma ação de experiência. Também é ideal que todas as ações de promoção tenham na programação ações institucionais visando à pavimentação do caminho e à sustentabilidade das negociações. Realizadas pelos líderes institucionais (governo e Câmara de Comércio), essas ações são de relacionamento e negociações estratégicas, como:

- visitas e reuniões estratégicas com ministérios (Relações Exteriores, Comércio e Indústria, Agricultura, entre outros);

Reunião entre Rubens Hannun e Tamer Mansour da Câmara de Comércio Árabe-Brasileira, e o ministro de Relações Exteriores da Tunísia, embaixador Sabri Bachtobji – 2019.

Fonte: Câmara de Comércio Árabe-Brasileira.

Entrega de estudo sobre o potencial do mercado alimentício árabe para os produtos brasileiros à ministra da Agricultura do Brasil, Tereza Cristina, pela Câmara de Comércio Árabe-Brasileira (Rubens Hannun, Osmar Chohfi e Tamer Mansour).

Fonte: Câmara de Comércio Árabe-Brasileira.

- visitas a câmaras e federações de comércio e indústrias locais;
- reunião com órgãos reguladores do mercado local;
- visitas a agências de notícias e órgãos de imprensa para divulgação da missão, do produto e da empresa;
- reuniões com associações setoriais;
- visitas a governos locais;
- visitas a órgãos de exportação e investimento.

Essas atividades devem ter uma coordenação que garanta a manutenção da programação estabelecida, com disciplina e qualidade, para garantir que a imagem do país seja protegida e, com o tempo, crie um diferencial positivo.

É muito proveitoso ler, especificamente, três entrevistas de mulheres brasileiras que conquistaram o mercado árabe na relação B2B: Ana Paula Paura, Damaris Eugenia Avila da Costa e Julia de Biase, a quem mais uma vez agradecemos pelas entrevistas exclusivas para este livro. Essas jornadas podem ser conhecidas na integra em "Pontos de vista", mas a seguir um pequeno resumo.

Damaris Eugenia Avila da Costa, presidente do Conselho Brasileiro das Empresas Comerciais Importadoras e Exportadoras (Ceciex), retrata bem a jornada B2B de um empresário brasileiro (neste caso, empresária) se introduzindo no mercado árabe para colocar seu produto. Com seu pioneirismo, ela enfrentou todo tipo de dificuldades e facilidades nas relações comerciais com países árabes do norte da África, Levante e Golfo Arábico, falando com empresas e compradores de diversos setores. Também mostra bem as consequências positivas da atuação regular por anos, ou melhor, por décadas.

Por outro lado, a entrevista de Julia de Biase, fundadora da primeira loja de perfumaria oriental na América Latina, a Al Ward, traz muito claramente a trajetória, no caminho inverso, de uma empresária que quis representar produtos árabes no Brasil. Sua experiência demonstra bem os percalços encontrados e a influência determinante da imagem do Brasil e de seus empresários, os cuidados no tratamento pessoal, a importância da persistência, entre outras variáveis.

Fonte: Julia de Biase.

Também demonstrando o quanto são importantes a persistência e o conhecimento (inclusive da transculturalidade), Ana Paula Paura relata sua jornada de trabalho com os árabes, primeiramente os atendendo com produtos brasileiros e atualmente gerenciando a área comercial de uma organização em Dubai, Emirados Árabes Unidos.

Para nenhuma delas o resultado chegou rápido. Elas enfrentaram muitos percalços, mas os venceram de forma sustentável, com o verdadeiro sentimento de conquista profissional e construção de um círculo de amizades duradouras.

B2C (*business to consumer*)

Mesmo óbvia no mundo dos negócios, uma explicação precisa ser dada: o B2C (*business to consumer* ou *business to customer*, ou negócios com o consumidor, em tradução direta) é o comércio efetuado diretamente entre uma empresa produtora, vendedora ou prestadora de serviços e o consumidor final. Grosso modo, é o varejo como conhecemos. Mas, quando falamos em Mundo Árabe, a relação não é meramente comercial.

O B2C com consumidores dos países árabes pede que sejam atendidos alguns critérios que vão além de uma simples relação de negócios. Em razão dos procedimentos, hábitos e comportamentos desse público especial, é necessário trocar os óculos e se colocar no lugar deles, para assim correr menos riscos e ter maior efetividade. O consumidor árabe, exigente por natureza, tem se tornado ainda mais criterioso, ciente de seus direitos e de seu poder na cadeia produtiva de um país, na geração de emprego, na reputação das marcas.

Particularmente, o árabe, que tem em seus valores o reconhecimento da importância da coletividade, rigidez de avaliação, fidelidade e parceria, sempre procura o melhor, o real, contemplando o conjunto racional e emocional. E tudo está em constante evolução. Com a pandemia de covid-19, essa evolução tem dado passos mais rápidos e diretivos. Por sua atual integração e participação ativa em todos os continentes, ele conjuga suas crenças com o que tem apreendido em outras culturas.

À medida que vamos nos relacionando, conhecendo mais e mais, torna-se claro que, para atender, conquistar e fidelizar esse cliente, é preciso conhecê-lo muito profundamente e, sobretudo, respeitar suas peculiaridades, sua visão de mundo e sua cultura. Isso quer dizer que, se a companhia desrespeitar aquilo que o consumidor acredita, ainda que ele a admire e consuma seus produtos, passará a rejeitá-la e, possivelmente, fará campanha contra a marca em sua rede de relacionamentos.

Há um grande número de marcas que foram à falência após campanhas negativas no "corpo a corpo" de consumidores. É preciso entender o contexto em que se está inserido e como a comunicação, as atitudes e o posicionamento do conjunto de atributos que a marca representa fala com aquela sociedade.

Um exemplo claro disso está descrito no *case* "Mudança da embaixada", ao fim deste capítulo. Em 2018/2019, ao se posicionar a favor da mudança da embaixada brasileira em Israel de Tel Aviv para Jerusalém, o Brasil criou uma série de reações contrárias no Mundo Árabe, a ponto de um supermercado de Omã retirar produtos brasileiros das prateleiras para atender à reivindicação de consumidores. Esse caso demonstra claramente que a avaliação dos consumidores vai além das características dos produtos, da reputação e do posicionamento da marca, estendendo-se também ao fabricante, à comunicação e às atitudes de tudo e de todos os envolvidos, do fabricante e seus dirigentes, do país e seus governantes etc.

O cidadão e o consumidor árabe

Como pensam e como são os árabes e muçulmanos

O consumidor árabe pode ser descrito como "em transição". Ele está passando do tradicionalismo ao futurismo. Essa transição traz aspectos bem importantes de considerar no estabelecimento de estratégias para atingir essa população, a comunicação, a promoção de vendas, o relacionamento etc.

Muitos estudos descrevem esses consumidores, e aqui vamos mostrar resultados de alguns deles, desde uma visão mais aprofundada dessa população – seus valores, crenças e atitudes – até resultados que se concentram em comportamentos mais imediatos do dia a dia, muitas vezes influenciados por um acontecimento ou outro.

Vamos começar conhecendo esse público no seu todo, a partir dos resultados de um estudo qualitativo e quantitativo com uma amostra da população árabe entre 18 e 65 anos, realizado pela agência Ogilvy Noor em 2011.

O estudo nos permite conhecer as atitudes que sedimentam os muçulmanos; aquelas que prevalecem por longo tempo e dirigem os comportamentos, mesmo que, em uma situação ou outra, pareçam momentaneamente contraditórias. Essa aparente contradição pode ser motivada por alguma necessidade do momento, porém não significa alteração de valores e crenças.

Mesmo com alguns anos esta pesquisa se mostra hoje, plenamente válida com a reafirmação de seus resultados, e mais, com as tendências apontadas se tornando realidade, o que influencia o modo de pensar e viver dos árabes, conforme temos visto na última década, com mudanças de regime, alteração de costumes, avanços em direção à revolução tecnológica, incremento da preocupação com sustentabilidade ambiental, cidades inteligentes, entre outros movimentos.

Uma primeira visão é dada por quatro indicadores que comparam a população islâmica com seus pares não islâmicos:

- Índice de Distância do Poder (IDP);
- Índice de Individualismo x Coletivismo (IIC);

► Índice de Masculinidade/Feminilidade (IMF);
► Índice de Evasão a Incertezas (IEI).

O Índice de Distância do Poder (IDP) mede o quanto uma população sente que tem acesso ao poder da nação, seja por facilitação de caminhos ou por predisposição e desejo.

Os resultados deixam claro que, para os islâmicos, a distância do poder é um fato muito mais aceitável do que para a população mundial em geral.

Essa maior tolerância tem seu fundamento na cultura patriarcal, mesmo aceitando as barreiras que os mantêm longe do poder e da autoridade que toma para si as decisões que interferem na vida de todos.

O IDP causa certas consequências também no mercado. Esse reconhecimento do poder de forma inequívoca leva os islâmicos a desconfiarem de novas empresas e marcas e demorarem mais para se aproximar. As marcas tradicionais já consolidadas, assim como o poder estabelecido, têm mais fidelidade desse público.

Também os resultados deixam claro que o coletivo tem prioridade sobre o individual. Os árabes/islâmicos são mais coletivistas do que os ocidentais: é o que indica o resultado do Índice de Individualismo x Coletivismo (IIC). Os islâmicos pensam e agem pensando menos neles próprios, individualmente, e mais no todo – no grupo, na família, nos amigos e na comunidade.

Dessa forma, são mais sensíveis a apelos familiares, ao ganho do todo, à alegria compartilhada e estão até mesmo mais predispostos à participação em ações da coletividade.

O boca a boca tem muita força. Os consumidores sentem-se responsáveis pela compra de outro consumidor por um produto ou serviço que já usaram. Eles acreditam na obrigação de divulgar sua avaliação.

Já o Índice de Masculinidade/Feminilidade (IMF) mede os papéis do homem e da mulher. Para os árabes, essas funções continuam bem-definidas: homens são masculinos, e mulheres, femininas.

Calcados em uma cultura patriarcal, eles tendem a dar voz aos homens, porém reconhecem que a figura feminina é extremamente centralizadora de opiniões e acaba dando a decisão final. Mas isso pode ser relativo: os árabes, em função do coletivismo, são flexíveis e podem se curvar às decisões do grupo.

Nas atividades mercadológicas, não se pode ir contra esses valores: papéis bem-definidos, porém sem imposição, com modéstia, aceitando o grupo.

Mesmo não apresentando grandes diferenças entre a população global e a muçulmana, pode-se dizer que o Índice de Evasão a Incertezas (IEI), no estudo, confirma que os islâmicos respeitam mais regras e estão menos disponíveis a testes, novidades e a tudo que é desconhecido. Porém, isso não os afasta das inovações que podem estar modificando a direção desse índice.

Esse dado confirma também a opção por marcas confiáveis e estruturadas. A confiabilidade se reforça quando atestada por um *expert* naquele produto ou serviço.

Se uma marca não respeitar a Shariah (lei islâmica) e os valores culturais locais, dificilmente alcançará aceitação. O grupo a rejeitará, e a propaganda boca a boca será fatal.

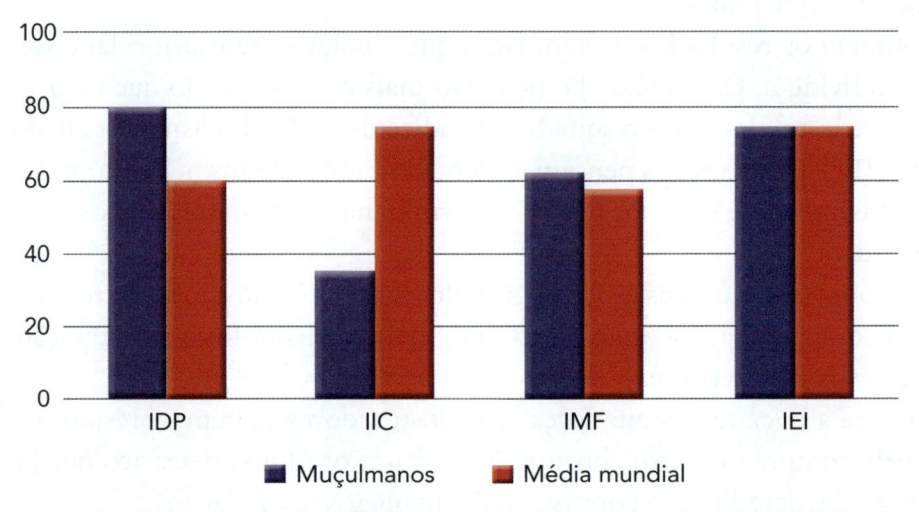

Fonte: HUSSAIN, Nazia; DERNAIKA, Tanya. *Brands, Islam and the New Muslim Consumer: How to build brands that appeal to the muslim consumer today.* EUA: Ogilvy & Mather

O resultado da pesquisa segmenta os muçulmanos em grupos homogêneos, segundo seus valores, e os descreve pelo estilo de vida de cada um: desejos, necessidades, condições financeiras e papel que a religião tem para cada grupo.

Foram encontrados seis grupos, denominados como: identificados; feitores; fundamentados; imaculados; conectados; e sintetizadores.

Analisando os segmentos e os reagrupando por proximidade em relação ao papel da religião em suas vidas e pelos valores detectados, é possível enxergá-los pelo olhar da tradição (tradicionais) ou da modernidade (futuristas).

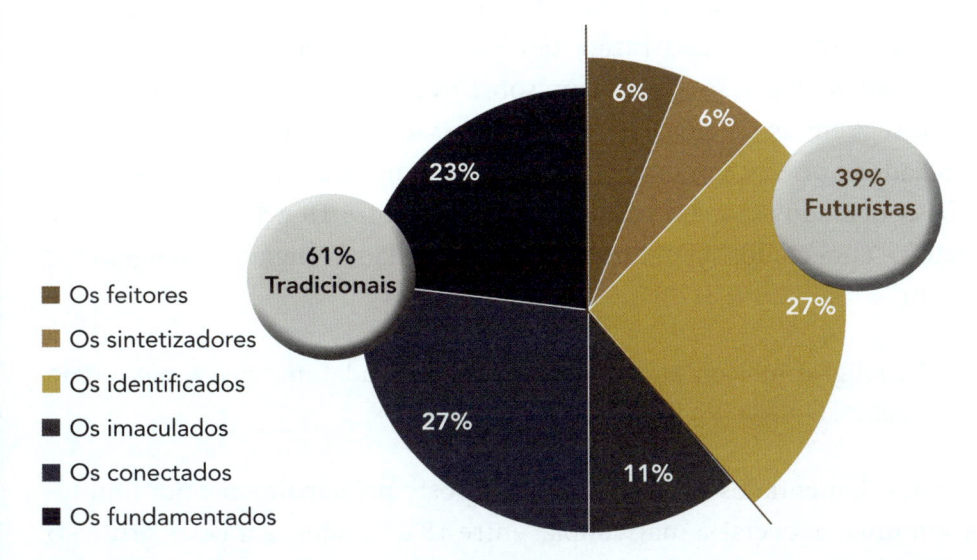

- Os feitores
- Os sintetizadores
- Os identificados
- Os imaculados
- Os conectados
- Os fundamentados

61% Tradicionais — 39% Futuristas

6%, 6%, 23%, 27%, 11%, 27%

Fonte: pesquisa "Brands, Islam and the New Muslim Consumer" (Hussain; Dernaika, 2011).

É importante conhecer os segmentos descritos a seguir e analisá-los com o olhar dos movimentos que vêm acontecendo a partir da realização deste estudo. O macrogrupo dos futuristas foi se fortalecendo, influenciando os demais e impactando o ecossistema do estilo de vida e de valores do universo em estudo, sem mudar os fundamentos mais "caros" também a todos (tradicionais e futuristas), mas os modernizando e os universalizando.

O macrogrupo considerado futurista e o macrogrupo considerado tradicional aglutinam cada um três daqueles segmentos. Provavelmente, pela confirmação da tendência de crescimento dos futuristas, detectada na realização da pesquisa, os tradicionais e os futuristas hoje em dia devem praticamente dividir a população por igual, com tendência crescente dos futuristas.

Os tradicionais, com três grupos (conectados, fundamentados e imaculados), têm em comum a forte aproximação com Allah (Deus), o que lhes proporciona uma forte e tranquilizante paz interna.

Essa forte característica interior os torna bastante modestos, humildes e solidários com os outros, principalmente nos momentos difíceis. São companhias bem reconfortantes. Acreditam que cultura e religião têm muito em comum e, por essa razão, são inseparáveis. Em certo sentido, são conformados. Pouco se questionam sobre os próprios hábitos de consumo. Assim, seguem as escolhas de seus antepassados – ou no mínimo são influenciados por elas. Para entender um pouco mais dos tradicionais:

Os conectados são, em maioria, mulheres entre 18 e 44 anos. A denominação "conectados" vem do significado que dão à religião: "a religião me conecta".

> "A religião me conecta ao Ummah (coletividade), no qual somos como amigos, familiares e parceiros de negócios."[1]

Os fundamentados são um grupo composto principalmente por mulheres, em uma faixa etária mais ampla: entre 18 e 54 anos. Para esse grupo, o significado da religião é deixá-lo centrado, focado:

> "Centralizo tudo em torno da religião, sou devotado e conservador. Em minha casa tudo é *Halal*."

Já os imaculados são, principalmente, homens. Também são os mais jovens entre os tradicionais.

> "Rejeito *haraam* (pecado) e as inovações que me dessincronizam com a minha religião. Sigo à risca as regras e sou disciplinado."

Na outra ponta, temos o macrogrupo denominado futuristas, formado pelos sintetizadores, identificados e feitores. Também são religiosos, atribuindo à religião os significados fundamentais à sua vida e à forma como pensam. Os futuristas definem sua identidade pela própria religião, em

---

[1] Frases retiradas das entrevistas.

conjunto com a busca de sucesso e autorrealização. Têm orgulho do islamismo: essa forte e sedimentada conexão os apoia, lhes dá força e aponta os caminhos para as mudanças de paradigmas que almejam. Mesmo quebrando paradigmas, são disciplinados e conscientes. São honestos, puros e voltados ao consumo, engajam-se às marcas, utilizando-as para se posicionarem no mundo moderno.

Os sintetizadores têm como elementos típicos homens e jovens de 18 a 24 anos. Para eles, a religião os torna únicos, concede-lhes individualidade. Eles se permitem adaptar-se ao ambiente em que estão, se for necessário, mas sem transgredir qualquer determinação da Shariah (lei islâmica), como fica claro nas palavras de um dos entrevistados:

> "Respeito a Shariah, porém, muitas vezes modifico meus costumes para me adaptar ao ambiente em que estou."

No grupo dos identificados há um equilíbrio entre homens e mulheres, com idade entre 18 e 34 anos. Eles têm na religião o fator de identificação. Transitam bem pelas inovações e modernidades das novas tecnologias e mídias sociais, mas tomam cuidado extremo para não deixar que elementos estranhos à sua cultura e religião influenciem seu modo de pensar e ser:

> "Protejo minha religião e cultura da influência ocidental e suas mídias, porém sou conectado à tecnologia e sou bem-informado."

Os feitores são, em sua maioria, homens de 18 a 34 anos.

São muito ligados em tudo e fazem dessa busca um estilo de vida bastante intenso – sempre no caminho para atingir prazer, satisfação interna e realização com a admiração exterior. O sucesso é sua busca incansável.

Nesse contexto, a religião tem o papel de lhes dar o aval, fazê-los sentirem-se poderosos, com capacidade de ir além:

> "Sou ligado na internet e busco meu estilo de vida no sucesso profissional e em realizações pessoais."

Em outro estudo, realizado logo após a pandemia de covid-19 pela consultoria H2R Insights & Trends por solicitação da Câmara de Comércio

Árabe-Brasileira, procurou-se investigar os comportamentos dos consumidores árabes em relação a produtos de consumo. Esse estudo verificou o que o futuro deve moldar:

- Os árabes são consumidores exigentes – consideram-se pacientes e racionais, compram apenas o necessário, não se importam com as últimas modas.
- Ser *Halal* é importante, portanto, selos e certificações são necessários para participar desse mercado – quase a totalidade dos muçulmanos consome apenas produtos *Halal*, principalmente entre os consumidores de baixa renda residentes no Levante e norte da África.
- O Ponto de venda (PDV) tem papel central, pois esse público gosta de tocar e sentir os produtos. Por isso, a ida às compras é um lazer, algo geralmente feito com a família e os amigos. Entretanto muitas compras são feitas on-line, em especial no setor alimentício.

Outra pesquisa, também da Câmara de Comércio Árabe-Brasileira/H2R, realizada para o Fórum Global *Halal*, em 2022, demonstrou a fortíssima atitude dos árabes/muçulmanos em direção ao mercado ético, que tem muito a ver com os parâmetros de ESG (Environmental, Social and Governance, ou Meio ambiente, Social e Governança), com o preconizado pelos procedimentos exigidos para a certificação *Halal* (ver Capítulo 9, "Oportunidades") e pelo estilo de vida dessa população.

Consumo ético para os árabes implica que eles:

- consideram os valores religiosos na compra de produtos;
- buscam informação sobre o posicionamento das marcas consumidas;
- são engajados em discussões sobre as marcas em redes sociais;
- preferem comprar de empresas da vizinhança;
- evitam marcas acusadas de corrupção;
- preferem marcas que não praticam crueldade animal;
- reciclam embalagens;
- não se incomodam em comprar produtos de segunda mão.

Estilo de vida:

- ▶ responsabilidade social;
- ▶ respeito às datas religiosas;
- ▶ prática da caridade;
- ▶ vivência espiritual;
- ▶ orientação islâmica sobre alimentação;
- ▶ modéstia;
- ▶ valores familiares tradicionais;
- ▶ respeito ao Ramadã.

Nesta linha, é importante levar em consideração que a embalagem de produtos alimentícios deve ter: validade, ingredientes, informações nutricionais, informações sobre o abate de animais, higiene dos produtos, identificação do produtor/fabricante, substâncias alergênicas, país de origem, testagem em animais e QR Code/rastreabilidade.

Como se verifica por essas descobertas das pesquisas, a população árabe, enquanto consumidora, conjuga suas exigências práticas de performance de produtos com seus valores espirituais e emocionais, o que a torna um público ímpar, independentemente de estar em países árabes, islâmicos ou ocidentais.

Atender a esse público exige disponibilizar o que é oferecido às outras populações, mas sem deixar de agregar suas exigências particulares. Não atender esse conjunto simbiótico pode significar a perda definitiva desse mercado.

A conquista

Conquistar o consumidor árabe significa necessariamente alcançar o cidadão árabe, ou seja, respeitar sua cultura e seus valores, levando em consideração tudo o que as pesquisas descritas anteriormente apontaram, entender com clareza e com olhar árabe o que quer dizer o "estilo de vida árabe", em grande medida orientado pelos preceitos do *Halal* (ver Capítulo 9) e pelas celebrações da religião muçulmana (ver Capítulo 6).

Reforçando o que vimos até aqui, é importante considerar:

- a tendência de crescimento do grupo dos futuristas, mas sem perder a atenção aos tradicionais, que têm muita influência;
- a influência e o respeito que até mesmo os futuristas têm pelas entidades religiosas e pela própria religião, conforme vimos. A religião tem significado central em todos os segmentos, e particularmente para cada um deles;
- a não menos importante influência dos governantes;
- e, sem dúvida, o círculo social, principalmente a família.

Argumentos racionais devem ser o pano de fundo para a argumentação publicitária, menos comuns às compras por impulso.

Uma marca precisa conquistar o consumidor islâmico. Essa conquista é demorada, porém importantíssima, porque é duradoura. Precisa ser positiva: como eles se sentem responsáveis pela difusão e são coletivistas, vão exercer a comunicação boca a boca, seja para o bem ou para o mal.

Para uma efetiva conquista positiva, a marca deve ser, e não apenas parecer. A autenticidade na oratória e nas ações é fundamental; qualquer deslize pode comprometer a relação e, consequentemente, gerar uma campanha "boca a boca" negativa.

Além disso, ela deve ser transparente: a honestidade nos propósitos e nas ocorrências, mesmo quando negativas, conquistam promotores e embaixadores para a marca. Diretamente ligada à transparência, está a imagem de idoneidade, valorizada na mesma medida.

É preciso oferecer qualidade e eficiência; do contrário, o prejuízo pode ser irreversível.

Também é importante fazer parte da comunidade, ou se integrar a ela. Isso é obtido considerando e respeitando os valores que vimos acima. Várias marcas – inclusive de fabricantes mundiais – conseguiram essa integração: Coca-Cola, Sadia, McDonald's, Nestlé, Nescafé, Kraft, Subway, entre outras, são bons exemplos. Inclusive, Lipton, Nestlé, Nescafé, Nido e Kraft foram as top 5 no ranking das marcas mais adaptadas aos conceitos *Halal* e à Shariah.

O conceito *Halal* tem se sedimentado a cada dia, e a adequação dos produtos, da comunicação e das embalagens ao seu conteúdo e ao idioma local – bem como à Shariah – é fundamental.

Essa adequação não está mais limitada a produtos alimentícios: outras companhias já começam a se estabelecer, com resultados bastante expressivos. Um bom exemplo são os cosméticos e produtos de higiene pessoal.

Começa também a tomar força o conceito *Halal* fora deste ambiente *Halal*. Redes de hotéis *Halal* começam a ter presença não só nos países islâmicos, mas também em *caterings* específicos, ou mesmo *corners* especializados.

A criação de produtos utilizando hábitos ou produtos locais também tem muita chance de sucesso e agrega pontos à imagem de integração, como o McDonald's. O McArabia, lançado em 2003, é muito popular até hoje. Outro *case* muito interessante para um público mais sofisticado é o da fragrância com notas amadeiradas de *oud* e almíscar de Cartier (Oud & Musc, Oud & Rose e Oud & Oud), lançada em 2014 com elementos inspirados no Oriente.

O Ramadã, uma época importantíssima, com hábitos diferenciados, também merece atenção especial (ver Capítulo 6, "Impacto do Calendário Islâmico nos negócios"), e a atuação requer linguagem e estratégias próprias (além de respeito e adequação à cultura). A maioria das marcas é agressiva nessa época, com comunicação específica. Há um aumento de 20% nos gastos com comunicação, mas também um ganho maior no resultado.

A propaganda deve trabalhar com sabedoria. O fato de algumas mulheres não deixarem os cabelos visíveis publicamente não significa que elas não valorizem e não procurem produtos que deixem os fios bonitos e tratados. Por isso, assim como a Cosmaline, uma marca libanesa, outras marcas também se especializaram nesse nicho de mercado, que promete deixar mais fortes e brilhantes os cabelos cobertos pelo *hijab*.

Tudo isso comunicado por propagandas que conquistem a confiança. Na criação, as mensagens e os apelos visuais devem ser, idealmente:

- modernos, porém moderados;
- positivos;
- informativos.

Devem também transmitir:

- esperança;
- harmonia e unidade familiar;
- paz;
- agregação;
- coesão;
- alegria.

A marca Nike anuncia com força no mercado dos *burkinis*. Mostra que as mulheres podem ser ainda mais potentes e revolucionárias no esporte quando vestidas de forma modesta e respeitosa às tradições do Islã.

Foi criada e já está na 12ª edição até mesmo uma campanha mundial de divulgação do *hijab*, o World Hijab Day, que incentiva mulheres não muçulmanas a experimentar a cobertura por um dia do ano.

https://worldhijabday.com/11th-annual-whd-press-release/

Modernidade e tecnologia associadas aos valores muçulmanos, agregando a isso o novo papel feminino no Mundo Árabe: é o que mostra um comercial da BMW. O comercial, que se passa no Kuwait, mostra com toda a clareza e objetividade como a tecnologia dos produtos da marca colabora para a perfeita convivência entre a tradição e a modernidade.

Um comercial do McDonald's mostra um forte valor tradicional árabe – o respeito pelos mais velhos. Uma família árabe em uma lanchonete McDonald's demonstra respeito pelo ancião à mesa, e ninguém começa a comer antes dele, que demora um pouco e se atrapalha para abrir as embalagens. Todos o aguardam com alegria, exceto as crianças, ansiosas pelo lanche, que por um momento se esquecem de que precisam esperar. O comercial demonstra o respeito da marca pelo modo de vida islâmico.

Mídia

Atingir o consumidor árabe segue a linha mundial. As mídias tradicionais continuam tendo sua importância, mas as mídias digitais crescem rapidamente.

As mídias tradicionais, como jornais, revistas e TVs, têm uma peculiaridade que precisa ser entendida e analisada na hora de decidir o destino das verbas. Grande parte da população é formada por árabes, mas também por muitos imigrantes. Por exemplo, em Dubai, nos Emirados Árabes Unidos, em torno de 80% da população residente é proveniente de outros países, como Paquistão, Índia, outros países árabes, entre outros. Também é importante considerar que, dependendo do segmento que se pretende atingir, a língua falada não necessariamente é o árabe. Dessa forma, na maioria dos países árabes as mídias tradicionais têm a versão em árabe e em inglês.

Também é importante verificar a adequação do produto que será promovido ao veículo de mídia a ser escolhido. Isso pode mudar de país a país.

Vida conectada

O período de pandemia de covid-19 impulsionou significativamente a paulatina habitualidade de usar redes sociais. A principal alteração desse crescimento se deve à extensão do uso das redes como canal de comunicação de pessoa a pessoa ou mesmo de grupos, para ser um veículo de propaganda e um canal de compra de produtos. YouTube, Facebook, WhatsApp, Instagram, Twitter, TikTok e Pinterest mostraram sua força não só como veículos de propaganda, mas também como meios para conversão de compra dos produtos anunciados.

Impulsionados pelos investimentos em tecnologia por parte dos governos locais (sobretudo dos países do Golfo), digitalizando os serviços aos cidadãos, quase dois terços da população incorporaram à rotina os avanços tecnológicos. Isso incentivou o surgimento do *e-commerce* de forma muito contundente.

Em 2022, as plataformas de vendas digitais já haviam conquistado cerca de metade da população em suas compras de aparelhos eletrônicos, moda e alimentos. Essas plataformas desenvolvidas nos próprios países árabes não perdem para as plataformas mundiais, também presentes nos países de língua árabe.

Social-commerce

Canal	Canais de propaganda	Canais de compra
YouTube	67%	30%
Facebook	60%	41%
Instagram	51%	30%
WhatsApp/Messenger/Telegram	38%	18%
TikTok	32%	14%
Twitter	27%	10%
Pinterest	16%	5%

Digitalização do consumo

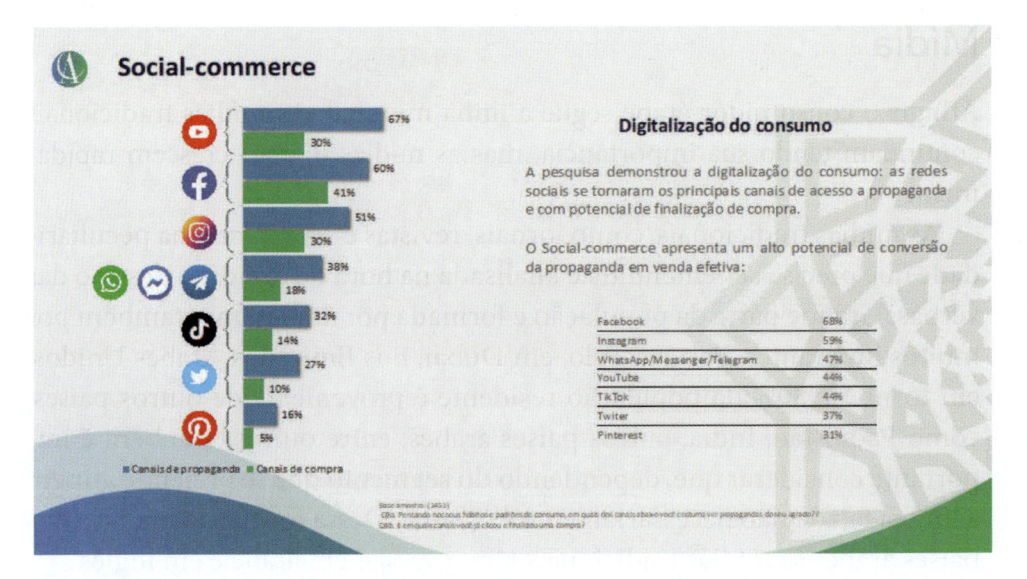

A pesquisa demonstrou a digitalização do consumo: as redes sociais se tornaram os principais canais de acesso a propaganda e com potencial de finalização de compra.

O Social-commerce apresenta um alto potencial de conversão da propaganda em venda efetiva:

Rede	%
Facebook	68%
Instagram	59%
WhatsApp/Messenger/Telegram	47%
YouTube	44%
TikTok	44%
Twitter	37%
Pinterest	31%

Base amostral: (1451)
Q16: Pensando nos seus hábitos de consumo, em quais dos canais abaixo você costuma ver propagandas do seu agrado??
Q20: E em quais canais você já clicou e finalizou uma compra?

Fonte: Câmara de Comércio Árabe-Brasileira e H2R Insights & Trends.

Uma tendência a ser acompanhada é a crescente popularidade do comércio eletrônico transfronteiriço. Os consumidores árabes exploram plataformas on-line internacionais para ter acesso a uma gama mais ampla de produtos, em especial aqueles não disponíveis ou de mais difícil acesso localmente.

Mas muitos desafios também devem ser enfrentados no *e-commerce*, como a criação de confiança, a melhoria das infraestruturas logísticas e a garantia da cibersegurança, como cita o Dr. Ahmed Hezzah, diretor de Consumo e Comércio na Consultoria Deloitte Middle East.

https://www2.deloitte.com/xe/en/pages/about-deloitte/articles/swift-moves/thriving-e-commerce-landscape-in-the-middle-east.html

O B2C, de modo geral, tem suas particularidades, pois "fala" diretamente com quem compra e consome. No Mundo Árabe, essas especificidades são ainda maiores. Marcas que pretendem conversar com esse consumidor devem ter todas as suas regras pensadas especificamente para essa população. Caso contrário, estão fadadas ao fracasso ou, no mínimo, a processos cada vez mais longos para o bom resultado dessas relações comerciais.

CASE | MUDANÇA DA EMBAIXADA

> **FOLHA DE S.PAULO** ★★★
>
> **TENDÊNCIAS / DEBATES**
> folha.com/tendencias debates@grupofolha.com.br
> Os artigos publicados com assinatura não traduzem a opinião do jornal. Sua publicação obedece ao propósito de estimular o debate dos problemas brasileiros e mundiais e de refletir as diversas tendências do pensamento contemporâneo
>
> **O Brasil deve transferir sua embaixada em Israel para Jerusalém, como propôs Jair Bolsonaro?**
>
> **Não** Uma política externa pelo equilíbrio
>
> Nosso país sempre atuou pela resolução de conflitos
>
> Rubens Hannun
> Presidente da Câmara de Comércio Árabe-Brasileira e administrador de empresas

Fonte: jornal *Folha de S.Paulo*, 10 de novembro de 2018.

O Brasil sempre foi imparcial no impasse político-geográfico entre Israel e Palestina, seguindo as determinações da Organização das Nações Unidas. O país foi ganhando a admiração dos árabes devido a essa postura mais neutra e, também, por sempre ser receptivo aos povos, às diferenças. Árabes e judeus se dão muito bem no Brasil – algo admirado pelo mundo. As pessoas de fora se questionam: como essas coisas não se polarizam no Brasil?

Ainda na campanha presidencial, o ex-presidente Jair Bolsonaro já falava em mudar a embaixada em Israel para Jerusalém, e continuou com esta intenção após vencer as eleições. Essa decisão gerou indignação entre os árabes: como o Brasil muda de posição assim de repente, com uma imagem já consolidada de país diplomaticamente neutro? Essa indignação veio, também, juntamente com algumas dúvidas das instituições brasileiras que lidavam com o Mundo Árabe naquele momento: qual será a reação dos nossos parceiros? Há possibilidade de se voltarem contra o Brasil?

Ao mesmo tempo que os árabes ameaçavam reagir, também esperavam atentos os próximos passos brasileiros. Na Câmara Árabe, refletimos: se precisar assumir uma postura mais ativa nessa tensão, por estatuto e por bom senso, ela não pode ser política. A Câmara tem a missão de olhar o comercial e econômico, e não o político.

Depois de um tempo, a preocupação com o sério risco que o Brasil corria de perder clientes fiéis foi se reforçando. Eles parariam de comprar se a intenção do presidente fosse concretizada? Os árabes até poderiam continuar comprando, contudo, o Brasil comprometeria profundamente sua relação de confiança com eles, pilar da fidelização nas relações comerciais. A situação mostrava que o Brasil poderia perder posições importantes. Em uma relação de perda de confiança, é comum o parceiro de negócios buscar um mercado em que se sinta mais seguro. Mesmo que não parassem de comprar, poderiam aumentar o volume de compras de um país concorrente para ir se resguardando. Poderíamos até não perder o mercado em curto prazo, mas isso poderia ir ocorrendo de forma crescente no médio e longo.

Esse era o grande receio que tínhamos na época, e não poderíamos deixar acontecer. Seria muito difícil recuperar a relação de confiança conquistada. Analisamos muitos aspectos, inclusive o risco de a Câmara se envolver na situação e passar a ser vista negativamente pelo novo governo, o que em momento algum é aconselhável. Ponderamos uma série de coisas do ponto de vista da relação com as instituições brasileiras ao mesmo tempo que olhávamos para nosso outro lado, avaliando o interesse dos árabes e o receio de que alguma ação fosse efetivada contra a medida do governo brasileiro. Nesse cenário, utilizamos os instrumentos que temos à disposição: a nossa *expertise* no campo comercial, o conhecimento do mercado e da sociedade árabes e o relacionamento nos dois mundos. Assim mostramos os números, mostramos os argumentos comerciais. Levantamos uma série de informações, apontando a importância dos árabes, e levamos esse relatório para o governo. Tivemos uma reunião com o então vice-presidente eleito e com o seu grupo de trabalho, porque ainda não haviam assumido de fato. Pedimos uma audiência ao Sr. Hamilton Mourão e apresentamos os números, entregamos uma brochura com todo o histórico das relações, mostrando o quanto o Brasil poderia perder com aquela situação no momento e no futuro. O QR Code para ver este estudo completo pode ser acessado no Capítulo 7, "A importância da informação e do conhecimento".

> **ESTADÃO**
>
> Notícia • Política
>
> **Mourão recebe integrantes da Câmara de Comércio Árabe-Brasileira**
>
> Transferência da embaixada brasileira em Israel poderia gerar prejuízo de US$ 20 bilhões em um prazo de quatro anos, segundo projeção da Câmara de Comércio
>
> Por Lu Aiko Otta
> 18/12/2018 | 22h09 • Atualização: 24/02/2023 | 08h02
>
> BRASÍLIA - Em meio à polêmica em torno da possível transferência da embaixada do Brasil em Israel de Tel-Aviv para Jerusalém, o vice-presidente eleito, Hamilton Mourão, recebeu nesta terça-feira, 18, integrantes da Câmara de Comércio Árabe-Brasileira e postou uma foto em sua conta no Twitter. "Recebi no Gabinete de Transição, em Brasília, representantes da Câmara de Comércio Árabe Brasileira, quando conversamos sobre as possibilidades de comércio e investimentos no Brasil dos 22 países árabes representados pelo órgão", escreveu.

Fonte: jornal *O Estado de São Paulo*, 18 de dezembro de 2018.

A imprensa começou a nos perguntar o que achávamos da situação. A partir disso, formamos um comitê de crise com diversos profissionais da comunicação, do jornalismo e do marketing, e discutimos se seria ou não o caso de nos pronunciarmos. Por fim, o comitê chegou à conclusão de que não seria prudente, pois se tratava de um problema político de alto risco.

Nesse meio-tempo, soubemos que um supermercado em Omã retirou um produto brasileiro das prateleiras, argumentando que os consumidores não os queriam mais, por ser brasileiro. Vimos que a reação realmente poderia acontecer, nem tanto a reação pelos governos dos países, mas uma reação da sociedade. Os governos poderiam acabar efetuando ações reativas, pressionados pela população.

Fizemos alguns telefonemas para embaixadores brasileiros nesses países, para saber como estava a situação. Conforme os relatos, os governos não estavam se movimentando. Contudo, a população se mostrava bastante descontente. Além disso, alguns empresários entraram em contato expressando preocupação e reafirmando a necessidade de um posicionamento da Câmara, pela sua força e influência. Concluímos que, naquele contexto, posicionar-se publicamente seria uma questão de sobrevivência. Tomamos a iniciativa, então, de nos pronunciar. Ponderamos os riscos e decidimos assumir as consequências.

Passamos então a falar do ruído que a situação estava gerando nas relações comerciais. Ruído tem um poder bastante destruidor porque é algo ainda não efetivado, ele fica no ar. É algo ameaçador, mas não tangível. Nesse sentido, o ruído é mais complexo de ser administrado do que se defrontar com algo efetivo.

Embaixada em Jerusalém pode afastar investidor árabe do país, diz entidade

Heloísa Negrão

SÃO PAULO A mudança da embaixada brasileira de Tel Aviv para Jerusalém, como proposto pelo presidente eleito, Jair Bolsonaro (PSL), pode "riscar" as relações comerciais entre o Brasil e os países árabes, disse Rubens Hannun, presidente da Câmara de Comércio Árabe Brasileira.

Em entrevista a jornal israelense, Bolsonaro afirmou que "Israel é um Estado soberano. Vocês decidem que é sua capital e nós vamos segui-los".

Juntos, os países árabes são o segundo maior comprador de proteína animal brasileira. Em 2017, as exportações somaram US$ 13,5 bilhões, e o superávit para o Brasil foi de US$ 7,17 bilhões.

Para Hannun, a mudança da embaixada pode abrir as portas para países concorrentes como Turquia, Austrália e Argentina.

Já tivemos ruídos com a [Operação] Carne Fraca e com a paralisação dos caminhoneiros, mas conseguimos superar. Temos a fidelidade dos países árabes", afirmou. Para Hannun, porém, a questão da embaixada é algo muito mais forte e sensível.

Além do risco de perda nas vendas, Hannun afirma que o país pode deixar de receber futuros investimentos em infraestrutura dos países árabes.

"Cerca de 40% dos fundos soberanos estão nesses países e eles já demonstraram interesse em investir em estradas, ferrovias e elétricas [no Brasil]", disse.

Hannun afirmou ainda que pretende apresentar um estudo ao novo governo com os projetos de investimento da Liga Árabe no país.

A infraestrutura será prioridade no novo governo.

Leia mais em Mundo

Fonte: jornal *Folha de S.Paulo*, 3 de novembro de 2018.

Na ocasião, mostramos todos os números, mencionamos a parceria histórica do Brasil com o Mundo Árabe e falamos do risco nos negócios que corríamos. Também pudemos mencionar como a postura do governo brasileiro começava a gerar um mal-estar entre árabes e judeus no Brasil devido às redes sociais, o que comprometeria uma longa relação de boa convivência.

Entretanto o contato com a imprensa não foi simples, já que não dávamos nenhuma declaração política, contrariando o desejo do momento. Algumas entrevistas não foram publicadas, porque reafirmamos o compromisso da Câmara em comentar apenas questões do ponto de vista comercial. No fim, houve o entendimento, e os dados de comércio passaram a ter o foco principal, demonstrando ter sido uma estratégia acertada. Assim, os números reais começaram a ser publicados e da forma mais atrativa. Os dados foram consolidados pelo conjunto dos 22 países, com resultados bem diferentes daqueles quando se considera cada país individualmente.

Presidente do Brasil, em exercício, Hamilton Mourão, recebendo o secretário-geral da União das Câmaras Árabes, Khaled Hanafy, 2018.

Fonte: Câmara de Comércio Árabe-Brasileira.

Em meio a esse cenário, percebemos que o governo não ficou descontente com nossas iniciativas. Pelo contrário, demonstrou interesse pelo que estávamos falando. O nosso instrumento foi a informação. Quando o governo assumiu, continuamos as ações de conscientização. Trouxemos o secretário-geral da União das Câmaras Árabes, Sr. Khaled Hanafy, para o Brasil e o levamos para conversar com o presidente do Brasil em exercício, Sr. Hamilton Mourão. O encontro foi bastante positivo, e conseguimos conquistar seu apoio. Em seguida, também tivemos uma audiência com a ministra da Agricultura, Sra. Tereza Cristina, que teve papel fundamental na solução da crise instalada.

Presidente da Câmara de Comércio Árabe-Brasileira, Rubens Hannun, recebe a ministra da Agricultura do Brasil, Tereza Cristina, no escritório internacional da entidade em Dubai, Emirados Árabes Unidos – 2019.

Fonte: Câmara de Comércio Árabe-Brasileira.

Fonte: jornal *O Estado de São Paulo*, 30 de janeiro de 2019.

    Fazendo parte de uma viagem bem-planejada, a ministra Tereza foi recebida pelo secretário-geral da Liga Árabe, Sr. Ahmed Aboul Gheit. Questionada sobre a postura do Brasil, de forma hábil e transparente ela se saiu muito bem, tendo como resultado o fortalecimento das relações. Em continuidade à sua visita ao Egito, seguimos para a Arábia Saudita, Kuwait e Emirados Árabes Unidos. A ministra e, a equipe que a acompanhava e o deputado Alceu Moreira, presidente da Frente Parlamentar do Agronegócio, puderam testemunhar a pujança das economias destes países e o potencial de negócios que o Brasil estava correndo o risco de perder em consequência da perda da confiança.

https://anba.com.br/tereza-cristina-e-recebida-na-liga-arabe/

https://anba.com.br/acenos-do-brasil-a-israel-podem-contrariar-consumidor-arabe/

Na sede da Liga Árabe no Cairo, Egito, com a presença da ministra Tereza Cristina, do Brasil, o secretário-geral da Liga Árabe, Ahmed Abou Al Ghait, recebe convite da Câmara Árabe para participação no "Fórum Econômico Brasil & Países Árabes – O Futuro é Agora" em 2020, São Paulo, Brasil – 2019.

Fonte: Câmara de Comércio Árabe-Brasileira.

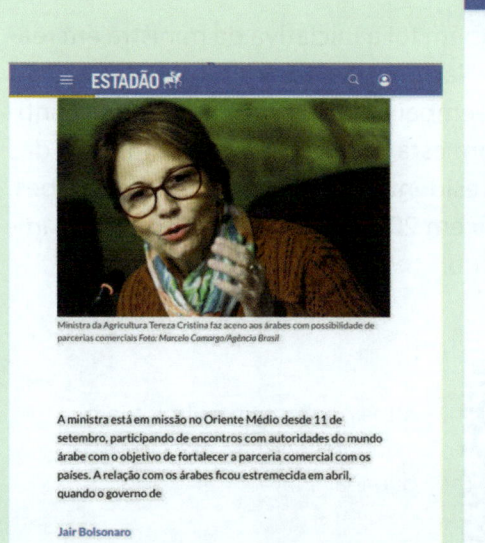

Fonte: jornal *O Estado de São Paulo*, 22 de setembro de 2019.

Jantar entre o então presidente Jair Bolsonaro e os embaixadores árabes – 2019.

Fonte: Câmara de Comércio Árabe-Brasileira.

Importante e significativa também foi a iniciativa da ministra em realizar um jantar na Confederação Nacional da Agricultura (CNA), com o presidente Bolsonaro e todos os embaixadores árabes e algumas entidades, como a Câmara Árabe. Com esta atuação a ministra foi uma das responsáveis por convencer o presidente a conhecer os países árabes. Esta viagem presidencial ocorrida em 2019 foi definitiva para que o impasse fosse gradualmente resolvido.

https://anba.com.br/bolsonaro-inaugura-pavilhao-brasileiro-na-dubai-airshow/

Visita do então presidente Jair Bolsonaro aos Emirados Árabes Unidos – 2019.

Fonte: Câmara de Comércio Árabe-Brasileira.

Quando o governo foi se estabilizando, resolveu-se montar apenas um escritório, e não a embaixada, que, no entanto, não foi descartada definitivamente. Assim, o Brasil continuou a desfrutar de um mercado fiel e leal, que representa o terceiro maior comprador.

Toda essa situação de crise reafirmou o papel da Câmara de Comércio Árabe-Brasileira, reconhecida como uma entidade ativa que defende os interesses do comércio e que pode, ao mesmo tempo, representar os interesses dos árabes e dos brasileiros. Tudo isso fortaleceu a nossa posição como uma instituição representativa, ética, profissional, neutra e mediadora.

Este *case* mostra a importância de dar sustentação às relações comerciais e preservar a imagem do Brasil; além disso, mostra a complexidade do olhar holístico sobre a situação. A preservação da coerência e a continuidade das ações com as posturas atitudinais e comportamentais históricas têm a força de manter saudável o relacionamento com o povo árabe.

Capítulo 9

Oportunidades

O Mundo Árabe, integrante da Organização para a Cooperação Islâmica (OIC), formada por 57 países, oferece uma infinidade de oportunidades nos mais diversos setores. Em se tratando da OIC, o valor movimentado pela comunidade muçulmana de 1,9 bilhão de cidadãos, em 2022, foi de US$ 6,251 trilhões, considerando os mercados: financeiro, farmacêutico, mídia e entretenimento, vestuário e moda, viagens e turismo, cosméticos e cuidados pessoais. Esse mercado deve alcançar US$ 9,059 trilhões em 2027, ou seja, um crescimento estimado de 45%.

Economia islâmica global

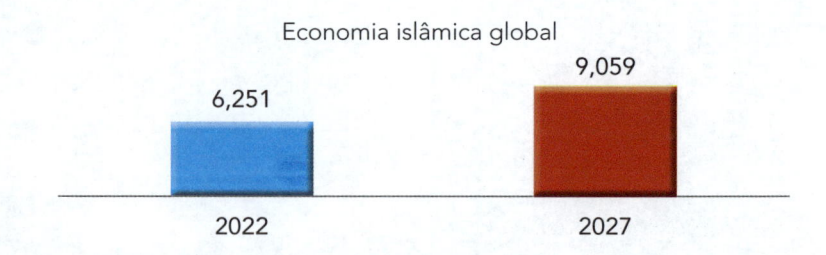

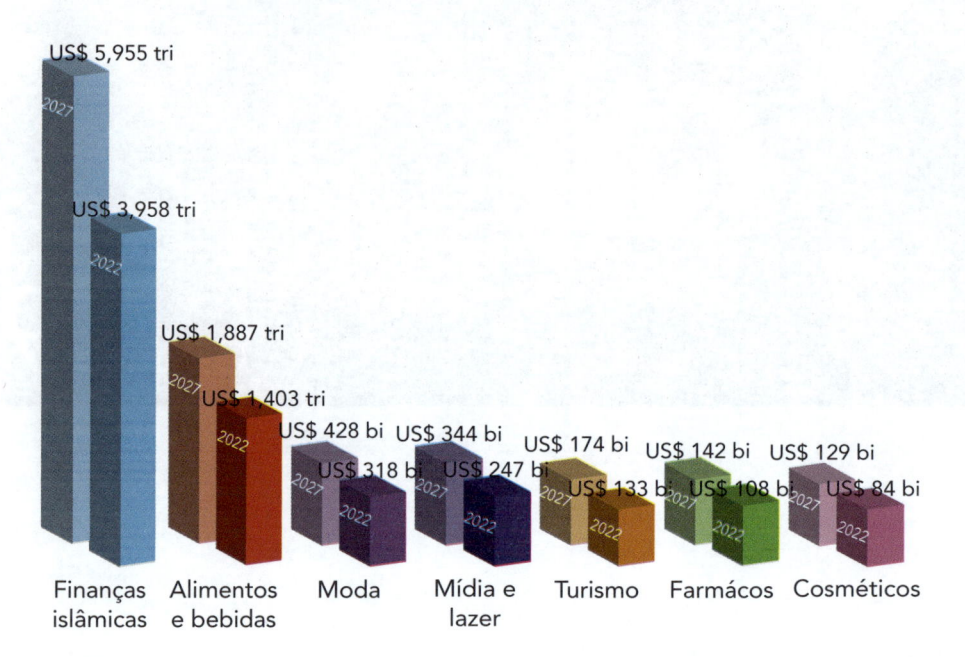

	2022	2027
Total	6.251	9.059
Finanças islâmicas	US$ 3,958 tri	US$ 5,955 tri
Alimentos e bebidas	US$ 1,403 tri	US$ 1,887 tri
Moda	US$ 318 bi	US$ 428 bi
Mídia e lazer	US$ 247 bi	US$ 344 bi
Turismo	US$ 133 bi	US$ 174 bi
Farmácos	US$ 108 bi	US$ 142 bi
Cosméticos	US$ 84 bi	US$ 129 bi

Fonte: State of Global Islamic Economy.

É importante notar que os árabes não necessariamente são todos muçulmanos. Contudo, há uma forte interseção entre o comércio e as tradições religiosas, como visto anteriormente com a questão do *Halal* – bastante presente no Mundo Árabe. Portanto, os dados sobre a OIC também podem ser utilizados para referenciar a questão comercial do Mundo Árabe.

O Brasil está bem posicionado no mercado alimentício, sendo o principal fornecedor dessa comunidade, de acordo com a Agência Brasileira de Promoção de Exportações e Investimentos (ApexBrasil)[1]. Essa privilegiada

---

[1] ApexBrasil e Câmara de Comércio Árabe-Brasileira destinam R$ 15,4 milhões para promover exportações brasileiras para o mercado global islâmico. *ApexBrasil*, 7 dez. 2022.

posição nesse setor se deve, em grande parte, à *expertise* desenvolvida na produção de proteínas *Halal*, se configurando como o principal produtor do mundo. Mas isso não significa que não temos oportunidades a explorar nesse segmento. Podemos e devemos trabalhar para colocar à disposição do consumidor árabe/islâmico alimentos brasileiros com maior valor agregado e produtos complementares. Devemos desenvolver nossa marca e mostrar nossa *expertise* em *Halal*. Sem a marca reconhecida, o Brasil não sairá da posição de um grande fornecedor de *commodities*.

Um caminho de oportunidades nesse segmento está no mercado de suprimentos e produtos complementares. Os países árabes, por dependerem muito do mercado externo e por terem sofrido com isso durante a pandemia de covid-19, estão acelerando seu desenvolvimento na agroindústria. A Organização para a Cooperação Islâmica (OIC) implementou dezesseis programas de segurança alimentar, incluindo o estabelecimento da Associação Islâmica de Processamento de Alimentos, um fundo de grãos e um estoque reserva de alimentos. Houve fusões e aquisições significativas entre os *players* de alimentos *Halal*, enquanto a digitalização se expandiu em toda a cadeia de valor, da fazenda ao garfo. A tecnologia de alimentos recebeu atenção especial para melhorar a produção, a rastreabilidade da agroprodução e a logística.

A segurança alimentar tornou-se prioridade máxima, levando a iniciativas públicas e privadas para reforçar a agricultura, aumentar a produção agrícola e o processamento de alimentos, desde investimentos em fazendas inteligentes nos Emirados Árabes Unidos até a Nigéria, lançando o primeiro centro eletrônico agrícola da África para desenvolver a agricultura inteligente.

Como fortes produtores e fornecedores de alimentos para o mundo, e especialmente para os países árabes, podemos nos beneficiar dos recursos financeiros que esses países estão investindo para ampliar a produção interna. Podemos e devemos trabalhar como verdadeiros parceiros, colaborando no desenvolvimento da agroindústria interna com cooperação técnica e transferência de tecnologia a países e com parcerias com empresas.

Disponível em: https://apexbrasil.com.br/br/pt/conteudo/noticias/apexbrasil-camara-comercio-arabe-brasileira-15-milhoes-reais-exportacoes-mercado-islamico.html. Acesso em: 2 jan. 2024.

Esse esforço pode ser capitaneado por parcerias com a Empresa Brasileira de Pesquisa Agropecuária (Embrapa), já presente em alguns países árabes.

Também podemos nos beneficiar fornecendo produtos, como ração para animais, maquinário para produção etc., assim como alguns países árabes são fundamentais no fornecimento de fertilizantes para a agricultura brasileira.

Nos outros mercados (de cosméticos, farmacêutico e de moda), a participação brasileira é muito baixa e deve ser desenvolvida. Oportunidades existem, como veremos adiante.

Considerando outros setores com gastos e investimentos importantes da comunidade islâmica, como mídia, viagens e turismo, também existem oportunidades relevantes para os serviços brasileiros e para o recebimento de turistas.

Cabe aqui um destaque. Não podemos deixar de considerar os setores de construção civil e mobiliário como enormes oportunidades. O Mundo Árabe está "em construção". São cidades inteiras sendo construídas, por exemplo: a Nova Cairo, no Egito, e Neom, na Arábia Saudita, entre outras.

Nova Cairo

Neom

Para termos uma ordem de valor, em Neom a Arábia Saudita está investindo US$ 500 bilhões até 2030, que é a previsão de término dessa cidade futurista. Independentemente das novas cidades, o desenvolvimento acelerado dos países árabes tem colocado o setor de construção no foco de atenção. São obras de infraestrutura, residenciais, comerciais e industriais. As necessidades englobam todas as áreas, mão de obra, projetos, cimento, mobiliário, engenharia e construção, tecnologia, material de construção entre outros, além dos serviços (veja no Capítulo 10, "Olhando para o futuro", o box "Dois olhares para o futuro").

Mas, sem dúvida, o centro de tudo, para termos sucesso crescente na parceria com os árabes/islâmicos, é formar nossas indústrias e prestadores de serviço no *Halal*.

Segundo a PwC o setor de mídia deve crescer anualmente 7,5%, e o de *games* 10%.

Reforçando estes dados para o State of Global Islamic Economy, todos os setores da econômica islâmica global apresentam estimativas de crescimento anual acima de 6%, tendo destaques de crescimento para: cosméticos, 11%; finanças islâmicas, 9%; moda, de 8 a 9%; alimentos, 6%; fármacos, 6%; turismo amigável ao muçulmano, 6%. Esse é um setor que deve ser visto nos dois sentidos, pois é particular e específico. O Brasil não será fornecedor como acontece quando se vende um produto. Cabe ao país aproximar o cidadão árabe e conquistá-lo com instalações, alimentos e bebidas, atrações, atendimento, comportamentos e atitudes adequados. O desafio é maior porque não depende do relacionamento entre comprador e vendedor, mas de todos os envolvidos no ecossistema turismo, e mais ainda da sociedade que o está recebendo. No Capítulo 10, "Olhando para o futuro", você pode ler um artigo de autoria de Alessandra Maria Frisso, que estuda sobre como tornar o turismo no Brasil *muslim friendly*, mostrando os cuidados e as providências que o setor precisa desenvolver e que o país deve garantir.

O *Halal* é para os islâmicos um estilo de vida. Tudo o que é consumido e realizado leva em consideração esses preceitos (o que é permitido em árabe), seja na produção de produtos, com seus métodos de abate de animais ou de ingredientes considerados maléficos ou tóxicos; na moda e vestuário, que deve seguir os padrões considerados "modestos"; nas características de hotéis, que a comunidade se sente confortável em frequentar; na utilização de *games*, os quais passam por uma arabização e demonstram o estilo de vida *Halal*; ou mesmo nas aplicações financeiras, que não permitem o ganho com juros, por exemplo.

É importante também prestar atenção às tendências dos consumidores mundiais. Os valores e o estilo de vida que norteiam o *Halal* hoje têm semelhanças com o procurado por segmentos importantes da população mundial, principalmente os jovens. Vamos ver aqui neste capítulo a congruência do *Halal* com o ESG e o consumo ético. Grande parte da população está procurando isso atualmente, como mostra a pesquisa "Consumo ético", realizada pela H2R Insights & Trends. De acordo com o estudo, são procedimentos atendidos pelo *Halal*, com selo de certificação ou não. Isso quer dizer que a adoção dos procedimentos e do estilo de vida podem ser explorados na venda para a população em geral e não só para a islâmica. Para isso, é importante ter um planejamento estratégico e tático de ação e de imagem do país, como abordado no Capítulo 3.

A oportunidade *Halal*

Como pode ser visto na entrevista (ver "Pontos de vista") que concederam Mohamed Zoghbi e Ali Zoghbi, os certificados *Halal* ultrapassam o campo religioso e se tornam uma tecnologia transformadora que abrange um processo produtivo complexo, detalhista e rigoroso. Além desse aspecto, o *Halal* traz, em seu cerne, uma ética de respeito ao meio ambiente, aos seres humanos e aos animais.

Esses produtos estão sendo cada vez mais utilizados no mercado mundial devido ao alto padrão de qualidade, limpeza e salubridade, de modo que apresentam uma significativa taxa de crescimento ano a ano. Contudo, a prática *Halal* é um procedimento muito antigo, de longa tradição. No abate animal, por exemplo, algumas regras precisam ser seguidas, tais como aquela de o animal não poder ver o instrumento que será usado para abatê-lo nem ver o sangue de outro animal abatido para que permaneça calmo e não entre em sofrimento.

Os certificados *Halal*, no entanto, são criações recentes. Em um contexto no qual os países demandavam cada vez mais produtos importados, fazia-se urgente uma comprovação de que os produtos poderiam ser, de fato, consumidos. Desenvolveu-se, então, uma série de procedimentos científicos e tecnológicos que envolvem engenharia de produção, tecnologias de gestão, mapeamento de moléculas e DNA. Esses procedimentos não estão apenas implicados no produto final, mas em todas as etapas de produção, transporte e comercialização: no controle de insumos, manuseio, processamento, embalagem, logística, rastreabilidade etc. Portanto, além de todo o panorama ético, há também um aparato técnico-científico avançado para a produção e a consequente concessão dos certificados *Halal*. Essa prática é utilizada nos certificados *Halal* a partir da perspectiva do mercado contemporâneo.

Com o acelerado crescimento populacional, o desenvolvimento sustentável tem como fundamento a preocupação e o equilíbrio entre as necessidades de desenvolvimento e a preservação do meio ambiente para as futuras gerações. A configuração atual das relações entre humanos, não humanos e o meio ambiente é determinante para a degradação do meio ambiente e diversos problemas socioambientais. Portanto, o desenvolvimento sustentável pretende, em associação, promover o uso apropriado de recursos naturais, proteger a biodiversidade, melhorar a qualidade de vida de todos, entre outros. Em resumo, a sustentabilidade pensa um novo modelo de desenvolvimento que preserve os recursos naturais do planeta e, nesse sentido, acaba conferindo outro formato para as relações entre os seres humanos, os animais e o meio ambiente.

No entanto, nas últimas décadas tem-se, cada vez mais, reconhecido que apenas informações sobre a degradação do meio ambiente não são suficientes para promover ações eficazes. Estas só serão implementadas quando aquela dada coletividade apresentar um sistema de crenças que leve ao reconhecimento da centralidade do meio ambiente para o desenvolvimento humano e social. Desse modo, a ética vira uma peça fundamental da ação transformadora desse novo modelo de desenvolvimento. Essa ética envolve produtores, consumidores, *players* da indústria e todos os indivíduos envolvidos, assim como a do *Halal*.

A ética da prática *Halal* e a tecnologia e inovação de seus certificados são bastante compatíveis com o modelo de desenvolvimento sustentável. Como a sustentabilidade é um dos temas mais importantes das próximas décadas, esses certificados são de grande centralidade e tendem a ganhar cada vez mais importância.

Halal e ESG[2]

O Environmental, Social and Governance (ESG) é um sistema de medição da sustentabilidade empresarial que, por sua vez, concentra-se em três aspectos fundamentais: meio ambiente, sociedade e governança. Esse sistema surge a partir de preocupações do mercado financeiro e da necessi-

---

2 Entenda o significado da sigla ESG (Ambiental, Social e Governança) e saiba como inserir esses princípios no dia a dia de sua empresa. *Pacto Global*. Disponível em: https://www.pactoglobal.org.br/pg/esg. Acesso em: 2 jan. 2024; ESG vs Halal Investing. *Fardows*, 18 jul. 2021. Disponível em: https://fardows.com/esg-vs-Halal-investing/. Acesso em: 2 jan. 2024; FONSECA, Bruna Garcia. Práticas *Halal* e ESG nas empresas devem ser convergentes. *Anba*, 8 dez. 2021. Disponível em: https://anba.com.br/praticas-halal-e-esg-nas-empresas-devem-ser-convergentes/. Acesso em: 2 jan. 2024.

dade de novas configurações de investimentos e de novas formatações para análises de risco.

As práticas ESG perpassam a missão da instituição; a gestão; os controles internos; a estrutura de recursos humanos; a atenção à governança interna, às necessidades mundiais, ao bem-estar dos seus funcionários; os benefícios gerados para a sociedade e para o meio ambiente, entre outros fatores.

Já a prática *Halal*, como visto, estabelece uma série de proibições baseadas na ética do respeito aos seres humanos, aos animais e ao meio ambiente, e isso também perpassa diversos âmbitos, dos recursos humanos às transações globais. Ela proíbe, por exemplo, obter lucro por meio de empresas que não devolvem qualquer benefício para a sociedade ou para o meio ambiente. Indústrias ou empresas que utilizam trabalho infantil ou que poluem a natureza são preteridas pela ética *Halal*. Outro aspecto importante dos investimentos desse gênero é o risco compartilhado. As partes envolvidas no investimento devem estar equilibradas em termos de ganhos e perdas, o que implica um senso de coletividade apurado.

Tanto o sistema ESG quanto as práticas *Halal* baseiam-se em operacionalizações éticas que almejam benefícios socioambientais consistentes. Contudo, as práticas de investimento *Halal* fundamentam-se em diversas regras e tipos de permissão. Por esse motivo, essas práticas têm, ao longo do tempo, desenvolvido uma série de tecnologias de controle do processo produtivo, da logística e do consumo para garantir a inviolabilidade das regras estabelecidas. Além da sinergia na ética e o propósito entre o sistema ESG e as práticas *Halal*, há, também, uma complementaridade técnica, de modo que as práticas e tecnologias *Halal* podem, inclusive, impulsionar o sistema ESG.

Halal e consumo ético

O relatório Halal[3], publicado em 2021, lista os principais aspectos definidores das empresas que praticam a ética *Halal*. Alguns deles:

---

3 RELATÓRIO Halal. São Paulo: Fambras, 2021. Disponível em: ebookfambras.org.br/relatorio_halal/mobile/index.html. Acesso em: 2 jan. 2024.

- utilização de matérias-primas, insumos e auxiliares de processo 100% lícitos, conforme ditam os preceitos religiosos;
- fabricação de produtos e alimentos que não afetam a saúde humana;
- respeito às boas práticas de fabricação;
- manejo equilibrado do solo e dos demais recursos naturais;
- não utilização de mão de obra escrava ou infantil;
- abatimento dos animais com humanismo e respeito;
- prática de conduta comercial correta e justa em suas negociações.

Cada vez mais pessoas se identificam com os valores *Halal* e buscam uma vida mais equilibrada, ética e justa. Esse movimento tem se refletido no consumo e nos grandes investimentos financeiros ao redor do mundo. Segundo estudo publicado pela Nielsen e mencionado no relatório, os *millennials* estão mais dispostos a pagar mais caro por produtos sustentáveis. Os entrevistados que têm entre 15 a 20 anos também demonstram preferência por pagar mais caro por serviços ou produtos fornecidos por empresas preocupadas com o impacto socioambiental. Atualmente, até mesmo países de minoria muçulmana, como Singapura e África do Sul, são grandes compradores desses produtos.

Um estudo sobre consumo ético da H2R Insights & Trends, realizado em 2021, aponta que as pessoas se dispõem a pagar mais por produtos provenientes de empresas que se preocupam com a questão ambiental, bem como com segurança e saúde. Nos fatores avaliados, dentre os que mais se destacam, com mais de 70% de concordância, está a opção por consumir marcas que não praticam crueldade animal. Os entrevistados também se preocupavam com as práticas de governança e mais da metade não comprava produtos de marcas acusadas de corrupção ou utilização de trabalho forçado.

A marca Shade M Beauty, criada por ex-funcionários da L'Oréal, é um bom exemplo de como a certificação *Halal* está alinhada a outros atributos do consumo consciente, de modo que seus batons são anunciados como "limpos, veganos, *Halal* e livres de crueldade animal". Isso porque as diretrizes éticas que movem esses diferentes tipos de consumidores são muito parecidas, assim como as substâncias evitadas na produção.

Proteção dos dados de seus clientes: 76%

Cuidados com a saúde e segurança de seus funcionários: 74%

Preservação do meio ambiente: 73%

Minimização do sofrimento animal: 71%

Contratação de pessoas com deficiência: 70%

Fonte: H2R Insights & Trends.

A marca ainda procurar atender ao S (social) da sigla ESG: ela busca oferecer cosméticos inclusivos, que possam abranger a imensa diversidade étnica das mulheres árabes, por isso desenvolveu para os seus itens pigmentações que se adaptam com perfeição aos diferentes tons de pele.

É interessante verificar que todos esses itens são considerados pela certificação *Halal*, assegurando que produtos com essa certificação garantem o consumo ético e, portanto, têm alto potencial de ampliar sua penetração entre a população não islâmica.

Além disso, a pesquisa também segmentou o consumo ético das pessoas com algum alinhamento a valores religiosos e, a partir disso, mostrou que elas têm um vínculo ainda mais forte com o consumo de produtos comprometidos com o meio ambiente e com a causa animal, além de prezar aspectos de governança e responsabilidade social.

A população muçulmana também demarca cada vez mais sua presença no mundo todo, ao demandar processos e produtos que atendam às suas necessidades socioculturais. Além disso, na população árabe há uma elevada taxa de crescimento da base da pirâmide etária. Os jovens árabes tendem a aprofundar ainda mais essas demandas em todo o mundo.

Como já citado, os gastos muçulmanos com o setor de bebidas e alimentos vêm expandindo 6% ao ano, e diversas multinacionais estão investindo no setor *Halal*. A Haribo, por exemplo, abriu uma loja de doces *Halal* em Londres; a Mitsubishi Corporation começou a investir na Al Islami Foods, dos Emirados Árabes Unidos.

Conscientes dessa tendência, principalmente produtores de alimentos e bebidas têm expandido sua produção de produtos *Halal* e os promovidos em países não tradicionais da economia islâmica.

No ranking mundial, a Malásia está em primeiro lugar em *Halal*, sobretudo devido ao seu setor de finanças, que é bastante robusto. No que diz respeito à comida *Halal*, Emirados Árabes Unidos aparecem em primeiro lugar e o Brasil, em terceiro. Esse é o único ranqueamento em que o Brasil fica entre os top 10, o que demonstra a oportunidade de mais investimentos nas outras áreas do mercado *Halal*.

Percebe-se que não apenas os produtores e distribuidores estão interessados nesses produtos, mas que o consumo global também está se movimentando em direção ao consumo ético e responsável, de modo que o *Halal* apresenta excelente oportunidade de investimento para as próximas décadas. Além disso, devido a essa constituição ética e às novas demandas dos consumidores, as empresas têm expandido os certificados para cada vez mais produtos e setores, tais como produtos naturais e vegetarianos; cosméticos; turismo cultural, histórico e religioso; setor de entretenimento; aplicativos; moda; fármacos, entre outros. Todos com elevada expectativa de crescimento.

CASE | MALÁSIA

A Malásia é líder global na indústria *Halal* e expande essa prática para diversos outros setores, tornando-se cada vez mais bem-sucedida em sua empreitada. Isso se deu porque a Malásia produziu um ecossistema inteiramente voltado para o *Halal*, totalmente apoiado pelo governo: desde certificados até políticas de desenvolvimento.

Na viagem que fizemos à Malásia em outubro de 2018, eu e o Tamer Mansour, secretário-geral da Câmara de Comércio Árabe-Brasileira visitamos na cidade de Putrajaya (cidade administrativa do país) o Jakim (Departamento de Desenvolvimento Islâmico), uma espécie de ministério destinado a cuidar do ecossistema *Halal*, criado em 1997. Esse organismo foi desenvolvendo ao longo do tempo diversas plataformas, incentivos e instalações. Todas essas ações foram promovidas para potencializar a produção de produtos *Halal*.

O Jakim tem atualmente dezenove divisões relacionadas às certificações *Halal* e ao desenvolvimento delas. Algumas iniciativas do Jakim são: treinamento de auditores; criação de base de dados centralizada de produtos ou matérias-primas certificadas por organismos de certificação *Halal* reconhecidos pelo Jakim; produção de padronização para relatórios de auditoria e monitoramentos; implementação do Certificado Internacional *Halal*, o qual, por exemplo, ajuda empresas malaias fabricantes de produtos no exterior a realizar auditoria de aplicação internacional; reconhecimento de agências de certificação estrangeiras; organização de convenção anual de órgãos de certificação com práticas e iniciativas atualizadas para assegurar que os órgãos de certificação internacional confiem no sistema malaio, entre outras aplicações.

Putrijaya – Cidade Administrativa da Malásia, onde se localiza o Jakin (Ministério Halal*).*

Foto: Rubens Hannun.

Grandes setores

Alimentos *Halal*

Panorama mundial

Considerando o Mundo Árabe, segundo dados do International Trade Centre, os maiores importadores de alimentos em 2022 foram Arábia Saudita, Emirados Árabes Unidos, Egito e Iraque. Importantíssimo mencionar que o Brasil é o maior produtor e exportador mundial de proteína *Halal* (carnes bovina e de frango), e por conta desta imagem, o país pode ampliar seu leque de produtos *Halal* para outros gêneros alimentícios. Para o Brasil, o Mundo Árabe é o segundo destino das exportações de alimentos, atrás apenas da China. Algo extremamente relevante de mencionar é que o certificado *Halal* é um símbolo de qualidade, ou seja, ao obtê-lo, a empresa está abrindo oportunidades para alcançar muçulmanos em todo o planeta e não somente nos mundos islâmico e árabe.

Há de se mencionar que quase metade dos alimentos consumidos no Mundo Árabe são importados. Os países árabes iniciaram um processo para aumentar o volume produzido de seus próprios suprimentos por meio de diversos projetos, pesquisas voltadas à segurança alimentar, centros de desenvolvimento em agrotecnologia e fazendas inteligentes, além de investimentos em tecnologia de alimentos de modo geral. A maior empresa agrícola do Catar, por exemplo, vai cultivar plantações na Bulgária e na Romênia, com o objetivo de ter mais autonomia em relação à matéria-prima.

Os investimentos têm sido significativos. A Almarai, da Arábia Saudita, por exemplo, está investindo pesadamente, para dobrar sua produção de carne de ave, e a BRF, do Brasil, está alocando significativos valores em uma instalação, também na Arábia Saudita.

Houve, além disso, aumento de investimentos em comida *Halal* nos países sem maioria muçulmana. Diversas multinacionais estrangeiras estão expandindo suas operações em direção ao mercado *Halal*. A alemã Gelita AG, por exemplo, adquiriu a maioria das ações de um empreendimento em conjunto com a SelJel, produtora turca de gelatinas *Halal*. A estadunidense GrubMarket adquiriu a Jana Food, um fornecedor atacadista de alimentos *Halal*, com a intenção de expandir o fornecimento dentro do país.

Atualmente, as principais demandas do mercado de comida *Halal* são as comidas prontas para consumo, produtos saudáveis de origem vegetal e proteínas alternativas. Nesse sentido, diversos fast foods *Halal* estão abrindo unidades em vários países do mundo para atender a essas demandas. A ChickQueen abriu a primeira loja no Canadá; a Halal Guys também está expandindo nos Estados Unidos; a Nestlé abriu uma nova fábrica de produtos de origem vegetal *Halal* na Malásia; a Koika Foods, dos Emirados Árabes Unidos, pretende expandir seu mercado de produtos sem lactose e de origem vegetal para a Coreia do Sul e Singapura.

No mercado mundial, soluções para rastreabilidade e logística *Halal* estão sendo desenvolvidas à luz de conquistar cada vez mais consumidores. A Indonésia lançou um sistema integrado de codificação de produtos *Halal* e uma base de dados comerciais. O Majid Al Futtaim, dos Emirados Árabes Unidos, tem uma plataforma *blockchain* na IBM Cloud, chamada IBM Food Trust. A própria Câmara de Comércio Árabe-Brasileira lançou a plataforma Ellos (*blockchain*) para apoiar a rastreabilidade dos produtos *Halal* e a segurança das exportações brasileiras, como enfatizado por seu secretário-geral e CEO Tamer Mansour, na entrevista que concedeu com exclusividade para este este livro (o texto está disponível para consulta no "Pontos de vista").

https://ellos.org.br/Login

É importante mencionar, ademais, que, assim como os investimentos nacionais e internacionais estão aumentando, as regulamentações também têm se ampliado, tanto para comercialização interna quanto para importações, uma vez que os maiores exportadores de alimentos *Halal* não são de maioria islâmica, dentre eles o Brasil. Os governos também estão adotando uma série de medidas para melhorar e fortalecer todo o ecossistema *Halal*.

Com os países islâmicos investindo em agricultura, pecuária, agrotecnologia e tecnologia de alimentos, os sistemas de rastreabilidade sendo aperfeiçoados e os consumidores buscando cada vez mais alimentos com maior comodidade, saudáveis e também alternativos, o Brasil também pode, além de aumentar o volume de suas exportações, tornar-se parceiro a partir da diversificação dos produtos exportados. Compreender que os países já iniciaram esse processo e que é possível aproveitar a oportunidade para exportação de novos produtos, necessários ao desenvolvimento tecnológico de alimentos e da segurança alimentar, pode ser uma estratégia importante para criar alianças para o futuro e se posicionar de maneira positiva.

Panorama nacional

Atualmente, os principais itens alimentícios exportados do Brasil para o Mundo Árabe são carne bovina, carne de frango, cereais e açúcares. Os países para os quais o Brasil mais exporta carne bovina são Emirados Árabes Unidos, Egito e Arábia Saudita. Quanto aos mercados em aceleração para a carne bovina, nos últimos anos, constam Líbia, Catar, Palestina e Kuwait. Em relação à carne de ave, o principal importador também são os Emirados Árabes Unidos.

Há anos, os Emirados Árabes vêm mantendo altas taxas de crescimento na importação de carne de ave, chegando a números bem expressivos. De maneira geral, houve um cenário de aquecimento desse mercado em diversos países do Mundo Árabe, tais como Iêmen, Omã, Líbia, Catar e Jordânia.

A exportação de cereais também movimenta grande parte das relações comerciais brasileiras com aquela área e representa uma oportunidade de investimento, uma vez que o Mundo Árabe já apresenta grande fluxo de importação de itens alimentícios e uma relação de confiança consolidada com o Brasil. Além disso, é sabido que o Mundo Árabe é deficitário na produção de diversos alimentos devido à configuração de seu clima e solo. A Argélia é o país que mais tem importado cereais brasileiros, seguida por Arábia Saudita, Egito e Marrocos.

Por fim, na exportação de açúcares, os países árabes também são fundamentais para o Brasil. Atualmente, a Argélia é o principal importador. Em seguida, aparecem Marrocos, Egito, Arábia Saudita e Emirados Árabes Unidos.

O Brasil está no caminho da agregação de valor às exportações de alimentos. Os produtos alimentícios industrializados têm apresentado significativo crescimento. Tradicional exportador das *commodities* alimentícias para os árabes, o país pode ampliar seu leque de produtos, colaborando além da lavoura e da pecuária para a indústria de transformação. Entre os principais alimentos industrializados exportados pelo Brasil para o Mundo Árabe, estão açúcar refinado, óleo de soja, chocolates, legumes de vagem secos ou em conserva, sucos de frutas, entre outros.

Moda

A moda consumida nos países árabes e islâmicos é chamada de moda modesta (*Halal*). Devido ao contexto pandêmico, o setor de moda modesta se expandiu, sobretudo no que diz respeito ao *e-commerce*. A região do Golfo é a que mais se destaca dentro do Mundo Árabe. As marcas investiram em vendas digitais e eventos de moda virtuais, assim como em novas estratégias de marketing em plataformas como o TikTok. A moda modesta tem ganhado o mundo, sobretudo após investimento das marcas mais estabelecidas em *digital influencers*.

Algumas das oportunidades mais relevantes do setor estão no *e-commerce*, nas roupas para profissões específicas e na moda para prática esportiva, sendo que a maior parte das novas marcas do setor é de micro, pequeno e médio portes. Alguns trabalhadores dos Estados Unidos, Nova Zelândia e Inglaterra, por exemplo, têm solicitado a inclusão do *hijab* (tipo de vestimenta islâmica) nos códigos de vestimenta das empresas.

Grandes marcas estão apostando em *collabs,* com novas coleções de *hijab* e roupas esportivas endereçadas ao público adepto do Islamismo. A marca norte-americana Under Armour lançou um *hijab* esportivo com diversas tecnologias, tais como tecido antissuor e *headfones*. As marcas jovens também estão ganhando cada vez mais espaço, e as mídias sociais e novas tecnologias, como inteligências artificiais e *big data*, estão sendo mais utilizadas. Em resumo, alguns sinais de oportunidades são os espaços com acúmulo sobre moda ética, a área de *e-commerce* e mídias sociais desenvolvidas, além de incubadoras para programas de moda.

> Marcas de luxo, como Dolce & Gabbana, também têm investido no segmento de roupas modestas, de modo a incluir consumidoras árabes em seu portfólio de clientes. Atentas às especificidades desse perfil de consumidoras, que não economizam para ter acesso a marcas de renome, empresas e outros segmentos de moda, como os de joias e sapatos, também têm voltado sua atenção para o mercado árabe, que se consolida, hoje, como muito promissor no mundo inteiro, não somente nos países árabes. Investimentos em campanhas que privilegiam a modéstia no vestir-se também têm sido realizados por marcas populares.

O setor de moda modesta vem ganhando cada vez mais destaque no mundo todo, por ser pautado por valores éticos. Esse valor da inclusão não repousa apenas na questão da cultura muçulmana, mas em outras pautas sociais relevantes. Algumas marcas dos Estados Unidos, por exemplo, tiveram papel importante no Black Lives Matter (Vidas Negras Importam, movimento ativista internacional, com origem na comunidade afro-americana, que faz campanha contra a violência direcionada às pessoas negras) e na inclusão de pessoas negras no mundo da moda.

Quero relatar uma experiência pessoal com relação à moda e aos costumes nos países árabes. Em uma das muitas viagens que fiz à região, estava sentado em uma cafeteria em um shopping de Dubai, quando vejo, saindo de uma escada rolante, um homem de bermuda, atrás dele vinha a filha adolescente, de minissaia, e mais atrás, de *hijab*, a mãe da adolescente e esposa do homem.

Era 2010, e os hábitos estavam se ocidentalizando. As novas gerações adotavam novos costumes, que passaram a ser aceitos pelas gerações mais velhas.

Anos depois, essas gerações que iniciaram a adoção dos novos costumes passaram a não se sentir confortáveis com eles, e muitas mulheres voltaram, por espontânea vontade, a usar o *hijab*, o que ia ao encontro do equilíbrio entre o novo e o tradicional. Isso mostra a necessidade de ficar atento à evolução dos costumes.

Vou dar outro exemplo. A primeira modelo egípcia com nanismo, Nesma Yehia, lançou uma marca de roupas voltada para pessoas de baixa estatura.

Além disso, os consumidores preocupam-se cada vez mais com o uso de recursos sustentáveis e com causas sociais relevantes, a ponto de promoverem boicotes contra as marcas que contrariam esse comprometimento. Alguns influenciadores de Toronto, no Canadá, por exemplo, iniciaram uma empresa de *hijab* com *tie-dye*, a Lala Hijabs, na qual todos os itens são tingidos com tintas atóxicas e ecológicas. Além disso, novas tecnologias da indústria têxtil também facilitam a produção de uma moda mais sustentável.

O governo, da mesma forma, tem papel fundamental nos países onde a moda modesta se desenvolve de maneira significativa. Em alguns países não muçulmanos, no entanto, há certa resistência ao uso de itens como o *hijab*. Entretanto, mulheres vestindo essa peça estão sendo mais publicizadas em diversas mídias e plataformas. Eventos têm sido promovidos para trazer atenção para a moda modesta feminina, tais como o concurso Miss Muslimah, nos Estados Unidos.

> A revista de moda *Vogue Arábia* fez uma capa com Ilhan Omar, mulher de origem somali-americana e primeira deputada a usar *hijab* nos Estados Unidos. Esse feito é interessante, além da divulgação do uso da vestimenta em si, para pensar sobre o espaço que mulheres árabes têm conquistado ao redor do mundo em cargos de liderança e sobre como suas imagens têm circulado enquanto *cases* de sucesso, inclusive no universo da moda. Mulheres árabes ocupam atualmente posições promissoras nas mais diversas áreas e nos quatro cantos do mundo.

Mas é preciso ficar atento às mudanças sociais e ao mercado de luxo, que estão introduzindo novidades à moda modesta, criando assim um nicho. Como destaca a revista *Vogue Business*:

"Os compradores árabes estão olhando além do luxo tradicional. É uma grande oportunidade."

As jovens consumidoras de alto poder aquisitivo, principalmente as originárias dos países do Conselho de Cooperação do Golfo (GCC), estão "ligadas globalmente através da internet e das viagens, expondo-se a uma grande variedade de marcas e produtos", como mostra a matéria da Vogue Business.

https://www.voguebusiness.com/consumers/arab-shoppers-are-looking-beyond-heritage-luxury-its-a-big-opportunity

As redes sociais têm uma influência significativa nestas mudanças, especialmente entre os *millenials*, ampliando o espectro de estilos e marcas, dando acesso a opções de moda diversificadas.

Também é importante estar atento às oportunidades além da moda modesta, em razão de mudanças sociais e do sem-número de compromissos sociais que dão oportunidades de uso dos últimos lançamentos dos grandes centros de moda.

Ainda assim é preciso considerar o equilíbrio, mesclando o global com o regional. Mesmo com todo o acesso às novidades de outros mercados propiciado pelas mídias sociais, no Mundo Árabe se dá muito valor à exclusividade e ao desenvolvimento de moda específica à cultura e aos valores da região, inclusive atentando para as diferenças de país a país.

Segundo dados de State of Global Islamic Economy, os gastos muçulmanos em vestuário e calçado devem crescer entre 8% a 9% ao ano.

As relações comerciais entre Brasil e Mundo Árabe no setor de moda têm diversas possibilidades de expansão, entre elas a exportação de calçados e vestimentas brasileiras, como é o exemplo da Lassus Design Brands, que revende peças brasileiras nos Emirados Árabes Unidos e é tema de uma matéria da Anba que pode ser acessada neste QR Code:

https://anba.com.br/uma-empreendedora-de-moda-brasileira-em-dubai/

O Brasil também pode se consolidar no mercado da moda modesta, uma vez que o segmento atende a diversos públicos devido ao fato de serem roupas mais confortáveis e neutras, sem exposição do corpo. A grife brasileira Maria Pavan é um exemplo disso. Começou em Porto Alegre, produzindo roupas de tricô, e atualmente exporta para dois países árabes (Arábia Saudita e Emirados Árabes Unidos) e diversos outros países do mundo, sendo que Arábia Saudita é o segundo maior comprador da marca, atrás apenas dos Estados Unidos.

Indústria farmacêutica

Após o início da pandemia de covid-19, a indústria farmacêutica se tornou um foco estratégico devido à dificuldade de conseguir insumos para as vacinas, bem como de produzi-las localmente. Diversas inovações em medicamentos e vacinas surgiram desse contexto, incluindo os certificados *Halal* para kits de diagnóstico do vírus e o desenvolvimento de uma vacina *Halal* contra a covid-19, como é o caso da Hayat-Vax, produzida nos Emirados Árabes Unidos. Os padrões *Halal* têm se expandido cada vez mais na indústria farmacêutica, inclusive para equipamentos médicos.

Segundo o State of Global Islamic Economy, o crescimento anual dos gastos da população muçulmana com produtos farmacêuticos deve ser de mais de 6%.

Os investimentos em produtos *Halal* nesse setor têm crescido em todo o mundo. A empresa sul-coreana Sungwoon Pharmacopia está buscando certificação *Halal* para diversos princípios ativos de seus medicamentos. Essa demanda específica por certificação de princípios ativos também está em amplo crescimento, devido à necessidade de expansão do mercado. Também a medicina preventiva vem se expandindo nos últimos anos, especialmente devido ao contexto pandêmico e à necessidade de fortalecer o sistema imunológico.

As oportunidades de investimento também repousam sobre os nutracêuticos e vitaminas *Halal*. A área de telemedicina também cresceu significativamente, sobretudo no Oriente Médio e no norte da África. A companhia Mulk Health, com sede nos Emirados Árabes Unidos, por exemplo, lançou um aplicativo que disponibiliza serviços médicos oferecidos por dois mil profissionais do mundo todo.

O Mundo Árabe consolida-se como importante exportador de medicamentos. A Palestina, por exemplo, exporta medicamentos para 22 países, sendo que apenas uma empresa vende para a América Latina. Além disso, o país importa diversos insumos para essa produção, sobretudo do leste asiático.[4]

A indústria farmacêutica do Brasil é robusta. Contudo, a sua conexão com o Mundo Árabe, seja para importação ou para exportação, pode ser expandida, sobretudo quanto à fabricação de medicamentos *Halal*, que apresenta um interesse crescente de todo o mundo, e à exportação de insumos.

Em viagem ao Brasil, uma missão do governo acompanhada por cem empresários sauditas demostrou interesse especial pelo setor farmacêutico e pelos serviços de saúde.

https://www.cnnbrasil.com.br/economia/investimentos/arabia-saudita-esta-de-olho-na-industria-farmaceutica-do-brasil-diz-diplomata-a-cnn/>

Cosméticos

O comércio de cosméticos *Halal* está em amplo crescimento em todo o mundo, não apenas nos países de maioria muçulmana, pelo fato de não terem ingredientes proibidos pela religião (principalmente tóxicos) e por serem cada vez mais veganos e livres de crueldade animal. Tanto é, que grandes fabricantes, em diversos países, estão incluindo ingredientes *Halal* em seus produtos, bem como expandindo seus mercados para novos países.

---

[4] FONSECA, Bruna Garcia. Palestinos são exportadores de medicamentos e alimentos. *Anba*, 23 jun. 2023. Disponível em: https://anba.com.br/palestinos-sao-exportadores-de-medicamentos-e-alimentos/. Acesso em: 2 jan. 2024.

> O comercial da marca de cosméticos Iba reflete a emergência de novas marcas e o aumento da procura de consumidores(as) não necessariamente muçulmanos(as), ao apontar todos os atributos de diferenciação de um produto de beleza *Halal*, que é vendido como mais do que um cosmético, capaz de atender às demandas de consumidoras que baseiam suas decisões de compra em premissas do consumo ético.

A rede europeia Rituals planeja abrir cem lojas no Golfo nos próximos cinco anos. Da mesma forma, companhias sediadas nos países da OIC também estão expandindo rapidamente seus mercados. A perfumaria de luxo Amouage, de Omã, expandiu para os Estados Unidos e planeja difundir a marca para a China pelo *e-commerce*.

Após a pandemia, o *e-commerce* se tornou bastante significativo no setor de cosméticos. A Boutiqaat, do Kuwait, tornou-se a maior plataforma do setor. A Feel22, do Líbano, vende mais de três mil produtos da área na mesma modalidade. Tecnologias de inteligência artificial e novas formas virtuais de interação com o usuário também estão sendo pensadas. Além disso, novas marcas têm sido lançadas, pois a pandemia também proporcionou uma valorização de empresas e produções locais, o que tem beneficiado diversas pequenas e médias marcas de cosméticos.

Este mercado deverá crescer aproximadamente 11% ao ano, segundo dados do State of Global Islamic Economy.

A Arábia Saudita é o país que mais importa, seguida pelos Emirados Árabes Unidos.

De maneira geral, no Mundo Árabe, a região do Golfo tem o maior gasto *per capita* com cosméticos e perfumes. Na exportação de cosméticos *Halal*, a França se destaca. No entanto, a Coreia do Sul vem crescendo de maneira significativa.

Diversos países estão aprofundando as regulações *Halal* e impondo novas regras para a importação. Além disso, a indústria tem almejado padrões mais éticos de produção. Muitas têm banido testes em animais e projetado novas técnicas com menos impactos negativos nos seres humanos e no meio ambiente, como a métrica da bioacumulação de materiais no ambiente ou a da fototoxicidade.

Produtos com recipientes mais sustentáveis também estão sendo cada vez mais pensados e lançados no mercado de cosméticos, como os produtos "desperdício zero" da Sephora REN e da Biossance. A empresa L'Oréal também lançou um projeto para diminuir o uso de plásticos e a emissão de carbono, bem como um plano de uso de 95% de ingredientes de origem biológica, em vez dos de origem artificial. Nos países envolvidos com produção de cosméticos *Halal*, diversos governos têm investido em pesquisas de ingredientes naturais nativos do país, incluindo os de origem indígena.

As marcas também têm oferecido produtos mais inclusivos para diferentes nichos e populações. A empresa americana de cosméticos MAC contratou diversas modelos e artistas árabes para as suas campanhas. A marca Sure lançou desodorantes para pessoas com deficiência, com rótulos em braille. A inglesa Lush firmou parceria com a Black Owned, dos Emirados Árabes Unidos, para apoiar pequenas e médias empresas com proprietários negros no Oriente Médio e no norte da África. Além disso, os fabricantes de cosméticos *Halal* estão ultrapassando as fronteiras tradicionais de gênero e atingindo cada vez mais os homens.

A Prolab Cosmetics foi a primeira a adquirir certificação *Halal* no Brasil, em 2014. Hoje, diversas outras empresas exportam cosméticos para o Mundo Árabe[5]: a Private Cosméticos é um exemplo delas[6]. Outro exemplo é o da fabricante Adélia Mendonça Cosméticos, que adquiriu certificação *Halal* e está em expansão para diversos países do Mundo Árabe. As empresas brasileiras também têm visitado as feiras internacionais no Mundo Árabe.

Em 2023, por exemplo, participaram da Cosmetista Expo North & West África as empresas brasileiras Agilise Cosméticos, Brazil Cosmetics, Bra-

---

[5] Brazilian cosmetics slow on certification as global demand for Halal products grows. *Abihpec*, 13 fev. 2017. Disponível em: https://abihpec.org.br/brazilian-cosmetics-slow-on-certification-as-global-demand-for-Halal-products-grows. Acesso em: 2 jan. 2024.
[6] DANIEL, Isaura. Private Cosméticos obtém certificado Halal. *Anba*, 5 mar. 2021. Disponível em: https://anba.com.br/private-cosmeticos-obtem-certificado-Halal. Acesso em: 2 jan. 2024.

zilian Secrets Hair, FitCosmetics e Sweeteez Professional[7]. Outras empresas estão em pleno processo de expansão, como a Inoar, que trabalha para aumentar as exportações para o Marrocos de seus produtos com óleo de argan, ingrediente conhecido e querido pelos árabes[8].

O sentido inverso do comércio exterior também é frutífero: a empresa El Captain, do Egito, por exemplo, busca o mercado brasileiro com a intenção de oferecer seus 150 tipos de óleos medicinais e aromáticos.

> As marcas Mikyajy (https://mikyajy.com/int_en/) e Amara têm certificação *Halal* e foram fundadas em diferentes regiões – a primeira surgiu em Dubai e a segunda, na Califórnia. Ambas buscam atender tanto às consumidoras muçulmanas quanto àquelas orientadas pelo consumo ético em diferentes contextos: em um país de maioria muçulmana e em um estado estadunidense de minoria, onde, no entanto, há uma série de movimentos pioneiros pelo consumo consciente e presença de comunidades muçulmanas. Quando visualizamos os produtos de ambas as marcas, o apelo ao *Halal* chama muito a atenção do consumidor; esse é o principal atributo e diferencial do produto, o que significa que os consumidores muçulmanos se sentem imediatamente atendidos e incluídos no universo de cosméticos e de beleza em geral.

Mídia e *games*

O mercado de mídia e games nos países árabes e islâmicos tem grande potencial de evolução. A região é composta por uma população jovem e em rápido crescimento, com significativo aumento da classe média. Esses fatores têm impulsionado o consumo nesse segmento.

---

[7] Brasil mostrou seus cosméticos em feira marroquina. *Anba*, 30 maio 2023. Disponível em: https://anba.com.br/brasil-mostrou-seus-cosmeticos-em-feira-marroquina. Acesso em: 2 jan. 2024.

[8] SOUSA, Thais. Em cosméticos do Brasil, óleo de argan retorna aos árabes. *Anba*, 29 maio 2023. Disponível em: https://anba.com.br/em-cosmeticos-do-brasil-oleo-de-argan-retorna-aos-arabes. Acesso em: 2 jan. 2024.

De acordo com um estudo da PwC, o mercado de mídia e entretenimento nos países árabes e islâmicos deve crescer 7,5% ao ano[9].

Por sua vez, o segmento de games é uma das áreas de mídia e entretenimento que mais cresce na região. Ainda segundo o estudo da PwC, o crescimento anual gira em torno de 10%.

Empresas estrangeiras de jogos têm aplicado altos volumes financeiros no setor para conquistar os jovens consumidores. As empresas preparadas para atender às necessidades da região estão bem posicionadas para crescer e prosperar. Mas não é simples. Algumas estratégias e ações imprescindíveis são necessárias, tais como:

- adaptar os produtos e serviços às necessidades culturais e religiosas da região. Isso inclui evitar conteúdo considerado ofensivo ou inapropriado;
- os games, principalmente, devem ser arabizados. Um centro importante para esse serviço foi desenvolvido na Jordânia;
- investir em conteúdo local. Isso ajudará a atrair a atenção do público;
- as empresas devem estabelecer parcerias com empresas locais, de forma a entender melhor ao mercado e desenvolver relacionamentos com os parceiros locais;
- participar de eventos e feiras de games na região. Essa é uma ótima maneira de conhecer o mercado e promover os jogos brasileiros;
- Fazer parcerias com empresas árabes. Elas podem colaborar no desenvolvimento de games adequados a cultura.

O Brasil exporta *games* para os países árabes, principalmente aos Emirados Árabes Unidos, Arábia Saudita e Egito. Os jogos brasileiros mais populares são os de ação, de estratégia e de simulação.

---

9 Pesquisa global de entretenimento e mídia 2022-2026: inovação e crescimento em um novo cenário competitivo. *PwC*, 2022. Disponível em: https://www.pwc.com.br/pt/estudos/setores-atividades/entretenimento-midia/2022/Pesquisa-Global-de-Entretenimento--e-Midia-2022%E2%80%932026.pdf. Acesso em: 2 jan. 2024.

Turismo

Avaliar o turismo *Halal* sob duas perspectivas é extremamente importante. Devemos verificar que as oportunidades estão tanto nos países da OIC como na população que viaja pelo mundo inteiro. Estar preparado para as janelas de oportunidades que se abrem nos países e para bem receber os árabes e muçulmanos traz muitos benefícios.

O turismo nos países da OIC concentra-se, sobretudo, no turismo religioso, em especial para a realização de peregrinações, como aquelas à Cidade Santa ou a Meca.

Contudo, esses países têm investido cada vez mais em *resorts* de luxo, infraestrutura e transportes turísticos, linhas aéreas e cruzeiros, tecnologias de viagens, além do desenvolvimento de outras rotas sagradas aptas ao turismo. As companhias aéreas também estão expandindo suas operações.

Segundo dados de State of Global Islamic Economy, os gastos dos muçulmanos com viagens crescem cerca de 6% ao ano. Entre os três mais procurados destinos do turismo *Halal* estão Turquia, em primeiro lugar, e Arábia Saudita e Emirados Árabes Unidos em seguida. Já os três países de maiores saídas são Arábia Saudita, Emirados Árabes Unidos e Catar.

A Arábia Saudita é um dos países que mais investe em turismo, por meio de seu Fundo de Investimento Público (PIF). Por exemplo, a Arábia Saudita está lançando sua segunda companhia aérea com o objetivo de expandir o turismo e se tornar um *hub* de logística. A Saudi Cruise fez um acordo com outra empresa de cruzeiros (sediada na Suíça) para conseguir dois novos navios de cruzeiro. O país também está investindo em locais religiosos para atrair mais peregrinos a cada ano. Além disso, Arábia Saudita e Emirados Árabes Unidos lançaram uma ferrovia que pretende conectar toda a região do Golfo.

O Fundo de Investimento para o Turismo da Arábia Saudita está investindo em uma megaobra que incluirá cinco hotéis cinco estrelas, um shopping e estabelecimentos para proporcionar entretenimento ao público. De maneira geral, devido à expansão no turismo, a área hoteleira também está em amplo crescimento nos países do Mundo Árabe. Em função da Copa do Mundo de 2022, por exemplo, o Catar inaugurou mais de cem hotéis. Os Emirados Árabes Unidos estão trabalhando na expansão da quantidade de hotéis quatro e cinco estrelas. E tudo isso continua: a Copa do Mundo de 2034 será realizada na Arábia Saudita, assim como a Expo 2030, que terá sede em Riad, a capital do país.

As regras e os padrões relacionados ao turismo *Halal* também estão se transformando. O Departamento de Cultura e Turismo de Abu Dhabi, nos Emirados Árabes Unidos, por exemplo, estabeleceu novos padrões de qualidade para o setor. Na Malásia, o Centro de Turismo Islâmico lançou uma forma de reconhecimento de hotéis *Halal* parecida com o sistema de estrelas, mas para turismo *Halal*. Esse é o primeiro reconhecimento do gênero feito por um governo.

Mas países que não são de maioria muçulmana também estão promovendo iniciativas para atrair turistas praticantes da religião. As Filipinas, por exemplo, iniciaram um turismo focado na culinária *Halal*. A Coreia do Sul tem se especializado nos serviços prestados para pessoas muçulmanas, a fim de tornar, assim, o país mais receptivo a esses turistas.

As áreas de turismo sustentável, de lazer, voltado para esportes e contato com a natureza, também estão se expandindo e representam sinais positivos de oportunidades. O turismo sustentável está sendo mais desenvolvido na Arábia Saudita e nos Emirados Árabes Unidos. O primeiro país firmou uma parceria com o Banco Mundial, de US$ 100 milhões, para investir em turismo sustentável. O tema está presente em diversos megaprojetos do país.

Dubai, nos Emirados Árabes Unidos, planeja zerar as emissões de carbono do transporte público até 2050 e tem diversos projetos de desenvolvimento urbano sustentável em andamento. Ao mesmo tempo, diversos financiadores e doadores internacionais estão atentos ao turismo sustentável em países da OIC.

O Ministério do Turismo da Tunísia está participando de um projeto com uma agência alemã de cooperação internacional, a Deutsche Gesellschaft für Internationale Zusammenarbeit, que visa desenvolver um turismo mais social e preocupado com o meio ambiente. A Swisscontact, organização sem fins lucrativos da Suíça, que realiza projetos para redução da pobreza em países em desenvolvimento, está realizando um programa de turismo sustentável no Marrocos, para melhorar a desigualdade social e apoiar jovens mulheres árabes.

Nesse novo panorama, as empresas de viagem também estão cada vez mais, se diversificando e desenvolvendo o *e-commerce*. As tecnologias de viagens ganham mais destaque, incluindo uso de inteligência artificial e *blockchain* para otimizar operações e outras tecnologias relacionadas a seguros, pagamentos e gestão de viagens.

No Brasil, o turismo *Halal* já vem sendo debatido e implementado. A Câmara de Comércio Árabe-Brasileira, por exemplo, realizou uma série de atividades para fomentar uma agência de turismo em Foz do Iguaçu voltada para o turismo familiar e o turismo amigável aos muçulmanos. Uma das iniciativas mencionadas foi a de investimento da rede hoteleira local[10].

Marcelo Freixo, presidente da Agência Brasileira de Promoção Internacional do Turismo (Embratur), afirmou que uma das principais prioridades da agência é o turismo sustentável, tal como nos países da OIC. Um dos desafios apontados para o turismo no Brasil é a limitação na quantidade de companhias aéreas e trajetos. Também o Estado de São Paulo iniciou, no ano de 2023, em parceria com a Academia *Halal* do Brasil, um programa de capacitação de profissionais de turismo do estado, para atrair e bem receber o turista islâmico.

Os árabes são expressivos consumidores de turismo interno e externo. Internamente, os países do Mundo Árabe desenvolvem projetos de turismo (turismo de pedestres, de negócios, de luxo, religioso, sustentável etc.) que também movimentam parte significativa da economia e atraem capital do mundo inteiro, além de serem dotados de muitas belezas naturais e um complexo substrato cultural que move o interesse de pessoas em todo o mundo.

Externamente, os árabes despendem grande soma de recursos com turismo de negócios e de entretenimento. O Brasil tem grandes atrativos: Floresta Amazônica, praias, eventos como Carnaval, Parintins, festas juninas, entre outras, além do povo, que eles muito admiram e com quem apreciam conviver. Os árabes reconhecem a ótima receptividade do brasileiro e se sentem em casa, pelo grande número de árabes que residem no Brasil e pela gastronomia sírio-libanesa aqui oferecida.

---

10 SOUSA, Thais. Em Foz do Iguaçu, Câmara Árabe fomenta agenda de turismo. *Anba*, 2 jun. 2023. Disponível em: https://anba.com.br/em-foz-do-iguacu-camara-arabe-fomenta-agenda-de-turismo. Acesso em: 3 jan. 2024.

Há muito a ser feito e muitas oportunidades para aproveitar, se trabalharmos para o "bem receber", desenvolvendo hotéis *Halal*, com produtos, atendimento, instalações e procedimentos adequados, além de alimentos, moda, cosméticos, entre outros itens que podem ser ofertados aos turistas, para consumo ou aquisição de produtos que serão levados no retorno a seus países.

Os árabes, além de valorizarem o turismo de lazer com a família, fazem muitas viagens de negócios, o que implica constante procura por locais com infraestrutura Muslim Friendly. As exigências desse grupo variam de acordo com o rigor religioso e com aspectos culturais do país de origem. Entretanto, alguns parâmetros gerais podem ser estabelecidos quando se pensa em turismo *Halal*.

> O fácil acesso à comida *Halal* aparece enquanto exigência mínima de viajantes muçulmanos; há uma busca por locais onde seja possível realizar as orações diárias e a ablução antes das rezas – assim, os itinerários percorridos devem contar com essa estrutura; durante o mês do Ramadã, a disponibilidade de refeições não convencionais é fundamental; a separação de locais de banho (praias/piscinas/spas) por gênero também pode ser imprescindível para alguns grupos de muçulmanos. Além disso, a assimilação cultural, ou seja, a possibilidade de populações muçulmanas se sentirem acolhidas em culturas diferentes das suas é ponto essencial; em suma, elas evitam locais onde haja comportamentos islamofóbicos.
>
> O turismo acadêmico também é um nicho importante para os árabes. Muitos jovens vão estudar longe de casa, porém não deixam suas tradições para trás. Por isso, os grandes centros urbanos devem estar preparados para receber essa gama de jovens muçulmanos que buscam manter sua cultura e religiosidade. Todos esses fatores, além da procura por novas tendências em torno do turismo *Halal*, tanto por *millenials* e geração Z quanto por mulheres muçulmanas (as quais cada vez mais viajam sozinhas), criam oportunidades infinitas para o segmento do turismo. Tendências *tech* auxiliam no rastreamento do turismo *muslim friendly*, que tem crescido e entregado excelência em diversos setores ao redor do mundo: atrações turísticas, *resorts*/hotéis/Airbnbs, restaurantes, supermercados, lojas, e assim por diante.

O setor de turismo tem o poder de atingir os dois lados igualmente, um país pode ser receptivo como destino e também ser consumidor em outro país.

Ele também pode ser considerado o mais completo e complexo setor por envolver não apenas os produtores de turismo, mas toda a sociedade. Em seu ecossistema, além do transporte, da acomodação, das atrações etc., o turista tem contato com tudo relacionado ao destino, desde os equipamentos diretos do turismo, como também com a sociedade que habita o destino e os serviços públicos prestados, como segurança, saúde, entre outros.

Assim, o setor pode ser utilizado estrategicamente, pois tem o poder de influenciar diretamente a imagem do país e com isso contribuir de forma significativa para alavancar de modo positivo ou negativo a exportação de produtos e serviços.

Vale a leitura do artigo de Alessandra Frisso, escrito em especial para este livro. O texto foi inserido no Capítulo 10, "Olhando para o futuro", exatamente por fazer uma reflexão importantíssima do setor turismo como alavanca do futuro para os negócios entre árabes e brasileiros.

Capítulo 10

Olhando para o futuro

Com certeza, o futuro das relações comerciais entre o Brasil e os países árabes é muito promissor.

A parceria já constituída está sendo utilizada para o que está em construção e criando todas as condições para um passo além: **parcerias estratégicas**.

As parcerias estratégicas vão além de ações, de compras e vendas ocasionais ou mesmo de programas estruturados de trocas comerciais de curto e médio prazo. São compostas de análises detalhadas sobre como realmente pode ocorrer o ganha-ganha, olhando para o bem comum, suprindo as necessidades de um parceiro com as *expertises* do outro. Para que essas parcerias se efetivem, além de detalhados diagnósticos de parte a parte, será preciso fazer concessões, abrir mão de algumas posições, de algumas vantagens e mesmo de algumas convicções, para o bem comum.

Algumas delas podem e devem ser trabalhadas entre os países árabes e o Brasil. Como se trata de um conjunto de 23 países (22 + 1), o ideal é o trabalho por meio de instituições que tenham legitimidade de representação e poder de decisão no grupo das nações envolvidas. No caso dos países árabes, pode-se pensar na liderança da Liga Árabe em somatória com a União das Câmaras Árabes. Especificamente para o comércio, a parceria deve se concretizar com instituições específicas setoriais e/ou de cada um dos países.

No Brasil, a Câmara de Comércio Árabe-Brasileira, braço brasileiro da União das Câmaras Árabes, sem dúvida pode e deve ser a ligação e a promotora dessas parcerias estratégicas, em conjunto com instituições como Confederação Nacional da Agricultura (CNA), Confederação Nacional da Indústria (CNI), e órgãos do governo federal, estadual e municipal (ministérios e secretarias), como ApexBrasil, por exemplo, podem cumprir bem o papel nas áreas de infraestrutura logística, desenvolvimento agrícola, indústria, comércio e turismo.

Essas parcerias, por si só, já deixam antever um desenvolvimento crescente e sustentável. Também é pré-requisito para a sua efetivação ter muita cautela, para não cair na tentação de práticas oportunistas. É preciso "trocar os óculos", em um esforço de conhecimento, compreensão e respeito sob o ponto de vista do outro.

Um bom exemplo de um setor que requer uma parceria estratégica e que, sem dúvida, vai alavancar o futuro de forma irreversível, dando suporte ao comércio entre o Mundo Árabe e toda a América do Sul, é o setor de logística. (Ver estudo sobre esse tema no fim deste capítulo).

Agregado a essas e outras parcerias estratégicas, e dando condições para que elas aconteçam, vários pontos já analisados neste livro vão dando consistência a esse cenário propositivo.

Olhando para esse futuro, já em 2020 uma entrevista que concedi para a *IstoÉ Dinheiro*, publicada nas páginas azuis, já previa o crescimento que chegou rapidamente e lançava as bases para a sua continuidade.

Em determinado trecho da matéria, respondendo à pergunta sobre se haveria espaço para a parceria comercial entre Brasil e países árabes seguir crescendo, eu disse:

Sim. Há muito espaço para isso. Eu diria que essa relação ainda está longe de alcançar todo o seu potencial. Há pouco mais de um ano, a Câmara Árabe fez um estudo para avaliar o potencial de expansão de comércio com o Brasil. Na atual pauta de exportações, podemos perfeitamente sair dos atuais US$ 12,2 bilhões para US$ 20 bilhões em quatro anos (o que representaria uma alta de quase 70%), intensificando, por exemplo, ações de marketing, investimentos produtivos e otimizando a logística. Se incluirmos outros produtos cujo comércio ainda não é tão grande, podemos ir muito além.

Claro, todos esses aspectos só serão ainda mais positivos se os dois lados apararem as arestas que citamos ao longo desta obra.

Todos que entrevistamos para este livro, tanto brasileiros quanto árabes, falam exatamente sobre perspectivas para o futuro do comércio. Nessas conversas, analisam o potencial futuro das relações comerciais com o Mundo Árabe. Eles corroboram, sem exceção, as estimativas positivas e colaboram com o pensamento principal deste livro[1] e também alertam para a necessidade de rapidez e de planejamento.

Além disso, elencamos alguns *cases*, estudos e artigos que mostram possíveis caminhos para uma melhor relação Brasil-Mundo Árabe. Esses *cases* trazem importantes análises, como o estudo sobre logística, um dos gargalos para a melhoria das relações comerciais entre Brasil e Mundo Árabe, encomendado pelo então presidente da Câmara Árabe, Marcelo Nabih Sallum.

Outro *case* que também dá base a essas perspectivas é o da Casa Árabe, idealizada por Salim Taufic Schahin em sua gestão como presidente da Câmara de Comércio Árabe-Brasileira, e por mim inaugurada. O espaço, que por ora é virtual, se transformará em um importante "Centro de discussão e desenvolvimento das relações entre árabes e brasileiros"[2].

Também são descritos e analisados, ao fim, os organismos facilitadores, vitais para o futuro das relações. Aí se enquadram a Câmara de Comércio Árabe-Brasileira, a ApexBrasil e o Secom, setores comerciais das embaixadas brasileiras e árabes.

---

[1] Para ver as entrevistas na íntegra, consulte o "Pontos de vista".
[2] Veja artigo no fim deste capítulo.

Além disso, vale analisar como a tecnologia e o turismo podem ser setores nos quais poderemos alavancar o futuro dos negócios e da imagem institucional.

A região árabe tem, cada vez mais, se destacado como *hub* de inovação e tecnologia, atraindo parceiros do mundo todo. Por que não os brasileiros?

Os segmentos de tecnologia e turismo são uma via de mão dupla bastante agregadora. Inclusive, o turismo pode ter papel primordial na estratégia brasileira de maior inserção e imagem positiva do país. O artigo de Alessandra Maria Frisso, ao final deste capítulo, mostra isso claramente. Também falamos sobre um excelente exemplo de tecnologia no Mundo Árabe: a The Line[3].

Mas não se pode falar em futuro sem falar dos jovens. Também no fim deste capítulo trazemos pesquisa sobre esse universo no Mundo Árabe.

Para mostrar de forma mais clara essas perspectivas de negócios, selecionamos e destacamos (em relação não exaustiva) trinta aspectos, ações em andamento, posicionamentos e características (dez árabes, dez brasileiras e dez do conjunto de países) que justificam a previsão do exponencial crescimento da balança comercial e de investimentos entre árabes e brasileiros. Muitos desses itens foram explorados no conteúdo deste livro.

Árabes

- Mercado com alto crescimento econômico anual.
- População crescente majoritariamente jovem, muito bem instruída, cidadãos do mundo muito interessados em turismo.
- Alto poder aquisitivo, com fortalecimento da classe média demandante de produtos e serviços.
- Países se abrindo e assim gerando necessidades crescentes em produtos e serviços de maior valor agregado, inclusive no turismo.
- Investimento na construção de novas cidades e no desenvolvimento de produção local de alimentos por exemplo, com necessidades de maquinário, matérias-primas, *know-how*, consultorias, produtos e serviços etc.

---

3 Conferir box adiante neste capítulo.

- Capital disponível para investimentos em diversos setores, como infraestrutura, logística, saúde, agroindústria, entre outros.[4]
- Protagonistas, além de abertos e fomentadores, em criatividade e inovação. Adoção das mais avançadas e produtivas tecnologias.
- Simpatia pelo Brasil e pelos brasileiros. São leais e fiéis.
- Mudança da geopolítica, o que leva a um maior protagonismo da Ásia, incluindo importantes países árabes.
- Cidades se desenvolvendo como *hubs*. As vendas aos países árabes podem atingir todo o mercado islâmico e países não islâmicos na Ásia, na Europa e na África, pelos acordos de livre comércio.

Brasil

- Produção crescente na agroindústria com *know-how* para desenvolvimento agrícola e disponível para parcerias.
- Grande produtor de maquinário agrícola.
- Maior produtor de proteína *Halal* do mundo.
- Investimento cada vez maior na divulgação do conceito e estilo de vida *Halal*, estimulando empresas a produzir produtos de valor agregado, com os procedimentos adequados, e viabilizando a rastreabilidade da cadeia de produção e distribuição.
- Capacitação gradativa da infraestrutura de turismo para receber adequadamente as populações árabes e islâmicas.
- Significativa presença e influência árabe no Brasil nos mais variados campos, especialmente no empresarial.
- Reformas estruturantes em andamento, como a reforma tributária.
- Instalação física e desenvolvimento da Casa Árabe[5].

---

4 MENDES, Diego. Arábia Saudita está de olho na indústria farmacêutica do Brasil, diz diplomata à CNN. *CNN Brasil*, 3 out. 2023. Disponível em: https://www.cnnbrasil.com.br/economia/arabia-saudita-esta-de-olho-na-industria-farmaceutica-do-brasil-diz-diplomata-a-cnn. Acesso em: 10 jan. 2024.
PAIVA, Iasmin. Investimentos da Arábia Saudita no Brasil devem seguir trajetória de expansão, avaliam especialistas. *CNN Brasil*, 6 out. 2023. Disponível em: https://www.cnnbrasil.com.br/economia/investimentos-da-arabia-saudita-no-brasil-devem-seguir-trajetoria-de-expansao-avaliam-especialistas. Acesso em: 10 jan. 2024.
5 Veja artigo no fim deste capítulo.

- No caminho da energia verde; rico em segurança alimentar, segurança energética e água.
- Abertura gradual para investimento estrangeiro e necessidade de aporte em áreas nas quais os árabes têm especial interesse.

Países árabes e Brasil

- Economias complementares. Muito do que os árabes precisam o Brasil produz.
- Relações de confiança mútua.
- Povos que se integram, se admiram e se respeitam, inclusive sendo sociedades altamente religiosas.
- Parcerias estratégicas em construção.
- Ampliação de voos diretos entre Brasil e países árabes.
- Participação crescente de empresários dos dois blocos em feiras, exposições e missões.
- Assinatura, nos últimos anos, e alta perspectiva para os próximos, de acordos de cooperação em áreas como comércio, investimentos, cultura e educação. Acordo de livre comércio entre o Mercosul e os países árabes.
- Presença diplomática ativa e representativa entre os dois blocos. Tanto o Brasil como os países árabes têm presença física da representação significativa. Em 18 dos 22 países árabes, o Brasil tem embaixada e reciprocamente esses 18 países também têm embaixadas no Brasil[6]. O Brasil também conta com a representação diplomática da Liga dos Estados Árabes.
- Organismos ativos e eficientes de facilitação do comércio, como: Setores Comerciais (Secom) das embaixadas árabes e brasileiras, Agência de Promoção de Exportação do Brasil (ApexBrasil), agências de promoção de exportação existentes na maioria dos países árabes,

---

6 Veja no box "Organismos facilitadores" a lista dos países árabes com embaixadas no Brasil e com embaixadas brasileiras.

Câmara de Comércio Árabe-Brasileira, Câmaras de Comércio Árabes existentes em todos os países árabes)[7].
- Brasil, Arábia Saudita, Emirados Árabes Unidos e Egito integrantes do bloco do Brics.

Entretanto, essas condições, isoladamente, nada asseguram à concretização do potencial, precisam ser trabalhadas em conjunto de forma que uma reforce a outra. Como se vê, estão listados aspectos objetivos e racionais em paralelo a outras questões subjetivas e emocionais. Cada um tem uma força e deve ser considerado de forma particular e conjunta, moldando-se ao contexto em que os outros estão se apresentando. Também se deve dar atenção especial à imagem e reputação dos dois mundos.

Temos tudo para avançar, enfrentando desafios e vencendo barreiras de forma bastante efetiva. Isto será cada vez mais real, se trabalharmos em conjunto dentro do país e entre os países. Os instrumentos estão à disposição para criar soluções, mesmo com imprevistos imponderáveis que deverão ocorrer intermitentemente.

Nada é completamente seguro. É preciso agir. São necessárias ações rápidas, planejadas estrategicamente, coordenadas entre os países e blocos, cada um no próprio papel: setor privado, sociedade civil, governo e entidades.

Trabalhando de forma coordenada, esse conjunto poderá aproveitar este momento que com certeza é único, colocando o Brasil e os países árabes na nova geopolítica de desenvolvimento mundial.

E o empresário pode se beneficiar muito desse potencial gigantesco e desses movimentos, mostrando-se presente, atento às oportunidades e sabendo se relacionar.

Os artigos e textos a seguir tratam de um aprofundamento de conteúdos que darão ao futuro das relações entre árabes e brasileiros o contorno estratégico necessário.

---

7 Confira a lista com a definição e explicação dos organismos facilitadores no box "Organismos facilitadores".

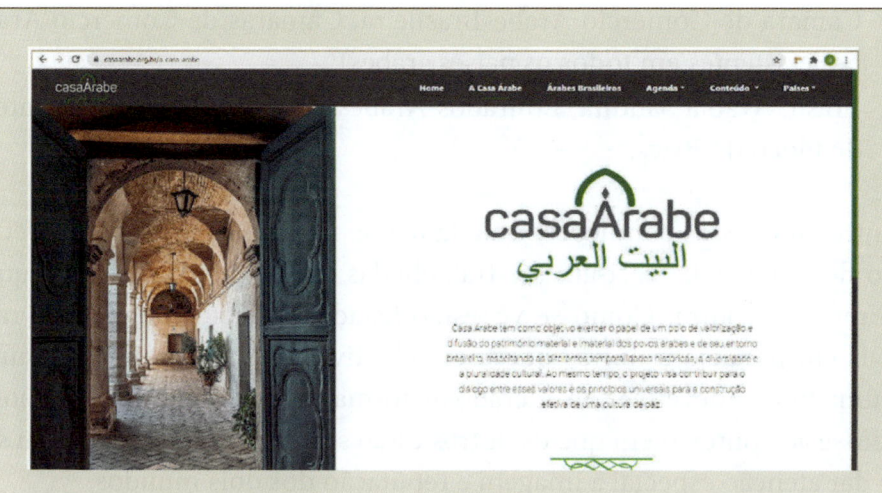

Fonte: Câmara de Comércio Árabe-Brasileira.

Casa Árabe, seu papel e seu espaço[8]

Por Rubens Hannun[9]

Passado mais de um século e meio do início da imigração árabe ao Brasil, seu contingente cientificamente conhecido compreende 6% da população brasileira. Esse percentual representa praticamente o mesmo número de habitantes de São Paulo, a maior cidade do país, espalhados por todo o território brasileiro. Estamos falando de imigrantes e de várias gerações de descendentes árabes, perfeitamente integrados ao país e com posição de protagonismo e liderança na sociedade civil, como nos segmentos empresarial, político, cultural, econômico, de comunicação, entre outros.

Por este motivo, a Casa Árabe, fundada no fim de 2020, veio preencher um espaço que estava vago, com necessidade premente de ser preenchido.

---

8 Casa Árabe, seu papel e seu espaço. *Anba*, 5 out. 2021. Disponível em: https://anba.com.br/casa-arabe-seu-papel-e-seu-espaco. Acesso em: 10 jan. 2024.

9 Rubens Hannun é cofundador e curador da Casa Árabe, além de ex-presidente da Câmara de Comércio Árabe-Brasileira.

A população brasileira-árabe ou árabe-brasileira demonstra uma ligação com suas origens, que engloba orgulho, identificação, manutenção de hábitos e comportamentos, entre outros. A contribuição ao desenvolvimento do Brasil e a integração à sociedade brasileira são perfeitas e devem ser utilizadas ainda mais para a união e fortalecimento da comunidade.

Também a população brasileira de outras origens – que não a árabe – tem nítida e declarada admiração pelos árabes que moram no Brasil. Essas constatações deixam claro que as bases para o fortalecimento desses sentimentos estão bem construídas.

O fortalecimento é necessário, uma vez que, dispersa no território nacional, a comunidade árabe no Brasil pode ir perdendo sua ligação com as origens, não só pelo tempo, mas também pela falta de convívio entre si, pela carência de informações atualizadas e, por inúmeras vezes, enviesadas notícias veiculadas pelas mídias nacional e internacional, que decorrem de desconhecimento e pouco contato com a cultura.

Assim também pode ocorrer com a população brasileira, impregnada de pouco conhecimento ou de conhecimento superficial e influenciada por campanhas errôneas e míopes.

Dessa forma, a Casa Árabe pode e deve trabalhar no caminho de promover o convívio e a união da coletividade árabe no Brasil através de instrumentos planejados e utilizados estrategicamente, envolvendo cultura, formação, comunicação e informação/inteligência de mercado.

Acrescente-se a seu público os brasileiros de outras origens, agregando a seu conteúdo o conhecimento completo, real e profundo da cultura, valores, princípios, hábitos, atitudes e comportamentos com uma visão histórica e contemporânea.

Ela pode se transformar no "centro de desenvolvimento institucional das relações entre árabes e brasileiros" e cumprir seu propósito de "administrar e promover a imagem árabe para obtenção do real valor de sua contribuição, seus valores e seus princípios".

Com isso, a Casa Árabe será capaz de gerar ainda mais entrosamento, engajamento e valorização, seguindo no caminho de seu objetivo: "… exercer o papel de um polo de valorização e difusão do patrimônio material e imaterial dos povos árabes e de seu entorno brasileiro, respeitando as diferentes temporalidades históricas, a diversidade e a pluralidade cultural. Ao mesmo tempo o projeto visa contribuir para o diálogo entre esses valores e os princípios universais, para a construção efetiva de uma cultura de paz".

O protagonismo e a liderança da Casa Árabe no Brasil serão efetivos com a conquista da Licença Social para Operar (LSO), termo que empresarialmente se utiliza para explicar quando uma empresa tem a outorga informal da comunidade em que está inserida.

Para a conquista da LSO plena, será preciso subir os degraus de Legitimidade, Credibilidade e Confiança. Um degrau alimentando o outro em uma escada dinâmica, sem fim. A cada degrau, uma vitória. E assim será se, a cada novo acontecimento envolvendo árabes, as reflexões, discussões, ações e reações forem, além de imediatas, abrangentes, não carregadas de preconceitos, esclarecedoras e imparciais do ponto de vista político e religioso.

Com atuação unificada e colaborativa de todas as lideranças, sejam elas pessoas físicas, ONGs, empresas e profissionais, sua atuação pode e deve ir assumindo um papel e alcance com potencial de extrapolar as fronteiras da cultura e de seu próprio país de origem, o Brasil.

TURISMO: TENDÊNCIAS FUTURAS DE NEGÓCIOS

Por Alessandra Maria Frisso[10]

Ao analisarmos o potencial de incremento do turismo entre países árabes e Brasil, temos um leque de oportunidades desde que sejam superados desafios compartilhados por ambos os lados. Entendo que seria uma forma positiva de reposicionar a marca Brasil e suas conexões com turistas do mundo todo, especialmente do Mundo Árabe. Mas, para isso, será preciso contar com a participação ativa e a coordenação simultânea de agências governamentais, que vão desde os ministérios do Turismo e da Saúde até as autoridades locais em cada país, empresas do setor e outras adjacentes da cadeia produtiva do turismo, empregadores e empregados, e até mesmo organizações internacionais.

---

10 Alessandra Maria Frisso é diretora da Câmara de Comércio Árabe-Brasileira e da H2R Insights & Trends.

Pesquisas revelam que os viajantes estão priorizando gastos com experiências – restaurantes, viagens, atividades recreativas e entretenimento –, em detrimento de itens como roupas, joias e eletrônicos. Quando escolhem suas viagens, aventuram-se por novos destinos antes inexplorados e também valorizam o turismo doméstico e a natureza.

Além disso, movimentos globais, como ascensão dos nômades digitais, permanência do *home office* enquanto forma de trabalho e *bleisure* (mistura de viagens a lazer e negócio), disseminados pelas redes sociais e pelo entretenimento, levam os turistas a destinos menos conhecidos, em busca de maior imersão cultural. Essas tendências se aplicam para todos os perfis de viajantes, incluindo o influente viajante muçulmano – segmento importante para as viagens globais e para a Ásia, em particular. Países como Indonésia, Malásia e Singapura lideram a lista de destinos preferidos para esse grupo de viajantes, incluindo os países árabes e, em seguida, os destinos europeus.

Sabe-se que o Brasil não é um destino de primeira escolha, mas pode ter uma relevância maior ao considerarmos as intensas relações diplomáticas e econômicas já estabelecidas entre países árabes e Brasil. Os países árabes despertam a curiosidade dos brasileiros pela combinação harmoniosa da cultura tradicional árabe com o luxo e modernidade. O Brasil, por sua vez, atrai o interesse tanto por questões de negócios, dada a sua importância na segurança alimentar, quanto pelas belezas naturais.

Considerando alguns *drivers* de aceleração que poderão moldar as oportunidades bilaterais para intercâmbio no turismo, destacam-se forças convergentes, como crescimento econômico dos países, melhoria na conectividade aérea, maior promoção do turismo e adequação das ofertas turísticas, além de que Brasil e alguns países árabes sediarão grandes eventos globais nos próximos anos.

Até 2030, espera-se que os turistas árabes representem 10% do total de chegadas ao Brasil, tornando os países árabes a maior fonte de turistas, após os Estados Unidos. Isso dependerá de um conjunto de fatores e políticas facilitadoras para fortalecer o potencial de viagens e turismo entre os dois blocos.

Diante desses volumes de turistas, torna-se imperativo que o Brasil aprofunde o conhecimento sobre as demografias muçulmanas e suas aspirações de viagens, destacando a importância de compreender esse segmento único, porém diversificado e rico, que apresenta altas taxas de crescimento. Adotar uma postura *muslim friendly* (amigável a muçulmanos) no setor de turismo pode ter vários impactos positivos na e na imagem internacional do Brasil. Se o Brasil se tornar o primeiro destino na América do Sul para os viajantes adeptos às práticas *Halal*, desenvolvendo recursos, guias e serviços de viagem alinhados às preferências dos turistas muçulmanos, isso poderá ter um impacto positivo no setor e ser um diferencial significativo.

É importante observar que ser amigável para os muçulmanos não se limita a atender às necessidades religiosas; envolve uma atmosfera de tolerância, respeito e compreensão cultural. Essa abordagem não só trará novos estímulos para o setor, como treinamentos, qualificação de talentos humanos, adequação da gastronomia, mas também vai impulsionar o desenvolvimento de todos os *players* da indústria, adequando-os às demandas desse público crescente.

Para efetivar essa transformação, será necessária a criação de parcerias, envolvendo a colaboração entre o governo e o setor privado. Isso levará a melhorias na infraestrutura, investimentos para elevar os padrões dos serviços, contribuindo para uma indústria de turismo mais eficiente e diversificada.

Ações de marketing e divulgação serão fundamentais para alavancar tais oportunidades, incluindo a criação de campanhas publicitárias em plataformas de mídia social, colaboração com influenciadores árabes, participação em feiras e exposições de turismo na região, publicações em revistas e websites turísticos populares nos países árabes para sensibilizar e alcançar potenciais visitantes. Parcerias com operadoras de turismo e agências de viagens, criando pacotes personalizados, podem oferecer experiências de viagem sob medida para este mercado.

Ações institucionais que fortaleçam os laços culturais, como eventos culturais, exposições e programas de intercâmbio, além de eventos de negócios, como feiras setoriais, estreitam as conexões com os países árabes, ao mesmo tempo que promovem o maior conhecimento sobre o Brasil.

Uma estratégia ganha-ganha

Os países árabes são tradicionalmente um centro de hospitalidade e turismo, oferecendo uma mistura única de tradições antigas, luxo e inovação. Além disso, impulsionados pelos avanços tecnológicos, mudanças nas preferências de viagem de consumidores, estratégias econômicas e de desenvolvimento do Conselho de Cooperação do Golfo, esses países sinalizam compromissos para diversificar a economia por meio de intervenções políticas e investimentos coordenados, transformando-os em *hubs* de negócios e, cada vez mais, em *hubs* turísticos.

Um dos movimentos a ser monitorado é a posição de destaque que o setor de turismo ocupa nos planos de desenvolvimento, com o propósito de alcançar as metas de longo prazo, como os planos Vision 2030-2040 da Arábia Saudita (KSA), Catar, Emirados. É possível constatar que o setor de hospitalidade de alguns países árabes capitalizou os aprendizados pós-covid-19, oferecendo ofertas diferenciadas, como maior foco na saúde e no bem-estar, além de serviços baseados em tecnologia (por exemplo, check-ins sem contato e serviços de quarto com tecnologia de IA, *tours* de realidade virtual, aplicativos móveis para controle de quartos e serviços personalizados de *concierge* digital estão entre as tendências tecnológicas que têm ganhado força, em especial nos hotéis da região do Golfo).

O futuro do turismo na região é promissor, com ênfase em sustentabilidade, bem-estar, tecnologia, valorização de marcas locais sofisticadas. Há uma crescente ênfase em serviços personalizados, experiências exclusivas e autenticidade cultural.

Se considerarmos os países com maior força econômica, em especial no Golfo, eles são normalmente conhecidos pelo transporte aéreo de altíssimo nível, qualidade superior de serviços de hotelaria, alto nível de segurança e tecnologia, além de significativos recursos aportados ao turismo de negócios, eventos e conferências internacionais – pilares que favorecem o posicionamento como notáveis destinos para o lazer. Essas estratégias sincronizadas posicionam esses países enquanto anfitriões de megaeventos – por exemplo, a COP 28, a Fórmula 1, a Copa do Mundo etc. Essa combinação de negócios e lazer é exponencial, posicionando os países árabes no contexto global e consagrando-os como destinos turísticos cada vez mais populares.

Enormes investimentos estão em curso na KSA para impulsionar o turismo não religioso, uma vez que o país pretende aumentar a contribuição econômica desse setor de 3% para 10% do PIB até 2030. As estratégias dos Emirados Árabes Unidos, Omã e Catar também visam a um crescimento substancial de novos turistas.

Vale lembrar, de outro lado, que a maioria das economias do norte da África e Levante apresenta lacunas na infraestrutura aérea, turística, de telecomunicações, bem como menor acesso a mão de obra qualificada. Ao mesmo tempo, sempre despertou interesse pelas belezas e patrimônios históricos e culturais.

De forma geral, os países árabes estão trabalhando para diversificar suas ofertas turísticas, com o desenvolvimento de novos produtos e experiências, como ecoturismo, turismo de aventura e turismo cultural. Além disso, estão investindo para superar os gargalos de infraestrutura, com a construção de novos aeroportos, hotéis e estradas.

A combinação desses e de outros atrativos dos países árabes e o fato de o Brasil poder ser o primeiro país da América do Sul com um posicionamento *muslim friendly* pode criar um círculo virtuoso no fortalecimento da diplomacia econômica, gerando uma variedade de benefícios mútuos.

A interação resultante do turismo pode retroalimentar os negócios e abrir portas para parcerias comerciais mais estreitas, oferecendo a empresários e investidores a oportunidade de explorar outras possibilidades de comércio, investimentos e colaborações em diversos setores econômicos, além do agronegócio. Também há um ganho na imagem internacional gerada por um turismo bem-sucedido, o que influencia favoravelmente as percepções sobre o país, consolidando uma reputação positiva do Brasil entre os cidadãos árabes.

DOIS OLHARES PARA O FUTURO

Por Alessandra Maria Frisso

Sem a menor dúvida, os países árabes não são mais vistos como lugares atrasados, em que a tradição é o único norte. A tradição ainda é forte, como vimos neste livro, mas colocar a pecha de ser somente isso, sem avaliar toda a tecnologia, inovação e potencial que esses países têm é colocar um cabresto, tal qual um camelo antigo, e não olhar para o lado e para o futuro que há nesses parceiros.

Quero destacar aqui um exemplo ímpar no mundo e que já atrai olhares admirados e de possíveis negócios. Falo da The Line, dentro da também inovadora cidade de Neom, na Arábia Saudita. A The Line é uma região urbana dentro da cidade de Neom. Esse projeto futurista tem o objetivo de utilizar apenas energia renovável e ser livre de carros.

A The Line é um prédio com área de 200 metros de largura e 170 quilômetros de extensão, e ficará 500 metros acima do nível do mar. A ideia é acomodar 9 milhões de habitantes em um espaço de 34 quilômetros quadrados. Um projeto inédito no mundo, além de totalmente futurista e sustentável.

Dentro do The Line os deslocamentos serão reduzidos, mas, caso precisem ser maiores, haverá um sistema de transporte moderno, com trem de alta velocidade, cuja viagem será de, no máximo, 20 minutos de ponta a ponta.

O passado está sempre presente no Mundo Árabe, mas a região se abre para o novo. Um futuro de bons negócios.

FALANDO SOBRE O FUTURO

Por Alessandra Maria Frisso

Não se pode falar em futuro dos negócios com países árabes se não tivermos um olhar particular sobre quem vai cuidar disso: os jovens. Como visto em diversas partes deste livro – especificamente no Capítulo 1, em que se analisa as pirâmides de idade e gênero das 22 nações do Mundo Árabe –, os jovens são e serão ainda a maioria na região, em percentuais maiores até mesmo do que muitos outros países que atualmente dominam o comércio internacional.

Para se ter ideia, em 2022, um estudo da ASDA'A BCW, o Arab Youth Survey, realizado com 3,4 mil jovens árabes de 18 a 24 anos, divididos proporcionalmente entre homens e mulheres, identificou que a maior parte acredita que a religião é o principal elemento constitutivo de suas identidades, ficando atrás de categorias como nacionalidade e família.

Os dados também apontaram que a população jovem do Levante acredita mais na importância de criar uma sociedade mais globalizada, liberal e tolerante do que preservar a religião e a identidade cultural.

No entanto, de maneira geral, a maioria se preocupa com o desaparecimento da cultura e dos valores tradicionais e prefere preservar a religião e a identidade cultural, sobretudo nos países do GCC[11]. Com exceção da região do Levante, a maior parte acredita que as leis do país devem ser baseadas na Shariah, ou lei islâmica. Nesse sentido, de modo amplo, a juventude do Levante assume uma postura menos tradicional. Contudo, é também aquela que se sente menos ouvida pelos líderes do país e, nesse sentido, pode ter menos poder de transformação nos anos vindouros.

No que diz respeito ao mercado de trabalho, a maior parte dos jovens prefere trabalhar para o governo, mas também há inclinação por negócios próprios ou familiares. Como a percepção de uma sociedade equitativa é predominante entre esses jovens, as mulheres no mercado de trabalho são bem-vistas e bem-vindas em todas as regiões do Mundo Árabe.

Seguindo a tendência global, o uso de meios on-line para compra de produtos aumentou significativamente nos últimos anos. Entre os principais produtos adquiridos pela juventude árabe estão alimentos, roupas e mantimentos.

---

11 Arábia Saudita, Bahrein, Catar, Emirados Árabes Unidos, Kuwait e Omã.

Logística

Logística, como colocado aqui e em outros capítulos deste livro, é um dos gargalos para a melhoria das relações comerciais entre o Brasil e o Mundo Árabe. No texto a seguir, alguns desses pontos são colocados e debatidos. Trata-se dos resultados de um estudo sobre transporte marítimo, realizado por Marcos Valentini, sócio-executivo do Instituto de Logística e Supply Chain (Ilos), para a Câmara de Comércio Árabe-Brasileira.

Esse estudo foi apresentado, em 2005, à Cúpula América do Sul – Países Árabes (Aspa), um mecanismo de cooperação inter-regional e um foro de debate de coordenação política. Seu objetivo é aproximar os líderes das áreas com semelhanças políticas, econômicas e culturais. Participam da cúpula 34 países, a Liga dos Estados Árabes (LEA) e a União das Nações Sul-Americanas (Unasul).

O autor aponta possíveis caminhos e como eles podem ser trabalhados por todos os atores. São ideias que nos parecem possíveis, pois, ao longo deste livro, o ponto comum é que os negócios entre ambos os lados podem e devem ser melhorados. Sim, é possível, como veremos no texto a seguir.

O papel do transporte marítimo no sistema de comércio entre países árabes e sul-americanos

Marcos Valentini

Como contribuição ao Fórum Empresarial que antecedeu a 4ª Aspa, realizada em Riad, na Arábia Saudita, no fim de 2015, a Câmara de Comércio Árabe-Brasileira encomendou um estudo que reunisse subsídios para análise e proposição de ações com o objetivo de, por um lado, reduzir os custos de transporte de mercadorias entre América do Sul e países árabes e, por outro, tornar mais eficiente o sistema atualmente praticado.

Um primeiro estudo foi realizado pela Academia Árabe de Ciências, Tecnologia e Transporte Marítimo, em agosto de 2014. Esse estudo avalia que o potencial de comércio entre as duas regiões não é explorado em sua amplitude e sinaliza as dificuldades de se desenvolver companhias de navegação dedicadas.

Ambas as regiões são fornecedoras estratégicas de *commodities* vitais para o mundo: energia, alimentos, matéria-prima para construção e manufatura. Os números do comércio entre elas se limitam a US$ 34 bilhões e 80 milhões de toneladas.

A América do Sul concentra 85% das exportações em quatro produtos (minério de ferro, milho, açúcar e soja), sendo que o Brasil e a Argentina são responsáveis por 94% das exportações e 90% das importações. Os países árabes exportam petróleo, fertilizantes e gás natural (88% do volume) e têm uma distribuição menos concentrada na participação dos seus países. Arábia Saudita, Argélia, Omã e Egito são alguns dos principais exportadores e importadores.

Esse perfil de comércio acarreta um *status* logístico que pode ser resumido em três classes de operações:

- **Operações de granel sólido**: realizadas para produtos como soja (em grãos ou farelo), minério de ferro, milho, açúcar. Os navios são fretados quando se tem certeza da disponibilidade da carga no terminal portuário. Podem fazer poucas paradas próximas para completar a carga (em geral apenas uma). Quando carregados, seguem direto para o destino final.
- **Operações de granel líquido**: realizadas para produtos como petróleo e derivados ou óleo de soja. Os navios são fretados quando se tem certeza da disponibilidade da carga no terminal portuário. Podem fazer poucas paradas próximas para completar a carga (em geral apenas uma). Quando carregados, seguem direto para o destino final.
- **Operações de contêineres**: realizadas com contêineres padrão de 40 pés e 20 pés, levando uma grande gama de produtos de carga seca ou refrigerada. Os navios que fazem esse transporte têm rotas predeterminadas, com paradas agendadas, independentemente de haver ou não certa quantidade de carga. Os roteiros dos navios de contêineres obedecem à logística de otimização dos recursos na rota e são independentes das prioridades dos embarcadores.

Quando se avaliam os fluxos entre as duas regiões, fica claro que os grandes volumes partem da América do Sul em operações de granel sólido enquanto os volumes que partem dos países árabes são majoritariamente de operações de granel líquido.

Essa configuração, somada ao fato de que há um desequilíbrio na balança entre os volumes de exportação – 60 milhões de toneladas (que partem da América do Sul) contra 20 milhões (dos países árabes) –, torna deficitário o investimento em embarcações dedicadas a essas operações (visão de uma companhia de navegação própria), uma vez que haveria dificuldades em ser remunerado adequadamente. Esse é um dos motivos pelo qual a maioria das companhias de navegação tem estratégias globais, e não regionais.

Por outro lado, as operações com contêineres têm a seu favor serem a parte do comércio com maior valor agregado, em que apenas 6% do volume transportado representam 40% do valor comercializado, e o desequilíbrio de volumes entre os dois fluxos ou conteúdos transportados (quase a totalidade é de exportação da América do Sul para os países árabes) não afeta a viabilidade das operações, que, porém, seguem a lógica do interesse geral das rotas de maneira aparentemente alheia às particularidades dos volumes trocados.

Avaliação de oportunidades

Apesar de a logística global das linhas de navegação, com suas paradas e programações, ser aparentemente indiferente em relação aos pequenos volumes, existe um potencial que pode ser explorado, basta entender a logística dos armadores e tentar usá-la em favor dos embarcadores.

Todos os armadores usam a estratégia de estabelecer rotas em que pequenos navios fazem viagens acumulando carga nos portos mais remotos e chegando a terminais portuários concentradores de carga, onde deixam os contêineres temporariamente para que navios de maior porte carreguem e partam para uma viagem de curso mais longo.

Por causa desse processo, os contêineres de origens distintas, como Paraguai, Argentina e diferentes regiões do Brasil, acabam ficando lado a lado nos terminais portuários concentradores, em Santos ou em Santa Catarina, no Brasil.

Contudo, apenas nos últimos três anos o verdadeiro potencial despontou: novos terminais foram construídos no Brasil justamente nesses polos concentradores, trazendo a competição para níveis não esperados e fazendo com que a receita de operações de transbordo (*transhipment*), antes menosprezada, passasse a ser relevante para esses terminais.

Conclusão

Portanto, a oportunidade está em coordenar entre os importadores do bloco dos países árabes para que eles consolidem e negociem com os terminais desses polos concentradores, buscando redução de custos e prioridades em rotas com menor tempo de navegação (rotas do Mediterrâneo).

Para essa coordenação, tanto para negociar quanto para agendar e acompanhar esses agendamentos e embarques, será necessária a existência de uma empresa de gestão logística (broker ou operador logístico) que possa administrar e que tenha um maior poder de negociação de frete com os armadores, além de fornecer serviços de inteligência de mercado identificando melhores serviços marítimos disponíveis e negociando os melhores *transit times*.

São necessários esforços para superar a diferença nos tipos de cargas exportadas e importadas e assim criar sinergia e otimização do *transit time* através de um *cluster*, de forma a dinamizar e redistribuir as exportações da América do Sul, que, com destaque para a Argentina, representa 90% do total exportado pela América Latina.

Organismos facilitadores

Quando se fala em futuro dos negócios, não se pode pensar em agir sozinho. Claro, há exemplos de sucesso de brasileiros com *cases* de negócios com países árabes e vice-versa. Mas isso não precisa ser assim.

Participar de feiras, ter acesso a possíveis parceiros, entender como fazer negócios com empresários árabes fica mais simples quando se pode contar com uma assessoria e consultoria do que estamos chamando de organismos facilitadores.

No Capítulo 8, seção "B2B", esse assunto é bem abordado, com mais informações agregadas, mas elencamos a seguir alguns caminhos que empresários podem e devem seguir na hora de (pensar em) entrar no Mundo Árabe.

ApexBrasil

A Agência Brasileira de Promoção de Exportações e Investimentos (ApexBrasil) atua para promover produtos e serviços brasileiros no exterior e atrair investimentos estrangeiros para setores estratégicos da economia brasileira.

Para alcançar seus objetivos, a ApexBrasil realiza ações diversificadas de promoção comercial que visam promover as exportações e valorizar os produtos e serviços brasileiros no exterior, como missões prospectivas e comerciais, rodadas de negócios, apoio à participação de empresas brasileiras em grandes feiras internacionais, visitas de compradores estrangeiros e formadores de opinião para conhecer a estrutura produtiva brasileira, entre outras plataformas de negócios que também têm o intuito de fortalecer a marca Brasil.

Tendo como missão "promover as exportações, a internacionalização das empresas brasileiras e os investimentos estrangeiros diretos, em apoio às políticas e estratégias públicas nacionais, a fim de contribuir para o crescimento sustentável da economia brasileira", a ApexBrasil, na prática, trabalha para que o empresário tenha o apoio dela, com soluções adequadas às suas necessidades. Dessa forma, pode, entre outras possibilidades:

- ▶ promover negócios, favorecendo o contato direto com parceiros de negócios internacionais;
- ▶ expandir a operação, fornecendo soluções para a abertura de operações no exterior;
- ▶ atrair investimento direto, por meio de ações focadas em promover e facilitar a atração de investimentos estrangeiros direto;
- ▶ gerar conhecimento, com foco em cursos, consultorias e assessorias para incrementar a competitividade da sua empresa;

▶ descobrir oportunidades, oferecendo dados de mercado e análises que vão ajudar a definir a estratégia.

O empresário pode acessar a ApexBrasil diretamente ou por meio de uma entidade setorial que tenha convênio com a instituição. Saiba mais em:

https://apexbrasil.com.br/br/pt.html/

Fonte: Câmara de Comércio Árabe-Brasileira.

Câmara de Comércio Árabe-Brasileira e Câmaras de Comércio

A Câmara de Comércio Árabe-Brasileira tem como propósito "conectar árabes e brasileiros para promover o desenvolvimento econômico, social e cultural", e seus valores são ética, inovação, liderança, confiança, comprometimento e competência.

Como membro da União das Câmaras Árabes, a Câmara Árabe é reconhecida pela credibilidade e forte atuação como a única representante legítima no Brasil dos interesses comerciais dos países da Liga dos Estados Árabes – instituição congregadora dos 22 países independentes que adotam o árabe como idioma oficial.

Com o objetivo de consolidar e ampliar parcerias, gerar oportunidades e aproximar árabes e brasileiros, a entidade oferece uma série de serviços fundamentais para a realização de negócios, como contatos de empresários, estudos e pesquisas de mercado, participação em feiras, rodadas de negócios, palestras, missões comerciais, consultoria, certificação de documentos, entre outros.

A Câmara de Comércio Árabe-Brasileira participa efetivamente do incremento e aumento da balança comercial entre Brasil e Mundo Árabe, organizando missões empresariais e possibilitando a participação em feiras e eventos de negócios.

Outro ponto importante, mais recente, foi a abertura de escritórios internacionais e da entrada de associados árabes, facilitando os contatos B2B. Além de três escritórios no Brasil (São Paulo, capital; Santa Catarina, Itajaí; e Brasília), a Câmara Árabe-Brasileira tem escritórios nos Emirados Árabes Unidos (Dubai) e no Egito (Cairo).

A Câmara de Comércio Árabe-Brasileira pode facilitar esse acesso e pode ser consultada diretamente.

Da mesma forma que a Câmara de Comércio Árabe-Brasileira, as Câmaras de Comércio dos países árabes podem ser aliadas em serviços de consultoria, para entender os negócios com o Mundo Árabe. Além disso, a União das Câmaras Árabes e as Câmaras Bilaterais congêneres em vários países não árabes podem prestar consultoria a empresários brasileiros que desejem entrar no Mundo Árabe e vice-versa.

Acessando o QR Code abaixo, é possível conhecer um pouco mais sobre os serviços da Câmara de Comércio Árabe-Brasileira:

https://ccab.org.br/a-camara/

SECOMs (seções de promoção comercial)

Os Secoms, departamentos das embaixadas, prestam assistência a empresas que desejam investir ou importar produtos e serviços brasileiros e árabes. Também são responsáveis por reunir e fornecer informações sobre negócios locais e oportunidades de investimento para empresas.

Algumas embaixadas brasileiras têm o adido agrícola, representante do Ministério da Agricultura, Pecuária e Abastecimento (Mapa) com funções semelhantes às dos Secoms para a agroindústria.

Além da Liga dos Estados Árabes, que tem embaixada em Brasília, os países árabes com embaixadas no Brasil e onde o Brasil tem embaixadas são: Arábia Saudita, Argélia, Bahrein, Catar, Egito, Emirados Árabes Unidos, Iraque, Jordânia, Kuwait, Líbano, Líbia, Marrocos, Mauritânia, Omã, Palestina, Síria, Sudão e Tunísia.

Apêndice A

Pontos de vista

Esta seção especial deste livro está dedicada à reprodução total ou parcial das ideias e vivências que nossas entrevistadas e entrevistados nos concederam para a realização desta obra e nos autorizaram a publicá-las. Todos os convidados têm íntima relação com negócios entre o Brasil e o Mundo Árabe, eles próprios, como empresários, ou como representantes de instituições que facilitam esse intercâmbio.

As ideias, os pensamentos e os *cases* apresentados por eles são importantes caminhos na teoria, mas, principalmente na prática. Muitas dessas ideias podem ser ratificadas ao longo deste livro – algumas delas citadas como exemplos.

Os entrevistadores, se não o próprio autor, têm conhecimento do tema e também contribuem com perguntas, comentários e posicionamentos.

Ana Paula Paura

Brasileira, residente e profissional de negócios B2B em Dubai, Emirados Árabes Unidos

ENTREVISTADOR – Você batalhou muito para chegar aonde chegou, para trabalhar nos países árabes. Falamos "países árabes", porque você está especificamente no Golfo, especificamente nos Emirados Árabes, mas não dá para falar "países árabes" porque é muita diferença. Eles são muito diferentes. Afinal, você está em um ambiente muito concorrencial?

ANA – Estamos em países árabes, mas com comportamentos diferentes, inclusive culturais e comerciais.

Primeiro, por que um país árabe a fascinou? O que a motivou a batalhar esse tempo todo na sua vida e a chegar aqui?

Acredito que é algo que me despertou por uma oportunidade que tive, que começou na faculdade. Eu tinha uma questão de ler sobre os países árabes, mas minha referência não eram os Emirados Árabes ou Arábia Saudita, mas Egito e Turquia – que não é um país da Liga Árabe, mas não deixa de não ser um país que traz uma cultura diferenciada. Sempre fui muito atraída por culturas muito exóticas. Quando falo exótica, é desde uma cultura japonesa – essa parte da Ásia sempre me chamou a atenção, mesmo eu tendo vindo de uma família italiana.

Então, desde pequena, tinha atração pela Turquia e pelo Egito. Na universidade, tive a oportunidade de começar a fazer um trabalho sobre os países árabes. Ainda no primeiro mandato do presidente Lula, foi promovida uma feira sobre os países árabes. Foi a primeira oportunidade que o Brasil teve de mostrar seus negócios aos países árabes por meio das empresas, como as exportadoras de carne de frango.

Logo depois desse evento foi assinado o acordo da cúpula dos países da América do Sul.

Depois de dezessete anos atuando com os países árabes e agora nos países árabes, o que você enxerga como dificuldade? Quais foram os desafios para chegar até aqui? Estava mais do lado brasileiro ou do lado árabe?

O que me fez manter essa minha firmeza? Acredito que foi a transculturalidade árabe, do relacionamento com árabe até a finalização dos negócios. Acredito que isso é muito importante, porque a transculturalidade não era só o simples fato de vender, mas tudo o que você precisa saber antes de começar qualquer negociação com o país. Na verdade, não são eles que têm de se adaptar a você. É você que tem de se adaptar a eles. Quando a gente fala "você", não somos só nós, pessoas de comércio exterior ou *traders*, mas as empresas.

Então, o primeiro grande desafio depois de dezessete anos aqui é persistir naquilo que você quer. Na verdade, todas as atividades que eu estava fazendo me direcionavam para esse país ou para a cultura árabe. No meio do caminho também descobri outra atividade dentro do setor de cosméticos, de cremes e perfumes, e xícaras com *layouts* árabes, que me trouxe para cá algumas vezes durante um ano. Da mesma forma que ia a uma 25 de Março ou Brás, esses polos de compra em São Paulo, eu vinha para Dubai. Acredito muito que essa situação foi sendo traçada no meu caminho, no sentido de que eu tinha um sonho, e as oportunidades de trabalho me traziam muito para esse ambiente.

Claro, a gente está falando especificamente dos Emirados Árabes, mas porque esse país, comparado a outros também árabes, dá oportunidade de negócios, trabalho, produto e experiências. Dubai, para mim, é uma plataforma, um *hub* para outros países. Porque, quando a gente fala de Brasil, logisticamente estamos muito distantes. Mas, quando você fala de Dubai, da África ou de um país asiático, essa movimentação logística é muito mais fácil e rápida. E entra também uma questão de custo.

Essa trajetória foi de diversos desafios. Porque uma trajetória de vida é feita muito mais de "não" do que de "sim". Mas é preciso blindar essa situação de "nãos", para realmente pegar as coisas boas. Você se fortalece em cima dessas pequenas coisas. Quanto ao que não for positivo, você tenta entender por que não deu certo.

Mas essa profusão de "não" aconteceu porque você estava lidando com árabe ou não tinha relação? Quer dizer, seria normal em uma trajetória ou é especificamente porque você estava tentando entrar no Mundo Árabe sendo brasileira? Há então um desafio aí de brasileiros?

Acredito que é mais um desafio da própria empresa brasileira também, de não querer enxergar o mercado árabe como uma oportunidade. Então, como um gestor ou um profissional que quer expandir, abrir o mercado, a empresa tem muita dificuldade, porque, muitas vezes, não tem conhecimento. Daí, ela se limita por causa da questão logística, dos idiomas, da adaptação que o produto precisa ter. Então, os nãos também são feitos quando você, como gestor da área de exportação, encontra em sua empresa barreiras que o impedem de ultrapassar e chegar a outras culturas e a outros países, principalmente um país árabe.

Agora, o desafio maior é, sim, ser mulher. Mas acho que hoje em dia a mulher não tem mais esse problema no mercado árabe. Basta conhecer a cultura. É preciso ter muita certeza daquilo que está falando; ter conhecimento sobre quem está conversando, do seu produto, de toda a cadeia que está aqui nos Emirados Árabes ou em qualquer país árabe, como Arábia Saudita, Catar, Omã ou outro que tenha uma movimentação de negócios muito grande. Por quê? Porque pode entrar com um produto que já está aqui, um produto similar, ou de um país africano, indiano ou mesmo árabe que toda a comunidade daqui já consome. Mas, quando vem com um produto brasileiro, sendo brasileira, empresa brasileira, é outra coisa. Realmente é preciso ter esse jogo de cintura. Conhecer o mercado e os produtos. Mesmo sendo um produto diferente. Por exemplo, eu trabalhava com pimenta e, por mais que fosse uma pimenta *gourmet*, estava no mercado de especiarias. O que a minha pimenta poderia ter de diferente em relação a outra?

Então esse é um desafio. Nesse sentido, entra uma questão que eu considero marketing, marketing da marca, marketing do país Brasil. Um marketing que faça as pessoas conhecerem seu produto. Porque pimenta é também um produto indiano, que tem mercado e relevância aqui. Mas existe uma marca, uma questão cultural muito forte, e eles, indianos, sabem do que estão falando. Sabem do produto e dos ingredientes. E há também a questão do preço.

Você também atende árabe?

Atendo.

E qual é essa relação? O que que você diria para as mulheres? Como é essa relação de atender árabes?

Primeiramente, é preciso conhecer a cultura, posicionar-se como uma mulher de negócios, respeitando questões de vestimentas e de proximidade, porque o brasileiro tem muito dessa coisa de estar muito próximo. "Falamos" muito com as mãos. O árabe e os indianos são mais reservados nesse sentido. Esse é um ponto em que precisamos ter muita segurança sobre o que falamos. É preciso, realmente, convencê-los. É mais fácil negociar com árabe do que com indiano, porque o indiano ainda dá preferência a produtos e marcas que vêm do país dele. Isso é muito significativo para eles, por isso fazem marcas próprias no país deles. Aqui há uma cúpula de empresas que, mesmo sendo indianas, são concorrentes entre si. São concorrentes, mas também são da mesma família e acabam ficando muito entre eles. Estão abertos hoje porque essas empresas também trabalham com a reexportação e precisam se reinventar. Mas não são tão abertas quanto poderiam ser. Ainda trazem essa questão da cultura e acabam colocando o produto delas à frente. O árabe não, pois tem familiaridade com o brasileiro, porque todo árabe tem um amigo árabe que mora no Brasil. Ou são libaneses e falam um pouco de português, porque estão aqui, ou a família está. Então, os árabes têm uma história com os brasileiros. Eu não sei se é até uma questão cultural também. Você percebe que eles apreciam, dão mais espaço, querem entender um pouco mais do produto. O indiano que está nos Emirados Árabes é aberto, porém um pouco mais retraído. Ele segura um pouco mais.

Esses árabes que você menciona são daqui?

São árabes, não são emiradenses, mas são árabes de outros países e estão nos países árabes por uma questão mesmo de comércio. Nem todos são emiradenses. Há muitos da Síria, do Egito, do Marrocos e da Arábia Saudita. Um emiradense não negocia diretamente com você, porque não precisa. Ele tem o *business* dele e paga outras pessoas para trabalharem. Ele tem árabes de várias outras nacionalidades, de outros países, bem como indianos. Ele tem uma mescla dos dois, porque o indiano-árabe tem o mesmo objetivo. O objetivo deles é construir, fazer dinheiro com os negócios. Isso é muito intenso dentro deles, pois têm o mesmo objetivo de crescimento, a mesma idealização dos negócios, de pensar grande. É algo muito forte que vejo nos dois. O emiradense não está à frente dos negócios, mas na administração. Não está à frente dos negócios porque o emiradense já vem com uma condição financeira muito boa, então coloca as outras pessoas para trabalhar. E, nesse meio, ele tem árabes e indianos, porque o indiano vai no mesmo foco, na mesma percepção que eles.

Você vende produtos brasileiros aqui e está em uma empresa de brasileiros?

Sim, estou em uma empresa cujo diretor é brasileiro, mas ele já está há muitos anos aqui. É muito mais árabe que brasileiro. Uma empresa de *commodities* e produtos brasileiros.

Sim, mas vende também de outros lugares?

Eu tenho produtos que vêm da Índia, como polpa de fruta e algumas carnes indianas. Não posso ter um portfólio 100% brasileiro. Preciso encontrar, no mercado paralelo também, no mercado local, outras oportunidades. Já trouxe batata frita da Bélgica e da Índia, por exemplo.

Qual é a vantagem quando o produto é brasileiro? Em que ajuda o produto ser brasileiro? Tem algum diferencial?

Depende. Se falarmos de *commodities*, antes tinha, hoje, não, porque *commodity* é preço. O frango da Ucrânia é o mesmo da Turquia, da Arábia Saudita, do Brasil. Ah, mas é porque o produto é frango, e frango é frango em todo lugar. Ovo é *commodity*. Agora, se eu falar para você de um *chicken breast*, por exemplo, ele passa por um processo para tornar-se mais *juice*, a carne mais macia. Você consegue identificar as qualidades de carne. Temos uma "marca Brasil" para *commodities* da carne e do frango. E o que movimenta esse mercado de proteína hoje é o frango. Então, o Brasil é conhecido nesse sentido.

Então esse é um diferencial brasileiro. Se você tiver um frango brasileiro e de outro país, o brasileiro tem preferência?

Não. Porque a maioria dos frangos hoje não é vendida com marca brasileira. Eles compram o frango e fazem o processo que precisa ser feito. Eles podem fazer até a embalagem. Aí compram com preço mais barato e tentam vender como uma marca local. Mas, por ser frango brasileiro, sim, ele passa na frente, tem maior aceitação. Porém, ainda estamos em um processo de readaptação depois de um período de pandemia que deixou sequelas nos negócios. O mercado está segurando uma crise, ainda sente essa questão financeira. Então, por mais que o frango brasileiro ganhe, que as pessoas saibam da qualidade dele, existe a questão de que frango é frango em todo lugar. Por uma questão de rentabilidade e de custo de vida, o mercado de Dubai decaiu bastante também. Dessa forma, as pessoas vão pelo preço.

Existe algum entrave nas *commodities* por ser um produto brasileiro?

Acho que o entrave não é por ser brasileiro, pelo contrário, eles até comprariam mais. O mercado de *commodities* não é a minha maior experiência, mas, trabalhando com isso, que é o carro-chefe da empresa em que estou, e vendo a economia atual de uma maneira geral, o grande entrave para as empresas de *commodities* no Brasil é logística e preço. O que faz o preço aumentar é a questão da logística. Se o Brasil tivesse acordos ou melhores estratégias de logística, seria muito competitivo, inclusive em preço, porque o produto é caracterizado como o melhor mesmo. Só que, quando o preço é avaliado, e por haver uma crise mundial, como eu disse, frango é frango.

Você falou que é visto como o melhor.

Ele é visto como o melhor, sim. Em qualquer lugar que se fale do Brasil, vão dizer "o frango é do Brasil". Eles sabem que o Brasil tem essa relevância.

Mas não chega a ter uma relevância que ultrapasse a diferença de preço?

Não.

E em produtos não *commodities*?

Produto não *commodity* é um diferencial. Mas é preciso ter estrutura física e pessoas que possam abrir esse mercado, porque os países árabes recebem gente do mundo todo. Você tem oportunidade de trazer produtos em que as pessoas têm curiosidade. O mercado de açaí, por exemplo. O estrangeiro da Europa também conhece açaí, então em Dubai ele pode ter. O turista é uma pessoa importante aqui. O que mais tem é turista. Mas é preciso tomar muito cuidado com a velocidade de vendas, o volume desses produtos considerados únicos, exóticos, diferentes muitas vezes não têm uma *shelf life*, a data de validade, suficientemente extensa para termos um prazo adequado de comercialização. Esses produtos precisam de lugares específicos para armazenamento. Seja um armazém refrigerado ou um contêiner de congelados. Isso requer uma estrutura muito grande e pessoal com conhecimento sobre aonde você vai chegar. Tem de ter *networking* em hotéis. Ir até um chef de cozinha, porque é ele quem vai escolher produto e falar para o *chase manager* comprar a mercadoria. Então, é um mercado que está ali.

Dubai é um mercado imerso na cultura árabe, mas há muitas outras culturas. Também entram produtos europeus e asiáticos. Há filipinos, pessoas de Bangladesh e europeus morando aqui, e certo protecionismo em relação aos produtos e às marcas deles.

O Brasil é o maior exportador de proteína *Halal* do mundo. Isso faz alguma diferença? É reconhecido de alguma forma? O fato de ser o maior produtor faz alguma diferença?

Nenhuma! A Ucrânia também manda frango para cá e tem certificação *Halal*. Outro país também tem. Isso não muda nada. Como também não muda ter um produto que, mesmo que não seja de derivação animal, queira colocar o *Halal*. Já conversamos muito sobre dar incentivo para isso, mas, pelo contrário, só vai deixar o produto mais caro.

Porque não se tem esse conceito, não há procura pelo *Halal*. Mas para quem está exportando para a Arábia Saudita ou algum outro país mais fechado, isso faz toda a diferença. Estar em Dubai é como estar em Londres, há várias culturas no mesmo lugar.

Nós falamos do produto. E para o empresário? Ele, de um setor, vendendo produtos de uma empresa, fica sabendo que a empresa é brasileira. Há vantagens e desvantagens no fato de a empresa ser brasileira?

Para o árabe? Depende do que o árabe está procurando.

Não. Estou falando da empresa. Ocorre algum receio do tipo: "Não vou negociar com tal nacionalidade porque ela enrola demais"? Há algum tipo de perseguição ao empresário brasileiro?

Não. Mas, falando das minhas experiências em feira, depende do produto que ele quer, independentemente de cultura, de ser italiano, alemão, ou o que for. Eles veem o Brasil como uma grande oportunidade de produtos e negócios, mas não sentem segurança no brasileiro. Por algum motivo, talvez por causa do que a mídia fala, a política e a questão econômica. As notícias chegam aqui de uma maneira muito diferente.

Eles não ficam só nas manchetes de jornais, leem toda a matéria para criar seu entendimento, para entender o que está acontecendo. As questões políticas chegavam de uma maneira muito errônea. O presidente anterior, em razão da maneira como falava as coisas, colocando que o Brasil passava por uma instabilidade política muito grande, em razão de falcatruas em outro governo, isso não dá segurança para o árabe. Pode ser o que for, pode existir o que for, em qualquer lugar do mundo, a gente sabe que está falando com potências e com empresários que sabem fazer negócios. E se existe alguma coisa, isso não é mostrado.

O presidente anterior viajou para a região.

É até delicado falar sobre isso. Ele veio para cá por obrigação, não porque abriram as portas para ele. E a maneira como o Brasil falou sobre a viagem do presidente foi diferente. Desde que cheguei aqui, escuto que eles só cumpriram protocolos, apenas isso. Tanto, que foi a fase em que o Brasil menos exportou para os países árabes, mesmo sendo o maior país exportador de proteína. Eles conseguiram mandar para a China, para a Ásia, e não conseguiram mandar para cá.

Agora, o novo presidente foi.

Sim, e existe uma questão de diplomacia, pois o presidente Luiz Inácio Lula da Silva fez, em 2009, a primeira visita oficial de um chefe de Estado do Brasil à Arábia Saudita, que é considerada a mãe de todos os países da Liga Árabe. Depois de Dom Pedro II, o ex-presidente Figueiredo[1] veio, mas não em missão empresarial, ele simplesmente passou. Mas, comercialmente, Lula abriu as portas para duas das maiores empresas de *commodities* brasileiras: JBS e BRF. Na época também teve a abertura das empresas de construção civil. Entre 2002 e 2005, a Big Five (o maior e mais influente evento para a indústria da construção do mundo) tinha domínio das empresas brasileiras, até mesmo empresas de mármore e granito. Hoje, essas empresas perderam um pouco o espaço para as empresas asiáticas, principalmente da China.

Fale um pouco dessa recepção ao presidente Lula.

Embora não tenha sido divulgado, soubemos que houve certo cuidado em relação a fazer a exposição dos eventos. O que ouvimos foi que o presidente Luiz Inácio Lula da Silva teve uma primeira missão na China, à qual ele não pôde comparecer, mas a missão e a delegação aconteceram. Na sequência, ele viria para cá, mas, como ficou doente, veio algumas semanas depois. Foi aos Emirados Árabes, porque, lógico, não faria uma viagem Brasil-China direta. Assim, o ponto mesmo de parada foi nos Emirados Árabes. Sem dúvida alguma, já que abriria o mercado da China, também teria de falar com os países árabes. Acredito que, por uma questão política, eles fizeram esse convite. Ele veio na época do Ramadã, e no Ramadã há alguns protocolos de horário de rezas[2]. Esses protocolos foram, entre aspas, quebrados, porque você não faz uma recepção de festa dentro dos moldes que são preparados no período específico do Ramadã. Isso foi o que soubemos, porque a viagem não foi muito explorada ou divulgada por aqui. Foi uma conversa muito particular com pessoas, presidentes, *sheiks*, mas foi algo mais privado, vamos dizer assim. Mas pela comunidade e pelo pessoal que estava em Abu

---

1 João Baptista de Oliveira Figueiredo, presidente do Brasil de 1979 a 1985.
2 Para saber mais sobre o tema, veja o Capítulo 7.

Dhabi, todo mundo notou que foi uma exceção. Agora, essa exceção, não se sabe se foi por interesse econômico, porque sabemos que os países são regidos pela religião. Isso é fato, mesmo quando há uma questão comercial – porque, afinal, o mundo é regido pelos negócios.

Então, são pontos de interrogação, mas pontos interessantes. Agora, como brasileira e profissional, acredito que os protocolos foram quebrados especificamente por causa dele. Existem negócios, mas por causa dele, porque há uma parceria positiva. O presidente Luiz Inácio Lula da Silva fez história nos países árabes. Isso é fato.

Como você enxerga o futuro dessas relações?

Depende 100% do Brasil, porque, se não tiver o Brasil, os países árabes vão dar um jeito e fazer acontecer com outro parceiro comercial. Da mesma forma que a China se reinventou e também faz e vai tentando, aos poucos, se desprender. Mas é fato que os países árabes não produzem qualquer coisa. Podem trazer tecnologia, se desenvolverem lá na frente e começarem a fazer. Por enquanto, o desenvolvimento deles é outro, mas pode ser que futuramente sejam uma China.

Você disse que o desenvolvimento deles é outro. Qual seria?

O desenvolvimento de fazer esse país crescer. No turismo ou como polo de negócios, como *hub*. Ou que uma empresa de outro país tenha um escritório aqui como base, use um posto em Jebel Ali (cidade portuária próxima de Dubai, nos Emirados Árabes) ou em algumas zonas portuárias.

Você disse que só depende do Brasil, assim como a China se reinventou.

A China se reinventou no sentido de fazer tudo.

Então, mas esta é a minha pergunta. Esse "depende do Brasil". Depende do quê, exatamente? O que é preciso fazer?

Acredito que não depende só do empresário brasileiro, porque ele quer fazer acontecer. O povo brasileiro tem ideias. Você depende de uma questão política. Você precisa ter um ministro de Relações Exteriores, mas precisa ter um Ministério de Desenvolvimento Industrial. Acredito que o Brasil deveria ter hoje um ministério totalmente voltado à questão internacional, de negócios internacionais.

Você está falando no geral ou se referindo aos países árabes?

Estou falando no sentido de o Brasil se tornar uma potência para todos e, principalmente, para os países árabes, porque eles buscam parceiros relevantes no mercado, que deem segurança para eles. Se há desestruturação econômica e todos os escândalos possíveis em um país, isso mexe com as percepções. Como falei, os protocolos feitos pelo presidente anterior foram simplesmente para serem cumpridos. Mesmo diante do que aconteceu com o atual presidente, a recepção dele foi extremamente linda. Eu não estava lá, mas pessoas de minha confiança, ligadas ao governo, falaram que foi. Então, é essa segurança. Se o Brasil quer ter relevância internacional, muitas coisas devem ser melhoradas internamente. O Brasil é o maior celeiro do mundo, e tem condições de abastecer o mundo todo, em qualquer situação. Durante a pandemia de covid, o Brasil era o único país que poderia sustentar a si mesmo e o mundo.

A Rússia talvez também tivesse essa condição, mas, com o problema econômico, as guerras e tudo o mais, ela parou. A Índia e a China também pararam, e hoje a Índia cresce absurdamente. Era para o Brasil estar crescendo nesse sentido. E olha que a Índia é um país à parte, com culturas, idiomas, questões religiosas e crenças totalmente diferentes. Um país no qual há preconceitos com o outro, porque o indiano tem preconceito com o próprio indiano. É um país que está crescendo absurdamente, e as pessoas não conseguem perceber. Mas, aqui, nos países árabes, isso é muito nítido. Dá para ver essa grande comercialização.

Então, se o Brasil é forte em *commodities*, deveria ter um departamento ou ministério específico, com várias pessoas para direcionar o país nesse sentido. Para aumentar seu *business*, a marca Brasil. Durante a pandemia, muitas empresas buscaram o Brasil para fazer *private label*. Nesse período, muitas empresas da Europa fecharam, mas o Brasil manteve-se ativo. Até as pequenas e médias empresas continuaram seus negócios. Então, por que as coisas não vão para a frente? Porque não há estrutura, os impostos no Brasil são muito caros, as empresas não estão preparadas para exportar e as indústrias de fora pedem certificações muito caras. Manter um certificado *Halal* é muito caro. Por que vou manter um *Halal* no pão de queijo? Eu já tenho, mas no meu próximo contêiner pode ser que eu não coloque, porque não preciso. Vou baixar o custo e ganhar minha margem.

Quando você fala que não precisa de *Halal*, refere-se a vendas para os Emirados especificamente ou você vende para fora?

Posso vender para qualquer lugar produtos que não tenham procedência animal. Fiz recentemente uma reexportação de pão de queijo para o Iraque, e o produto não precisava necessariamente ser *Halal*. Hoje, meu pão de queijo é *Halal*, mas o meu próximo embarque talvez não seja.

Acredito que o Brasil precisa estar sempre à frente. Você destacou muito essa questão da marca Brasil, mas a marca Brasil não é só para produtos. O Brasil tem qualidade nos produtos porque tem produtos *free from*[3]. Aqui, a gente tem sabor e produtos de qualidade, mesmo comparados aos Estados Unidos ou à Europa. Porque não temos todas as certificações e não se vende para outras empresas de fora. Tenho quatro certificações no meu produto. Nas embalagens, existe uma certificação X, Y, Z. Então, não estou vendendo o produto, estou vendendo o conceito do produto que atende a todas as características.

Essa marca Brasil precisa ser muito bem-feita, bem-construída. Ela já tem isso de maneira positiva, mas não é positiva no sentido de negócios. Ela é positiva no sentido de que o Brasil é um país acolhedor, as pessoas são legais, divertidas, mas é o futebol, o Carnaval, as mulheres etc. Eles começam a falar de coisas que realmente seriam mais importantes, como proteínas, de relevância mesmo. É isso o que percebo. Se a gente juntasse tudo isso, países onde as pessoas têm reciprocidade, porque o brasileiro e o árabe têm muito a ver. Essa coisa do acolhimento, essa questão da diversão. E não falo em diversão no sentido de sair, mas de se darem bem. É algo muito bacana, mas acho que, na questão de negócios, não se sentem seguros. A não ser as empresas que estão aqui, que já têm um nome, como JBS, BRF, Seara, Perdigão e Aurora. Essas estão em outro nível. Agora, sinto que não existe muita confiança, e isso é uma questão cultural também. Tanto o árabe quanto o indiano, e menciono o indiano aqui porque é ele quem domina esse mercado

---

[3] Livre de componentes considerados "proibidos", que causam danos aos cabelos, à saúde e ao meio ambiente.

também. Mas o árabe, como você sabe, primeiro vai cercar, conhecer, para, assim, dar todas as oportunidades possíveis. Ele precisa ter confiança. Senti muito isso no meu trabalho. Hoje, posso dizer que tenho respeito dentro do meu trabalho.

Como você conseguiu isso?

Ouvindo. Você ouve e não retruca. Faz! Vai colocando a paixão de ir atrás, de fazer acontecer. Uma coisa que o árabe faz muito bem. Ele, lá atrás, pegava qualquer coisa e vendia. Ele sempre pôs muito amor naquilo que faz. Acredito que eu venho disso. Venho dessa paixão naquilo que faço aqui. Sou reconhecida pelas pessoas assim: "A Ana vende um produto e está feliz da vida". Vibro porque saiu um produto, porque sei o quanto é difícil. Não estou falando de uma *commodity*, mas de um patê de pimenta biquinho, por exemplo. É um produto com valor agregado.

Acredito que paixão é fundamental. E uma coisa que eu conquisto muito nos meus clientes é a paixão, porque árabes, indianos e outras culturas aqui falam para mim: "Seus olhos brilham quando você fala". Então eu acho que eles têm esse brilho.

Isso os conquista?

O árabe tem orgulho de falar aquele árabe. Tem orgulho da cultura. Como ganhar a todos? Colocando um produto seu que é brasileiro e vai atrelar seu produto com alguma coisa deles; vai trazê-los para dentro. E não simplesmente falar do pão de queijo: "Olha, tem um pão de queijo aqui que é perfeito para você na hora de tomar seu chá". Um indiano não vai tomar café, ele vai tomar o chá com leite. Então, trazer algumas coisas e, principalmente, mostrar para o árabe que está ofertando algo que terá diferencial no portfólio ou no menu dele, que ele vai ganhar dinheiro com aquele produto. Mostrar que ele terá no portfólio um produto que nem todo mundo tem. Você está dando uma coisa para ele. Desculpe ficar falando dos indianos, mas não é possível falar de países árabes se não falar dos indianos também. Você está dando para eles uma coisa que é exclusividade, uma coisa da qual ele gosta. Ele precisa pensar que é único. Por isso a questão cultural é muito importante. Esse é o meu ponto de vista.

Damaris Eugenia Avila da Costa

Presidente do Conselho Brasileiro das Empresas Comerciais Importadoras e Exportadoras (Ceciex)

ENTREVISTADORA – Gostaria que você me contasse a sua história. Como foi essa carreira? Porque você tem uma condição dupla: trabalhou no comércio exterior e é mulher. Como foi trabalhar com os árabes?

DAMARIS – Minha mãe foi enfermeira de um senhor que era imigrante sírio. Um dos netos deste senhor tinha uma empresa de representação atuando em comércio exterior. Ele precisava de uma secretária que falasse inglês e soubesse datilografar. E eu preenchia estes requisitos! Na época, não existia computador. Era na máquina de escrever mesmo. Fui trabalhar na GHF, que foi meu primeiro emprego. Fui secretária nesta empresa por seis anos. Depois, fui convidada para trabalhar em uma empresa libanesa – Nassar J. Nassar, onde trabalhei por dois anos. Um cliente antigo da GHF, uma empresa da Alemanha, associada a uma empresa japonesa, decidiu abrir um escritório no Brasil e me convidou para trabalhar para eles e gerenciar o escritório aqui em São Paulo.

Comecei com árabes, continuei com árabes e, depois, acabei trabalhando com japoneses e alemães. Trabalhei na empresa Nishizawa por cinco anos, mas os japoneses acabaram saindo aqui do Brasil e eu continuei com os alemães, que abriram a empresa Braseco. Minha área sempre foi de desenvolvimento de negócios. Eu comecei como secretária, mas fui me aprimorando em desenvolvimento de negócios. O foco das empresas que eu trabalhei sempre foi África, especialmente África Ocidental. Na Costa Ocidental da África, existem muitos libaneses que, embora nascidos na África, têm passaporte libanês. Todos os bons negócios na África Ocidental são geridos pelos libaneses. Em 2003, eu iniciei meu trabalho com os árabes, no setor de vidro. Porém, em 2005, o governo Lula abriu o mercado brasileiro para o desenvolvimento da construção civil e o meu seguimento foi muito afetado. Com o incentivo dado pelo governo para o crescimento do mercado interno na construção, fiquei sem material para exportação. Então, comecei a procurar.

Tinha de fazer alguma coisa para abrir outros negócios. E comecei me associando à Câmara Árabe. Comecei a ver as missões e todo o trabalho que a Câmara Árabe fazia nos países árabes.

Meu primeiro contato com um país árabe foi com o Egito, em 2003. Eu trabalhava muito forte com vidro e fiquei sabendo que no Egito havia fábricas de espelho, um item que eu exportava bastante para a África. Como não existia disponibilidade no Brasil, comecei a procurar fornecedores externos para atender meus clientes na África. Em 2007, ocorreu a minha primeira experiência com os árabes. Participei de uma missão comercial organizada pela ApexBrasil em parceria com a Câmara Árabe, para o norte da África. Fizemos Marrocos, Tunísia e Egito, pois eu queria ver com o que mais era possível trabalhar além do vidro. O Brasil, na época, tinha somente uma indústria vidreira. Essa indústria, lógico, se voltou para o mercado interno, não tinha interesse em exportar, até porque o mercado interno paga muito melhor do que o externo. Sendo o vidro meu principal negócio, eu não tinha nada para exportar. Quando surgiu essa oportunidade para participar de uma missão comercial ao norte da África, julguei que seria uma oportunidade para ver o que mais eu poderia exportar além de vidro. Foi uma viagem muito boa e proveitosa. Estivemos com Câmaras de Comércio, em Associações Comerciais. Fizemos contato com muitos importadores.

Mas como eu me apresentaria no norte da África, sendo mulher?[4] Como lidaria com eles? Existe certa resistência. E a melhor maneira de fazer isso é respeitando os costumes. Aqui no Brasil, os árabes são completamente diferentes, são como nós. Mas no país deles é outra situação. Passei a investigar o funcionamento das coisas lá. Já tinha estado no Egito, que também é um país muçulmano, mas é de certa forma um pouco mais liberal. Para as mulheres especialmente, há regras bem rígidas no geral.

Antes de ir para o Egito em 2003, participei de vários seminários na Câmara Árabe para conhecer os costumes, assim pude entender a dificuldade de aceitação que uma mulher teria para fazer negócios e como deveria se apresentar para ser aceita, pois as mulheres na região não

---

4 O norte da África é muçulmano.

usam roupa transparente, não usam decote etc. Quando se vai como turista, tudo é permitido, mas ir a trabalho é diferente. Recebi instruções para poder iniciar um trabalho, e entendi, logo na nossa primeira viagem para o norte da África, que havia muitas oportunidades. Tínhamos navios indo direto para lá, muita demanda de produtos produzidos no Brasil e concorrência muito forte da Europa, porque estão muito próximos. Porém, vi muitas oportunidades e, desde então, faço negócios na região. Logo, significa que tive resultado.

Você se veste como a mulher árabe?

Não há essa necessidade no norte da África, nem mesmo em Dubai. Aqui no Brasil, a vestimenta da mulher é muito liberal, mas nos países árabes são mais discretas. Indo a trabalho, para fazer negócios, não vou usar regata, não vou me maquiar exageradamente, não vou usar saia curta, não vou usar transparência. Especificamente na Arábia Saudita devo me vestir muito de acordo com a cultura deles. No entanto, nos outros países, se eu quiser ser aceita como mulher de negócios, é possível vestir-me de acordo com sua própria cultura, desde que respeite os limites impostos pelos costumes locais. Eu fui para fazer negócios, por isso, para ser aceita, tive de me adaptar.

No norte da África você cobriu a cabeça?

Não, não havia essa necessidade. Eu usei roupas normais.

Do Egito para lá já é necessário ter cuidado com isso?

Eu já estive em vários países, como Jordânia e Kuwait. Não há necessidade de cobrir a cabeça, somente na Arábia Saudita. Por exemplo, no Kuwait fomos em outra missão, também com a Câmara Árabe, e eu não estava conseguindo visto. O hotel em que o pessoal ficaria estava acima do meu *budget*, e eu queria ficar em outro, com valor de diária mais acessível. O agente que estava cuidando das passagens me ligou dizendo que não estava conseguindo visto para mim, porque eu estava sozinha. Uma mulher sozinha chegando ao Kuwait para ficar em um hotel não era um cenário propício para conseguir visto. Então, tive de ficar no hotel da delegação por esse motivo, porque eu não conseguiria o visto, mas, por outro lado, não tinha exigência de cobrir a cabeça, em nenhum país, exceto na Arábia Saudita.

E a maneira de se comportar? Tem alguma diferença?

Eu tive uma experiência em uma feira, a Big 5 em Dubai, na qual fomos com a Câmara Árabe e a ApexBrasil. Os árabes não falavam comigo no estande, apenas com meu amigo, que na verdade era meu subordinado. Eu respeitei, porque sabia que eles não gostavam de lidar com mulher. Quando perceberam que a pessoa perguntava tudo para mim, acabaram se dirigindo a mim, mas já tinham me pedido café e água. Eu servi, resignada a agir reservadamente ali, porque sabia que eles não gostavam de tratar com mulher.

Em geral, eles não pegam na mão das mulheres; não olham nos olhos; falam com a mulher com a cabeça baixa. Eu sou muito risonha, e preciso me conter nisso também, não rir tanto, porque, afinal de contas, estou fazendo negócios. Tento passar seriedade para que eles confiem no que estou transmitindo e transmitir confiança no que estou fazendo. Além disso, eu sou casada, sou mãe. Tudo isso interfere também. Afinal, o que leva essa mulher a trabalhar, viajar...? Procurei seguir as regras para conseguir fazer negócios. Entendi isso tudo por meio de leituras. Participei também de vários seminários da Câmara Árabe que me deram muitas informações sobre como atuar.

Quando você faz negócios com árabes e reitera a negociação mais para a frente, há alguma aproximação? Você se torna amiga do árabe ou não?

Sim, tenho muitos amigos árabes. Nas datas comemorativas deles, sempre mando mensagem cumprimentando. Tenho clientes no Egito com os quais muitas vezes nem faço mais negócios, mas continuamos amigos. Eles mandam mensagens para mim no Natal, assim como eu mando mensagens para eles no Ramadã e no Eid. Tenho um cliente muito religioso que atualmente é um grande amigo. Ele liga para mim para perguntar da minha família. Eu não tenho problema algum com isso, tenho muitos amigos nos países árabes. Nesses anos, fiz muitos clientes e amigos.

E dessa forma o tratamento fica mais ameno?

Muito mais. Mas de início é tenso. Normalmente é tenso porque a gente sente, como mulher, certa agressividade. Também aprendi que o árabe é lento para fechar negócio. Então fui percebendo que não era pelo fato de eu ser mulher que ele estava demorando. Até pode ser por isso, mas o ritmo do árabe é, de modo geral, lento. Ele faz muitas perguntas, negocia muito. Nas negociações, sinto que, às vezes, jogam muito para o emocional da mulher. Mas também aprendi que não sou mulher na negociação, e sim uma profissional, e muitos já perceberam isso. Justifico muita coisa, digo por que não posso, mas, se posso, sempre procuro fazer alguma coisa, pois é uma parte emocional do árabe: mostrar boa vontade em fazer o que ele pede. Com frequência, não posso fazer exatamente o que ele pede, mas sempre dou um jeito de satisfazê-los de alguma forma, seja no preço ou na entrega.

Li, não me lembro onde, que não negociar com o árabe é uma ofensa.

Sim, é ofensivo. Com eles é assim. Por isso eu sempre aconselho a não dar seu preço final em um país árabe. Mencione um valor que proporcione margem para negociação, porque, se você não fizer isso, ele não vai comprar. O preço até pode estar bom para ele, mas, se você não mostrar boa vontade ("Ah, então está bem, eu dou uns cinco dólares de desconto para o senhor"), ele não vai comprar. Ele vai se sentir desconsiderado.

Isso serve também para o negociador homem?

Serve também para o homem. É geral. O que eu sinto, sendo mulher em uma negociação, é que eles jogam uma carga emocional em cima. Eles sempre contam uma história triste. A mulher é mais frágil, nesse sentido.

E há diferença entre os países? Você negocia no norte da África, na Arábia Saudita, no Catar. Existe diferença de comportamento ou na maneira de negociar?

Não existem grandes diferenças, mas há detalhes. Por exemplo, os marroquinos são muito agressivos na negociação, dificilmente você consegue mudar o objetivo do marroquino. No Marrocos há muitas mulheres atuantes e fortes negociando. Elas são firmes na negociação, pois sabem o que estão fazendo. Então, a gente também fala de mulher para mulher.

Agora, vou falar do comum, o árabe é emocional, por isso é preciso sempre perguntar: "Está tudo bem?", "Como vai a família?". Quando você vai direto ao assunto, ele volta: "Espero que esteja tudo bem com você e com sua família". Não é indicado ir direto ao assunto em uma negociação com os árabes.

Quanto ao norte da África, o país que eu considero bem diferente é o Egito. É muito fácil negociar lá. A Tunísia tem muita influência da Europa, então é um país no qual, como mulher, não sinto tanta dificuldade. A Argélia aceita bem a mulher. A gente negocia bem, mas eles também têm costumes bem fortes dos árabes muçulmanos do país. No Egito achei bem tranquilo, bem parecido com a Tunísia, não tão desenvolvido, mas parecido. Tem muita mulher atuando, e o egípcio faz muitos negócios com a Ásia, região onde há muitas mulheres atuando. Por isso eles são mais fáceis de lidar. O mais difícil é no Oriente Médio. Pelo fato de eu ser mulher, é difícil fechar negócio na Arábia Saudita, no Kuwait. Em Dubai é muito fácil. Os clientes são muçulmanos religiosos. Eu trabalho muito bem com eles, porque estão mais acostumados a lidar com o mundo todo. No Catar e na Jordânia também há mais flexibilidade. Tem muita mulher de negócios na Jordânia, logo, é fácil negociar com eles. É um país onde me senti muito confortável.

Qual é a maneira mais eficaz [de fazer negócios]? Feira, missão, contato direto?

Eu gosto mais de missão do que de feira. A feira é interessante para expor seu produto e se apresentar. Mas a missão proporciona conversas e contato com o cliente, conhecer um pouco mais e observar o mercado, ter mais oportunidade de sair. A feira é muito volátil. O cliente passa, olha, pergunta, mas é raro sair negócio. Já fiz negócios na Big 5, em Dubai, negócios grandes e muito bons, mas os melhores vieram de missões.

Você trabalha tanto com importação quanto com exportação?

Mais com exportação. Já fiz importação, mas acho que, no Brasil, a importação é um pouco complicada, por isso procuro não fazer. Meu negócio é 99% exportação.

Por causa da legislação brasileira?

Já faz algum tempo que não faço importação, mas havia muita variação cambial. O brasileiro não tem mentalidade de importação. Já melhorou muito, mas, na época, não tinha esse pensamento. Ele sempre prefere comprar no mercado interno e muda de ideia no meio do caminho, por isso acho complicado. O ideal seria importar para eu mesma distribuir. Mas importar para fornecer para alguém complicado, aqui no Brasil é difícil.

Quando vai para lá, em que língua você negocia?

Inglês.

Em francês, não?

Em francês só no Marrocos, na Tunísia e na Argélia. No Oriente Médio, em inglês, totalmente. Todos os países, em inglês.

E todo mundo fala inglês lá?

Todo mundo fala inglês. Tem muito negociante paquistanês. Também muito negociante indiano, principalmente em Dubai. Agora, na Jordânia, o inglês é uma língua quase corrente. Em Dubai também todos falam inglês. No Marrocos, Tunísia e Argélia, eles definitivamente, só se fala francês.

Você faz negócios sozinha ou sempre tem alguém com você?

Faço sozinha, raramente tenho alguém comigo.

Eles, às vezes, estão em duas ou três pessoas. Eles falam árabe entre eles enquanto você está lá?

Sim, falam árabe entre eles.

E você não? Você tem noção, não é?

De alguma coisa dá para ter noção, até pela entonação, pelos gestos. É possível ter uma noção, mas, entre eles, falam em árabe. Até já pensei em aprender árabe, mas é uma língua muito difícil.

Você fala com o consumidor direto?

Não, não falo. Normalmente falo com a pessoa que compra, com a pessoa responsável pelas compras.

Como eles ficam sabendo dos produtos? Como você os apresenta?

Tanto em feira quanto em missão, levo todo o meu portfólio de produtos para apresentar para os clientes. Normalmente, eles chegam como se não estivessem muito interessados. Aí, mexem, fazem umas perguntas meio aleatórias. Quando percebem que você sabe o que está fazendo, entram mais no assunto.

É um pequeno teatro, não é?

É exatamente isso, um pequeno teatro.

Quais produtos você comercializa com mais frequência?

No Oriente Médio, nosso produto de negociação é madeira. Embarco madeira, madeira serrada; madeira de pinus, que vai para a construção; MDF, para a indústria de móveis e também decoração; chapas de fibras, usadas também na indústria moveleira e em parte da construção. Nosso foco é mais para a indústria. Estes são meus produtos principais para aquela região. Para a África, a gente tem alguns produtos adicionais. Já exportei também moda brasileira para os Emirados Árabes.

O que é mais fácil vender, moda brasileira ou madeira?

Madeira é bem mais fácil, porque a moda é muito subjetiva, tem muitos detalhes. O material de construção, desde que a especificação esteja dentro do que o cliente quer, não tem segredo. E o preço, claro.

Qual foi sua negociação mais inusitada, mais estranha ou engraçada?

Nos países árabes, as negociações não são simples, são sempre difíceis. Em uma Big 5, em que eu estava expondo portas e MDF, uma construtora libanesa se aproximou, como quem não quer nada, e fez algumas perguntinhas, e acabou perguntando onde eu estava hospedada. Eu só falei o hotel em que estava, sem dar maiores detalhes. Quando terminava a feira, perguntou quando eu ia embora (normalmente volto para o Brasil assim que termina a feira). Certa noite, esse cliente me ligou dizendo que queria se encontrar comigo para conversar. Achei meio estranho, mas, como era um rapaz bem jovem, pensei que não devia ser nada além de trabalho. Ele veio ao hotel, encontrei-o no *lobby*. Tomamos café, ou chá, nem lembro direito. Ele disse: "Vamos, eu quero conversar separado". Ele tinha trazido um projeto enorme de construção de dois condomínios na Nigéria que a empresa dele estava fazendo. Acho que foi o maior projeto que atendi até hoje. Forneci móveis de cozinha e de quarto, portas, e tudo tinha que combinar. As portas tinham que combinar com os móveis, e isso me deu muito trabalho. Eu nem acreditava no que ele estava me apresentando, mas consegui. Ainda durante o processo, fui a uma feira em Angola, onde conheci a gerente de exportação de uma grande indústria brasileira que me atendeu com uma parte do projeto que eu não estava conseguindo. Quando comentei com ela, ela me pediu que eu lhe mandasse o projeto. Encaminhei e consegui completar todo o projeto. Depois de tudo fechado com os fornecedores, o cliente enviou um engenheiro libanês ao Brasil. Visitamos as fábricas com o projeto. A mencionada feira em Dubai foi em novembro, e só terminamos de embarcar todo o projeto em setembro do ano seguinte. Foi algo bem interessante. Mas temos também muitas dificuldades. Por exemplo, tem clientes na Arábia Saudita que não queriam falar comigo de jeito nenhum. Então, nem chegavam perto, mas o meu produto os interessava na época. Havia um consultor da Apex e também um rapaz que trabalhava na Câmara Árabe. Era uma missão conjunta, e esse rapaz intermediou o negócio, porque o árabe não chegava perto de mim. Mas, fechamos. Também embarquei um volume grande de MDF para a Arábia Saudita.

Você tem algum cliente há muito tempo na sua carteira, até hoje?

Tenho um cliente que está comigo desde 2010. É regular e sempre compra. Ele me liga mesmo que não tenha negócio, só para saber se está tudo bem comigo, com a minha família. Ele é religioso. Muitas vezes, durante nossa conversa, pede licença para rezar. Às vezes, ligo e ele pede licença para rezar, se desculpa por já estar rezando ou que não atendeu porque estava rezando. E, surpreendentemente, a última vez que estive em Dubai, no ano passado, ele me convidou para almoçar, pela primeira vez.

Você atingiu o ápice?

O ápice? Fiquei, sim, surpresa. No ano passado, quando estive em Dubai e ele me convidou para almoçar, eu fiz um "uau" mentalmente. Pensei comigo: entrei para a família. No Egito, eles são muito queridos. Tenho clientes que também são meus fornecedores, que compram vidro de mim e me fornecem também. Muito amigos. Eles vêm para o Brasil e falam: "Não temos negócio, mas quero te encontrar para jantarmos" ou "Vamos tomar um café juntos". Me mandam mensagens sempre. Comecei com o pai, hoje já estou trabalhando com os filhos, atendendo-os com muito carinho. O egípcio é muito carinhoso, é muito parecido com o brasileiro.

Como você abre um negócio? Qual é o jeito? Você tem o seu produto e sabe que ele é bem-vindo em determinado lugar. Como você faz o trâmite?

O início sempre é por meio de feira ou missão, mas também acontece muito por indicação. Outro cliente, que sabe que trabalho com determinado produto, me pede. Mas também há empresas que vi em algum lugar. Nesses casos, introduzo minha empresa dizendo que sou atuante no mercado de comércio exterior há tanto tempo e verifiquei que os produtos com que trabalhamos podem interessar ao negócio dele. Ofereço e, se ele tiver interesse, normalmente volta. Uma coisa que o árabe aprecia é contato, não apenas escrito. Então, muitas vezes mando um e-mail, dou um tempo para ele responder, porque, se não interessar, ele não responde ou, se interessar mais ou menos, ele também não responde. Mas, se sei que ele compra de alguém o produto que eu tenho, então eu ligo. Quando você liga, é outra coisa. O árabe gosta de contato. A internet é maravilhosa, mas o árabe gosta de ouvir a voz, ele quer falar, olhar nos olhos. É o jeito deles. Então, eu ligo muito para os clientes, mesmo na época que não tinha a facilidade que temos hoje – e era caro. Sempre liguei. Tenho um cliente na Jordânia, muito muçulmano. Foi uma dificuldade ter acesso a ele, porque ele era atendido por um homem. Entrei para atendê-lo, foi difícil. Na primeira vez, ele mandou o motorista me buscar no hotel. Esqueci o costume e estendi a mão para o motorista. Disse "bom dia", com a mão estendida, e ele pôs a mão dele para trás. Só então percebi a gafe e me desculpei. Eles não pegam na mão de mulher. Quando cheguei ao escritório, ele me atendeu muito bem, muito sério, mas muito bem. Demorou para ele relaxar. Perguntou da minha família, se eu era casada, quantos filhos tinha. Ele perguntou da minha vida, enfim, tudo. Só depois começou a perguntar do produto. Hoje, é um cliente regular. Já me fez uma proposta de pedido, sempre com preço muito mais baixo daquele que eu estava oferecendo, mas conseguimos fechar o pedido. Fechamos, e ele começou a importar um produto comigo, mas fui ao armazém dele e vi que havia muitos outros produtos com os quais eu também atuava. Comecei a oferecer para ele, mesmo sem ter me pedido, e ele passou a comprar também os produtos que eu estava oferecendo. Praticamente cresci com África e Oriente Médio. Já fiz alguma coisa aqui para a América Central, América do Sul, mas talvez eu tenha me acostumado com a forma de negociar com os árabes. Acho que os árabes, mesmo os africanos, sabem negociar, sabem o que querem. Mesmo com toda a dificuldade, eles demoram, pensam, mas têm foco. Eu gosto disso e já me acostumei. O árabe sabe o que quer, do que precisa. Na negociação, se ele quiser o seu produto, vai negociar, negociar, negociar, mas não de forma oportunista.

E essas mudanças geopolíticas no mundo? Você acha que vão influenciar muito as negociações?

Antes da pandemia, eu acreditava que o mundo estava indo bem. Estou me referindo à negociação geral, exportação, importação, uma troca normal. A pandemia exerceu uma mudança muito grande em todos os países, porque todos sofreram. Não gostaria muito de falar de política, mas acho que os governos, hoje, estão entrando em uma onda protecionista. Tenho sentido um pouco isso, e acho que vamos ter uma forte concorrência. O Brasil vai se firmar. Já estava muito bem. Agora, já estamos tendo alguns problemas na área do agronegócio. Acho que a gente tem uma relação muito boa com os países árabes e espero que nenhum governante estrague essa relação, que sempre foi muito boa. Mas temo que essa parte de globalização, ao que parece, está sofrendo um pequeno retrocesso. Acho que o Brasil deveria lutar mais por acordos comerciais. Temos muitas barreiras comerciais, mas tivemos algumas vitórias, como é o caso do Egito com o Mercosul. Nem com a África do Sul temos acordo comercial. A gente não tem acordo comercial com países africanos, nem, mesmo da África Ocidental. Existem impostos altos no norte da África, que importa da Europa com tarifa zero, enquanto no Brasil a menor tarifa é 10%. Na África do Sul, a menor tarifa é 7%. Hoje, estou negociando com a África do Sul uma madeira que já vendo há muito tempo, só que o imposto de importação do Brasil para a madeira atrapalha o negócio. Então, lógico que eles vão comprar da fábrica local, e não do Brasil, o material que sempre compraram. Acredito que deveríamos batalhar mais para ter acordos bilaterais.

A neutralidade faz ou não diferença na hora da negociação?

Faz, sim. Primeiro porque existe uma proximidade. Não digo cultural, mas há uma empatia. Com os africanos também. Quando você fala que é brasileira, é muito bem recebida. Vou contar uma coisa interessante. Quando fui à Arábia Saudita, embarcando a partir de Dubai, levei um lenço bem grande, porque pensei que, quando chegasse lá, teria de cobrir a cabeça. Eu estava com uma calça, digamos, normal, comprida, e levei esse lenço grande. Quando desci, não tinha o lenço na cabeça, estava no ombro. Um guarda enorme, truculento, veio em minha direção muito bravo, falando comigo em árabe. Respondi em inglês que eu não falava árabe. Ele olhou para mim e perguntou de onde eu estava vindo. "Do Brasil", respondi. Quando falei que vinha do Brasil, ele disse: "BRASIL!". Na hora, mudou a cara. Disse que pensava que eu fosse egípcia. Ele me recomendou cobrir a cabeça por segurança e ir por um determinado lugar, que era onde as mulheres passavam o passaporte. A atitude dele, depois de eu ter dito que era brasileira, mudou completamente. No Egito, eles conhecem os jogadores brasileiros por nome. Eles têm uma paixão maravilhosa pelo Brasil. Na Jordânia também. Há uma empatia do árabe e do africano pelo brasileiro. O africano se identifica muito com o nosso país, e a empatia do árabe facilita o negócio. Há muitos árabes com família aqui, mas acredito que essa empatia tenha a ver também com o nosso jeito de ser, nossa alegria, a forma como os tratamos. Você deve saber que o europeu trata o árabe e o africano como "raças" inferiores, e o brasileiro, não. O brasileiro trata com respeito, de igual para igual. Não é porque o africano é negro que ele é diferente. Ele é tratado como um ser humano, mas o europeu não age dessa forma. Então, o árabe se sente confortável com a gente, é tratado com respeito, de igual para igual. Nós, brasileiros, ainda temos a questão da família. Para eles, árabes, essa parte é muito importante. Também sou avó, tenho dois netos. Então, a gente se empolga. Muitos clientes que já me conhecem há algum tempo sempre perguntam dos meus netinhos. Isso tudo também é algo que cativa. Quando você demonstra essa parte família, é uma forma também de atraí-los, de dar confiança para fazer negócios. Eles sentem confiança em fazer negócio com alguém que tenha uma família estruturada.

Pensando em um futuro, você acha que, em algum momento, a gente deixará de exportar apenas *commodities* e exportará produtos com valor agregado?

Nós já exportamos muito manufaturado. Lógico que existem países, como os da África, que, por uma série de condições, não têm água e eletricidade, têm dificuldade para ter indústrias, e continuam comprando mais *commodities*. Ainda vamos exportar muito manufaturado, mas também acredito que o nosso futuro, no Brasil, está no agronegócio. Ainda vai haver muita gente procurando o país para investir em agronegócio.

O agronegócio inclui a madeira?

Inclui a madeira e os maquinários. O Brasil, se você pensar, é um país que tem tudo: água, terra, sol e um povo trabalhador – muito trabalhador. Não tem guerra. Tem uma língua única no país inteiro. Então, não há conflito. Eu vejo que o foco do mundo será muito na parte de alimentos. Alimentos e a parte de *commodity* mesmo. Os países produzem atualmente muita coisa, produzem máquinas. Países que não tinham indústria estão se industrializando. Mesmo hoje recebo muita oferta de materiais de indústrias da Arábia Saudita e de Dubai. Mas eles são muito carentes quanto a alimentos, e não tem como não ser, porque no deserto dificilmente será possível produzir alimento para toda aquela população.

Seu marido fica aqui quando você viaja?

Sim.

Não há perguntas a respeito? Não há indagações?

Quando fui pela primeira vez ao Egito, há uns vinte anos, entrei em contato com a embaixada do Brasil no país. Lá tinha uma pessoa para dar muitas informações, e a primeira coisa que ele me falou foi que, se eu tivesse alguém (um homem) me acompanhando, faria negócios mais facilmente com algumas empresas. Não fui em missão ou feira, mas com a cara e a coragem, para conhecer o mercado. Então, o primeiro lugar que se deve ir é à embaixada brasileira. No departamento consular, fui muito bem atendida, e essa pessoa me indicou um motorista que me acompanharia. Ele me acompanhou durante muitos anos nas visitas às empresas. Também me orientou sobre como deveria me vestir e sobre o tratamento adequado na hora de fazer negócio. Isso no Egito. Lá, nunca tive qualquer problema. Naquela época, foi complicado na Arábia Saudita, mas, no Kuwait, foi ainda mais. Eu quase não conseguia nem ir porque, como já contei, não ficaria no hotel da delegação, mas tive de ficar por ser mulher. Fechei só um pedido no Kuwait, e não assinava as mensagens para eles não saberem que eu era mulher. Para você entender a dificuldade. Depois estivemos na Jordânia. Lá é supertranquilo, e não tive problema algum. Em Dubai também não tive. Só nessa feira que não falavam comigo. No Catar, também foi supertranquilo, e não tivemos problemas, porque eu estava em missão, e tudo estava muito bem preparado. Na Argélia, ainda que com alguns percalços, foi da mesma forma, mesmo quando fui sozinha. Na primeira vez, fui com a Câmera Árabe em uma missão. Tudo também estava muito bem organizado. Na segunda vez, fui sozinha. O argelino é muito esperto (no mau sentido). Algumas pessoas me sacanearam um pouco na parte do hotel, do táxi, essas coisas, porque eu estava sozinha. Mas, depois, um cliente muito bom que a gente tem lá me orientou sobre como eu deveria fazer. Isso facilitou minha vida. Fui muito bem recebida pelos clientes na Argélia, com muito carinho e atenção. Na Jordânia, excelente.

Você também negocia com o Líbano?

Sim, no Marrocos também. Estivemos lá, mas fomos em missão. Hoje, tenho clientes muito bons por lá. Lido com homens e mulheres. Na mesma empresa tem gerência feminina e masculina. Interessante ver que a gerência feminina é mais dura que a masculina. É mais fácil lidar com os homens do que com as mulheres. Elas são amáveis, mas, ao mesmo tempo, são muito duras quando o assunto é negócio. Os homens são mais maleáveis na negociação e sempre dão uma chance. Uma coisa que não faço, por orientação de cliente, é desistir quando falam "não, não quero hoje". Com frequência, bato à porta deles. Sempre recebo um: "Ah, hoje está caro", mas não desisto. Sabe aquele ditado, "quem não é visto não é lembrado"? Eu o aplico constantemente.

E em relação à troca de presentes? Você leva algum?

Sim. O árabe considera muito o ato de presentear. Sempre ganho presentes dos meus clientes, principalmente roupa. Tenho muitos presentes e sempre levo alguma coisa típica do Brasil. Procuro sempre levar para eles uma coisa bem brasileira, pois eles gostam muito de tudo que se relaciona ao nosso país.

São mais de quarenta anos que você está nessa estrada, não é?

Se contar o tempo que eu comecei, são quarenta e seis.

Você tem perspectivas de parar? Porque estou achando que você se diverte.

Nenhuma, porque eu gosto. Tem muito trabalho, muita dificuldade, mas eu gosto muito do que eu faço. Sinto muito prazer.

A gente percebe isso.

Acho que meu sucesso no ramo de vendas se dá porque ponho o coração no que estou fazendo. Quando apresento um produto para o cliente, faço isso com entusiasmo. Muitas vezes, ele nem me pede. Se tenho uma oferta especial de alguma coisa, mando para ele: "Estou com uma oferta especial aqui, um produto assim, um estoque, está maravilhoso, estoque com preço ótimo". Enquanto Deus me der capacidade, eu continuo, nem que seja para transmitir a outras pessoas minhas experiências, para incentivar ou abrir portas também.

Você falou uma coisa que me suscitou uma pergunta. Você diz: "Se Deus me der chance". A questão religiosa atrapalha nas negociações?

Não atrapalha. Até aqui, nunca atrapalhou, porque sou cristã e tenho clientes nos países árabes que também são, mas a maioria é muçulmana. Então, eu os respeito, e eles a mim.

Ibrahim Alzeben
Embaixador da Palestina e decano dos embaixadores no Brasil

Os árabes e o Brasil

O Brasil é um país excepcionalmente importante para os árabes e vice-versa. Temos uma história e raízes culturais ligadas ao Brasil que se refletem em costumes e comportamentos; raízes presentes na arquitetura e na gastronomia (na cozinha popular, principalmente na região de São Paulo rumo ao Norte e Nordeste); na língua e no vocabulário de origem árabe.

É verdade que a geografia é um obstáculo à cooperação entre as duas regiões: milhares de milhas nos separam, sete mares, como diz a canção folclórica palestina. Mas basta olhar para os detalhes do dia a dia para descobrir que estamos muito mais próximos do que alguns pensam. O árabe não se sente alienado quando vem para as terras brasileiras. Da mesma forma, o brasileiro nos países árabes. Os brasileiros descendentes de árabes no Brasil são mais de 10%. Sua presença está em todas as esferas da vida social, econômica e política brasileira. Isso facilitou a extensão das pontes econômicas e de investimento entre as duas regiões. Longe dos números do intercâmbio comercial, que atingiram patamares satisfatórios e importantes.

Certamente, o que podemos fazer juntos é muito maior do que o que alcançamos para ser o terceiro parceiro econômico. O mundo precisa de alimentos e água, recursos abundantes no Brasil. Esse alimento precisa de matérias-primas, como fertilizantes, e de mercados, que estão disponíveis nos países árabes. Para transportar alimentos, fertilizantes e equipamentos agrícolas, precisamos de energia (petróleo), que é o produto árabe mais importante. Portanto, o Brasil é um parceiro estratégico natural para os 22 países árabes.

As dificuldades impostas pela geografia diminuem quando há vontade política. Graças a Deus, ambas as partes percebem a importância de desenvolver o relacionamento e superar obstáculos com uma clara vontade política. Entre esses obstáculos está a adoção de legislação que facilite o processo de comércio e investimento, especialmente a adoção da Lei de Proteção ao Investimento.

Os recursos financeiros estão disponíveis.

Só precisamos de legislação clara e transparente para proteger o processo comercial e de investimentos. A distância entre a África árabe e a costa do Brasil é a mais próxima. A construção de portos marítimos e aéreos abrirá grandes perspectivas para o desenvolvimento do intercâmbio e desenvolvimento do comércio entre a América do Sul e o mundo antigo: Europa, África e países árabes. A aposta nas relações árabe-brasileiras (de comércio e investimento) é lucrativa e frutífera, e sera benéfica para as duas partes.

Julia de Biase

Empresária e proprietária da Al Ward Shop, São Paulo, Brasil

JULIA – Os árabes são muito ansiosos para entrar no mercado brasileiro, mas nosso mercado é completamente desconhecido para eles, isso em termos de cultura, logística e tudo mais. Exceto as empresas que hoje trabalham com o Brasil importando proteína, o restante é tudo uma grande surpresa. O Brasil ainda é desconhecido e está envolto em alguns "mitos" que precisam ser desfeitos. É muito interessante perceber que, quando eles nos visitam, ficam muito surpresos com todo o potencial que o nosso país tem. Eu me orgulho de ser brasileira e, ainda mais, de ser uma desbravadora, porque comecei no mercado árabe há mais de doze anos, quando só se falava de proteína animal e combustível.

Fui uma das primeiras a falar que traria a cultura de raiz deles para o mercado ocidental, principalmente para a América do Sul. Acredito que esse movimento esteja no início, mas é muito forte e progressivo, e cada vez mais as empresas do outro lado se interessam pelo mercado brasileiro e vice-versa. O Brasil vem paulatinamente desmistificando o Mundo Árabe, conhecendo sua cultura, a qual muitos acreditavam ser fechada e de animosidade. É preciso conhecer um país para entender sua cultura e economia. Muitas vezes, há um pré-julgamento quanto ao mundo árabe, mas o trabalho de tantos, atravessando o oceano daqui para lá e de lá para cá, vai desmistificar a imagem desse povo.

ENTREVISTADORA – Que história é essa de que foi difícil desbravar?

JULIA – Pois é. É uma história bem longa, mas vou resumi-la. Sou arquiteta de formação, sempre trabalhei na área de arquitetura. Em 2009, em minha primeira viagem para o Oriente Médio, a turismo, fiquei literalmente apaixonada pela perfumaria árabe. Fui à Jordânia, à Síria e a Dubai. Nessa oportunidade, vi que em todas as ruas, todos os comércios, todos os lugares por onde eu passava havia *bahur* queimando. O *bahur* é o incenso árabe. Havia perfumarias de raiz com perfumes à base de óleo. Fiquei encantada com toda aquela perfumaria. Quando voltei para o Brasil, senti que não poderia ficar sem esses produtos. Sou uma pessoa guiada por sinais.

Fui na contramão de tudo o que é dito na faculdade, em cursos preparatórios de marketing, de pesquisa. Apesar de também ter estudado marketing na ESPM, sempre fui de captar e tentar identificar os sinais que a vida nos dá diariamente. Nessa época, em 2009, comecei a usar os perfumes, e as pessoas começaram a me parar na rua para perguntar sobre essa perfumaria, os perfumes e aromas que estavam na minha pele. E me questionei se não deveria trazer esses perfumes para a América do Sul e para o Brasil. Pesquisei pessoalmente se isso existia no nosso país ou na sociedade sul-americana, e verifiquei que não. Decidi trazer esses perfumes, porque não poderia ficar sem eles e tinha a certeza de que isso encantaria outras pessoas. Foi assim que comecei minha trajetória. Em 2010, abri minha empresa, uma importadora e exportadora. No mesmo ano, entrei em contato e fiz uma viagem para o sul da Índia, onde há plantações de sândalo. Na volta, passei por Omã e comprei dez perfumes, pelos quais eu tinha me apaixonado. Era uma empresa de outro país, do Bahrein. Entrei em contato com eles, para tentar fazer minha primeira importação.

Foi muito engraçado. Esses árabes me questionaram, claro, se eu já trabalhava com perfumaria. Não queriam saber se eu tinha ou não empresa, só perguntavam quem eu era. Falei que era arquiteta e que tinha ficado apaixonada pelo perfume. Eles disseram que gostariam que eu fosse a Dubai para falar pessoalmente com eles. Era 2010. Fui falar com o gerente comercial da área. Eu disse que tinha voltado da Índia havia menos de um mês. Assim mesmo, peguei dinheiro emprestado e fui a Dubai conversar com essa pessoa.

Tinha feito uma pesquisa pontual sobre mercado de luxo no Brasil, o número de descendentes árabes no Brasil e de muçulmanos. O mercado árabe é diferente de qualquer outro. É preciso olhar nos olhos. Essa pessoa deve ter realmente ido com a minha cara ou se convencido de minha recém-despertada paixão por perfumes, pois começou a escrever um contrato, à mão, em folha de papel sulfite. Quando retornei, mostrei o documento para um amigo advogado. Ele disse que era um contrato comercial e perguntou se eu tinha assinado. Eu ainda não tinha assinado, e ele ficou de verificar. Mas eu já tinha certeza de que haveria continuidade, independentemente de eu ter assinado ou não o contrato, porque eram termos comerciais sobre como se daria a negociação com eles e como eles entrariam no mercado brasileiro. De 2010 a 2011, tentei regularizar minha empresa. No mercado brasileiro, havia uma burocracia muito grande para obter documentação. Para tentar convencê-los de que eu não estava jogando palavras fora, mostrava todos as dificuldades que eu estava tendo para obter os documentos aqui.

Em 2011, recebi um comunicado da Agência Nacional de Vigilância Sanitária (Anvisa) de que precisava ter todas as fórmulas dos perfumes registradas no país de origem, que seria Bahrein, na embaixada do Brasil. Liguei para o fornecedor informando que precisava dessas fórmulas, senão não conseguiria a licença da Anvisa. Eles, claro, se recusaram a fornecer, já que eu não havia comprado ainda produto algum. Disseram que só poderiam fornecer o básico. Perguntei o que seria necessário para convencê-los a me fornecer esse documento, e eles foram diretos: "Comprar o perfume". Fiquei em um impasse: como conseguiria comprar se não tinha a documentação legal brasileira? Foi então que, na primavera árabe, em 2011, resolvi ir sozinha para lá, decidida a convencê-los a me ceder essa documentação. Bahrein, na época, não tinha embaixada e era jurisdição do Kuwait. O Kuwait não tinha visto de turismo, e eu precisava de um *sponsor*[5] para poder entrar lá.

Essa é uma grande complicação?

Sim. Eu não tinha *sponsor*, então resolvi ligar para a embaixada do Brasil no Kuwait e solicitar que eles emitissem esse documento. O cônsul da época, que tinha 28 anos, muito "gente boa", me disse que forneceria o visto e o documento de que eu precisava. Mas, além da documentação, era necessário também uma carta-convite. Ao consegui-la, em dez dias consegui o visto pela embaixada do Kuwait em Brasília. Viajei ao Kuwait sozinha. Quando cheguei, entrei em contato com a empresa, informando que estava no país atrás da documentação. Eles ficaram muito surpresos e disseram que mandariam, desde que eu passasse em Bahrein. Fiquei sete dias no Kuwait, e eles me mandaram a documentação no sexto dia. No sétimo, fui ao Bahrein sozinha e fiquei um dia lá, para conhecer a empresa.

Fui conduzida a uma sala em que estavam cinco homens, e eu ali sozinha. O dono da empresa chegou depois. Era uma empresa com mais de cinco mil funcionários – eu não sabia disso –, uma superpotência lá no Oriente Médio. O dono chegou e foi logo perguntando o que eu tinha ido fazer ali, no Bahrein, vindo de tão longe, do Brasil. Eu disse

---

5 Pessoa ou grupo de pessoas que fornece recursos ou suporte/apoio para um projeto.

que tinha ido buscar a permissão para poder comercializar os perfumes no Brasil. Acredito que ele não esperava essa resposta, pois ficou muito surpreso. Ele disse que gostou de mim, e eu respondi que também tinha gostado dele. Era 2011, uma época ainda muito fechada para relações comerciais. Conquistei-o realmente pela minha espontaneidade. Por causa da minha paixão pela perfumaria.

Nesse dia, ele conversou um pouco mais comigo e perguntou sobre o mercado brasileiro. Quando ele saiu da sala, entrou em seguida uma pessoa trazendo um contrato de quinze anos assinado pelo dono da empresa. Assinei também o contrato, mesmo antes de comprar a mercadoria, como representante exclusiva deles no Brasil. Só fui conseguir comprar em 2012, quando saiu toda a documentação, e comecei então minha trajetória de venda de perfumes. Esse foi o início de um trabalho realmente de raiz em relação ao produto.

Muitas portas começaram a se abrir para outros tipos de produtos dentro do mercado árabe porque comecei a vender literalmente de porta em porta, em reuniões com amigos e outras pessoas. Pouco antes de 2014, quando abri minha loja, voltei ao Bahrein para convidá-los a investirem no Brasil. Eu tinha um estoque muito alto de perfumes, tinha trazido mais de treze mil frascos de uma perfumaria completamente desconhecida no Brasil. Cheguei falando que a minha perfumaria e meus perfumes saíram em todas as revistas brasileiras de renome naquela época e tentei mostrar isso para eles. Mesmo assim, ficaram muito em dúvida quanto a investir no Brasil, por não conhecer nosso mercado nem nossa história. Essa foi uma dificuldade muito grande que tive em relação a eles. Mas foi interessante, pois essa mesma pessoa que tinha me recebido chegou a oferecer a recompra de todo o estoque dos meus perfumes (nunca contei isso para alguém, em entrevista nenhuma). Ele me ofereceu o cargo de diretora da marca na América Latina. Era época do fim do Ramadã, e a festa do Eidi se aproximava. Perguntei se poderia responder depois. Ele aceitou. Não achei que era uma proposta suficiente para mim. Voltei para o Brasil. 2014 estava sendo uma época de grande crise no Brasil, mas consegui um empréstimo e abri minha loja. A resposta que eu dei para ele foi o convite para conhecer a loja. Ele se surpreendeu por eu ter aberto uma loja sozinha, pois eu queria que fosse feito um investimento por parte deles. Mas depois entendi que o Brasil era ainda uma incógnita dentro desse mundo árabe. Se é até hoje, imagine em 2014!

Dessa forma, comecei a desenvolver meu trabalho com a perfumaria. Dentro da loja, comecei a oferecer tâmaras para receber meus clientes, porque no mundo árabe existe a cultura de oferecer tâmara em qualquer estabelecimento, hotel ou loja, pois é o fruto mais doce que existe e símbolo de prosperidade e fertilidade. Oferecer tâmaras para um cliente é sinal de que você quer que a vida dele se torne doce a partir do momento que as receba. Existe uma simbologia muito forte em relação a isso.

Outro sinal importante foi o pedido de minhas clientes para que, quando eu fosse aos Emirados, trouxesse determinada marca de tâmara e colocasse na minha loja. Comecei a pensar sobre as razões de nunca alguém ter trazido essa marca de tâmaras para o Brasil. Em uma das minhas viagens para lá, fui pesquisar sobre a empresa. Visitei a fazenda produtora e conversei com o gerente, solicitando uma oportunidade de trazer a marca para o Brasil. Foi muito engraçado, pois ele também perguntou, nesse caso, se eu trabalhava com alimentação. Com a minha negativa, ele questionou como eu levaria um contêiner de tâmaras, já que não trabalhava com supermercados, empórios ou estabelecimentos do gênero. Expliquei que era apaixonada pelas tâmaras e tinha certeza de que daria certo. Mas foi um desafio trazer esse contêiner. Foi na época em que os Emirados não tinham relacionamento de contrato de livre-comércio com alimentação. O contêiner chegou ao Brasil, e eu tive todas as dificuldades imagináveis para liberá-lo.

Comecei esse trabalho em 2017, batendo de loja em loja para apresentar o produto ao mercado brasileiro, pois, por aqui, ninguém conhecia essa tâmara. Conheciam-se, sim, dois tipos bem diferenciados, com os quais o consumidor estava mais acostumado: uma espécie grande, vendida no Mercado Central de São Paulo, e a tunisiana. Comecei a trazer uma tâmara do tipo seca, que não precisa de refrigeração e é completamente diferente das demais. Só que as pessoas não conheciam porque ela era muito pequena, muito doce, e seca. Então, tive de vencer mais uma barreira de comércio para poder explicar esse novo produto dentro do mercado brasileiro.

Levei mais de um ano para conseguir vender esse primeiro contêiner, mas não desisti. Comecei a trazer anualmente um contêiner, até que percebi que precisava tornar as tâmaras um produto conhecido no mercado brasileiro. Dessa forma, descobri uma associação que seria ideal para atingir as pessoas do mercado nacional. O que fiz com esse produto, foi, digamos, um chute. No lugar de acertar o gol aqui, fui fazer o gol lá do outro lado. Na época, fui convidada pela Câmara Árabe para apresentar o produto no mercado do Golfo, e foi um grande sucesso. Cheguei a exportar mais de três contêineres para o Golfo. Exportávamos açaí. Açaí adoçado só com tâmaras, uma grande inovação no mercado desse produto. Mas tivemos um problema com a empresa que fabricava o produto para nós e precisamos interromper a comercialização, mesmo sendo uma mercadoria maravilhosa dentro do mercado árabe e com toda a possibilidade de expansão para o mundo inteiro. Dessa forma, priorizamos as tâmaras. Aí veio a pandemia, e as únicas coisas que se mantiveram em rotatividade no Brasil e no mundo eram justamente produtos alimentícios.

As tâmaras continuaram sendo vendidas dentro do mercado brasileiro, até que consegui colocá-las em grandes redes de supermercados. Primeiramente no Carrefour, em 2022; depois, no Sam's Club; e então em redes menores, mas de importância qualitativa, como Mambo e St. Marche, e em alguns outros empórios. Esse trabalho com grandes redes começou chamou a atenção "do outro lado", fazendo-os perceber que o Brasil representava uma grande oportunidade de trabalho, mercado e novas experiências. Dessa forma seria possível sair do protótipo de mercado local para determinados produtos árabes e começar a haver investimentos, a partir de 2022, na Naturaltech – a maior feira de produtos naturais de toda a América Latina. Em 2023, percebe-se uma nova onda. Com o suporte deles, está sendo possível alcançar mais facilmente um maior número de consumidores, por meio de degustações. Esse momento foi muito importante.

Em 2023, eles mostraram interesse em trabalharmos quase com exclusividade para eles. Não tem como ser exclusiva, porque, atualmente, tenho uma loja, trabalho com perfumaria também, entre outras coisas. A grande solução foi me contratarem como representante na América Latina. A partir de fevereiro do mesmo ano, estive na Gulfood e abri minha empresa em Dubai. Hoje, tenho uma *trade*, que começou muito pequena, mas foi um grande passo, porque estou começando a fazer trabalho reverso. Primeiro, trazendo todos os produtos deles para cá, e, agora, como grande oportunidade (quem sabe para o futuro), levando produtos brasileiros para o mercado do Golfo.

Ou seja: vem tâmara e vai açaí?

Exatamente! Isso até o fim de 2020. Paramos de exportar açaí, como mencionei, em razão de um conflito com a empresa que fabricava o produto para nós, mas as oportunidades para ele são enormes. O Brasil tem potencial e um rico volume de produtos para serem oferecidos. O mundo árabe não conhece todos os produtos brasileiros e suas possibilidades. Na realidade, conhece muito pouco do Brasil. Meu conselho é que as pessoas acreditem naquilo que querem expandir, fazer, e tenham coragem para isso. O mundo árabe é um mercado ainda a ser muito explorado. Não é somente uma palavra, mas ele precisa ser redescoberto, porque já foi descoberto há milênios. Mas pode ser reformulado porque existem produtos maravilhosos que podemos trazer para cá. Assim como existem produtos que eles produzem há séculos. Temos para oferecer, além dos limites de proteínas animais, combustível e soja. Temos uma riqueza enorme que podemos oferecer para o Mundo Árabe.

Você acredita que o Brasil tem mais oportunidades com *commodities* ou com produtos de valor agregado?

Commodities, como o próprio nome diz, são iguais no planeta inteiro. Você coloca isso dentro da Europa, assim como na América, no Mundo Árabe. A briga é por centavos. Se o Brasil tem um produto de *commodities*, tem condições de brigar no mercado. Lógico que temos condições de levar esses produtos, não só para lá, mas para o mundo inteiro. Mas, claro, também temos uma chance enorme com produtos diferenciados.

Tanto na área alimentar quanto em outra área?

Na área alimentar, na área têxtil, de sapatos etc. O mercado de lá está se descobrindo ainda. Estão descobrindo o mundo agora, porque sempre foram um mercado muito fechado, muito limitado. O envolvimento com aquele mercado é amplo. Quando digo mercado árabe, devemos ter em conta que o norte da África ainda está em contato com a Europa, mas o Golfo, que é mais fechado, tem contato com países como Índia, Paquistão, Bangladesh, Irã e alguns outros da Ásia. Era um mercado muito voltado para esses países, mas que começa a se abrir. Eles também estão redescobrindo o Ocidente. Por que não o nosso Brasil, que tem tantos produtos maravilhosos? A receptividade é uma coisa muito grande. Hoje, falar em Brasil dentro do Golfo é um elogio muito grande, porque eles ficam encantados com a qualidade do nosso café, da nossa carne e do nosso frango. Mas ainda sabem muito pouco sobre o que podemos oferecer. Então, é um desafio constante mostrar o que temos de bom.

Em que língua você faz essa negociação?

Em inglês. Até conheço algumas palavras em árabe, poucas, como cumprimentos e agradecimento.

Brinco, às vezes, quando eles falam alguma coisa, e eu respondo "chué, chué", que quer dizer: "Devagar, por favor!". Eles perguntam se eu falo árabe, e digo que não, apenas algumas palavras. Isso torna o diálogo muito mais ameno. Então, é muito legal quando eles veem que a gente sabe alguma coisa deles, seja de conversação ou mesmo da parte cultural. Sou muito ligada à poesia e à literatura árabe. Assim, quando falo de algo, de algum escritor, eles se admiram com esse conhecimento. Conheço e sou apaixonada pelo (Khalil) Gibran[6]. Isso encanta! É a mesma coisa, lógico, quando vamos negociar com alguém que conhece um pouco do Brasil, além do Carnaval e do samba. É muito gratificante para eles, assim como para nós. Eles são um povo muito alegre, comunicativo e social. Para ter um relacionamento comercial com um árabe,

---

6 Gibran Khalil Gibran (1883-1931), também conhecido como Khalil Gibran, foi um ensaísta, prosador, poeta, conferencista e pintor de origem libanesa.

é preciso primeiro fazer o social. Ele vai convidar você para um jantar, almoço ou café. E somente depois fazer o negócio.

Quais são os cuidados no contato social? Porque você está fazendo comércio exterior, e você é mulher.

É postura! Exatamente porque o árabe é galanteador. Então, a primeira coisa é ter postura como empresária. Isso começa desde se apresentar a essas pessoas. Não dá para fazer uma negociação, nem lá nem aqui, de minissaia! Para trabalhar com esse mundo, é preciso saber o mínimo que seja da cultura deles, mesmo que haja cristãos e judeus, e não sejam de maioria muçulmana. Não se pode chegar a um país árabe e pedir uma feijoada. Da mesma forma, se eles vierem aqui, não podemos levá-los a uma churrascaria, pedir uma bisteca, pois eles não comem carne de porco. Tem que ter um mínimo de noção e de conhecimento cultural e religioso.

Como você aprendeu?

Foi natural. Literalmente, observando a sociedade e a cultura. Sempre fui de ler e pesquisar muito. Sempre tive muita curiosidade. A primeira vez que viajei para lá, já tive curiosidade, o porquê disso, o porquê daquilo. Por que as pessoas andam cobertas ou descobertas? Por que não comem determinados alimentos? Já questionava antes mesmo de estar em uma negociação.

Você se cobre quando vai para lá?

Não. Eu me visto adequadamente, mas não cubro a cabeça. Lógico, se eu for visitar uma mesquita, uso a *abaya*, o véu, como um sinal de respeito, mas nunca precisei cobrir os cabelos.

Você teve alguma dificuldade no trato social alguma vez? Estendeu a mão e não era para estender ou algo assim?

No começo, encontrei dificuldades, porque, entre homem e mulher, nós brasileiros temos o hábito de pegar, abraçar, dizer "oi, tudo bem?", dar beijinho no rosto etc. Mas houve uma situação em que fui estender a mão para um grupo de homens, e todos eles deram risada, mas foi, assim, muito tranquilo. Mas isso é um caso isolado, pois nunca cheguei a querer pegar, encostar, beijar. Não faço isso nem no comércio interno, no Brasil. Quando vou a alguma reunião, cumprimento apenas com "bom dia", "boa tarde", um aceno de mão. Houve apenas uma ocasião, durante todos esses anos, na feira Gulfood, antes da pandemia. Fui conversar com o diretor de uma empresa de temperos, se não me engano. Eu conversava com ele, ele respondia à outra pessoa que estava comigo, que era um homem. Aquilo me incomodou demais. Todas as vezes que eu falava, ele não olhava para mim, e respondia para o outro, que repassava para mim. Como esse executivo falava inglês, entendeu muito bem meu questionamento, mas ainda assim respondia para o outro em árabe, que me falava em inglês. Ele entendia tudo, tanto, que no meio da conversa parei e perguntei a razão de ele não responder diretamente para mim. Aquilo foi um baque para ele. Eu falei: "Não estamos aqui fazendo algo errado. Estamos fazendo comércio. Se o senhor não quiser responder para mim, vou me levantar agora e ir embora". Acho que aquilo foi tão forte, que ele pediu desculpas e disse que, para ele, era melhor responder em árabe, pois era mais fácil a comunicação dele. Mas eu não levaria o desaforo para casa. Tive de falar, porque estávamos em uma feira, negociando. Por que ele não responderia?

Você já teve alguma dificuldade na oferta de produtos por ser mulher?
Não, mas notei que o pensamento era "vamos deixar ela levar e ver se vai se dar bem". Tanto, que o gerente da empresa que eu represento virou um grande amigo meu. Ele ainda está nessa empresa, e brincamos com essa situação. Na ocasião da visita à fazenda, quando ele me perguntou se eu trabalhava com comida e eu disse que não, eu tinha certeza de que ele não acreditava em mim, apesar de ter permitido que eu trouxesse um contêiner. Posteriormente, ele me disse que acreditava que me veria apenas naquele dia. E hoje eu digo: "Você não contava com a minha astúcia".

É assim toda vez que vou para lá. Acabo visitando a fazenda e tudo mais. Isso mudou completamente o relacionamento com eles. Sinto o grande respeito que eles têm por mim, por tudo que fiz sozinha. Além de ser mulher, não tive um parceiro me dando apoio aqui quando ia para lá. Digo, um parceiro no sentido de *partner*, como um sócio ou sócia. Então, para mim, isso é ainda mais importante. Uma mulher mostrando tantas possibilidades que podemos executar e realizar. Isso há treze anos, quando tudo era muito fechado no mundo árabe. Realmente, uma mulher, dona de casa, não no sentido de só fazer serviços de casa, mas de cuidar da casa.

Eles têm um cuidado muito grande com a mulher. A esposa tem o melhor possível dentro de casa, ela é realmente uma rainha. Então, é muito interessante ouvir mulheres dizendo que eles "nos subjugam". Eu falo que somos subjugadas porque temos de cuidar da casa e da família e ainda trabalhar para poder sobreviver. Lá, elas são princesas! Exceto, é lógico, alguns países, sobre os quais não vamos entrar no mérito. Muitos povos são muito pobres, mas também existe pobreza no nosso país. Se a gente for para o sertão nordestino, por exemplo, vamos encontrar muita mulher subjugada, trabalhando dia e noite.

Sim, sem dúvida.

Então, isso tudo é muito relativo. Insisto que temos de conhecer 100% a cultura na qual iremos desenvolver um relacionamento comercial.

Imagino que exista diferença entre os países: uns mais abertos, outros mais fechados, do ponto de vista social mesmo. Existe?

Existe uma diferença não só do ponto de vista social, mas também do comercial. Existem países com os quais é possível ter um relacionamento melhor, como já falei. No norte da África, são países árabes (Tunísia, Marrocos e Argélia), mas muito próximos à Europa, continente pelo qual foram conquistados. Apesar de toda a cultura ser árabe, eles têm uma noção e um relacionamento com o mundo ocidental. Agora, em países que estão se abrindo de quinze anos para cá, a diferença é muito grande, porque são muito novos nesse tipo de relacionamento com o mundo ocidental europeu e o nosso mundo aqui. Não dá para ir e negociar de qualquer forma, negociar sem entender a cultura deles. Não podemos colocar árabe como todos iguais. É preciso conhecer um pouco da história do Líbano, da Tunísia, do Marrocos, dos Emirados, da Arábia Saudita, do Kuwait, do Bahrein, enfim, de todos. Saber onde pretende negociar. É a mesma coisa que falar que brasileiro é igual argentino, igual chileno, igual peruano.

Mas as pessoas acham que árabe é tudo igual. A religião importa muito na hora da negociação? Importa para eles a pessoa ser católica ou cristã?

Não. O que importa é a gente saber respeitá-los, independentemente de religião, respeitar como ser humano e como cultura. Saber como se portar naquela sociedade em que está inserido. Por exemplo, fiz negócio com o Marrocos e trouxe uma decoração de lá. Há três religiões lá: muçulmana, judaica e cristã. Mas, além de serem dessas religiões, eles são árabes. Assim como nos outros países, é preciso saber um pouco da história do Marrocos antes de ir fazer negócio com eles. Simples assim.

É mais fácil aproximar-se por meio de uma feira ou de uma missão? O que você diria sobre começar para quem quer fazer negócio?

Como falei, fui na contramão de tudo o que as pessoas podem imaginar. Não fui a uma feira para iniciar um negócio.

Foi na cara e na coragem?

Exatamente. Por aquilo que eu acreditava, me apaixonei e fui atrás. Então, não fui a uma feira, a um congresso, nada disso. Mas hoje há possibilidade de envolvimento por meio de feiras, eventos, viagens corporativas patrocinadas por agências de comércio. Isso é muito bom e facilita. A feira proporciona conhecer não apenas o mundo árabe, mas o mundo oriental inteiro, porque estará presente ali. Feiras em vários países, como Índia, Paquistão, Irã e Malásia. Mas, volto a dizer, antes de iniciar uma aventura ou uma negociação, mesmo em uma feira ou congresso, é essencial saber um pouco daquilo que está procurando e qual é o público que pretende atingir do outro lado, em termos culturais, religiosos e sociais.

E o que o comerciante brasileiro não pode fazer?

Perder a confiança da pessoa do outro lado. Isso é assim em qualquer lugar do mundo, mas lá, se você "pisar na bola", é uma vez só. Não dá para voltar atrás. Porque, na realidade, eles conhecem você pelo que você é, pela sua base, por aquilo que você traz de bagagem. Foi assim pelo menos com todos os que comercializei até hoje. Eles são muito desconfiados, muito. Mais do que qualquer outra pessoa. Mas, a partir do momento que eles confiam, fazem de olhos fechados. É muito interessante. Não precisa de contrato, papel assinado, porque a palavra ainda é muito importante. A partir do momento que você perde, quebra a sua palavra, acabou tudo.

Vou dar um exemplo muito básico. Estou para trazer uma nova empresa de cosméticos para o Brasil. Estou fazendo o registro dos produtos aqui. É uma empresa da Jordânia, e foi muito interessante porque, antes de eu começar a trazer os produtos, eles me convidaram para visitá-los. Conheci a empresa, a casa do dono da empresa. Então, é muito estranho o dono convidar para ir jantar na casa dele. Ele quer, na verdade, ver nos seus olhos quem é a pessoa com quem ele vai negociar. Isso aconteceu na Jordânia, mas já tinha acontecido com uma empresa do Bahrein. A pessoa me disse que, antes de qualquer coisa, de ele mandar documentos, fórmulas, eu teria de ir lá. Fui convidada para almoçar com eles, ele me mostrou todas as lojas. Na época, me apresentou a família, pois a família é muito importante para eles. É assim, muito diferente, porque você não vê isso no comércio. Quem for comercializar com um americano ou europeu, não vai ser convidado para ir à casa dele. Até pode, mas só se vocês se tornarem muito amigos. Mas apresentar a família e jantar antes de iniciar qualquer comércio? Normalmente, a pessoa cria um laço comercial para depois criar um laço afetivo. Lá é o contrário, primeiro é o laço afetivo, depois o comercial.

E quando eles vêm para cá, você os leva à sua casa também?

As empresas com as quais trabalho começaram a vir somente agora. Se houver a possibilidade de eles conhecerem a minha família, será muito bacana. Porque essas pessoas que vêm na Naturaltech já são conhecidos, amigos meus. Então não tem por que não os convidar para jantar na minha casa, se houver tempo para isso.

A gente ouve muito, até ultimamente, a história dos presentes como algo positivo. Os árabes presenteiam você? Como é?

Isso é verdade. Eles amam presentear. Fui ao Bahrein e voltei com cestas de perfumes, bombons e flores. Fui à Jordânia e recebi vários presentes, como caixas de doces e tâmaras. Eles gostam. É como se fosse mais que uma gentileza eles presentearem a pessoa com quem estão negociando, convivendo ou criando um laço de amizade. Isso é normal.

É quase um protocolo?

Na realidade, é realmente um protocolo. Mas não uma obrigação, e sim um carinho. Eu até estranharia se fosse fazer comércio com alguém e não ganhasse alguma coisa, não pagassem o almoço, não dessem doces. A gente fica até sem graça com tanta "paparicação", mas é o costume deles mesmo.

Você leva presentes também?

Levo. Hoje, toda vez que viajo. Quando fui ao Bahrein pela segunda vez, levei presentes para a família inteira. Eu sabia quem eram todos os membros da família, filhos, netos etc. Levei presentes para todos. Nas últimas vezes que fui aos Emirados, quando visitei o gerente com quem tenho maior relacionamento, levei presentes para a família dele, para a esposa. Isso cria um elo. Não que vá tornar melhor ou pior a negociação, não é isso, apenas mostrar que me preocupei com eles, assim como eles se preocupam comigo. Isso ajuda a fortalecer o relacionamento pessoal, e não o comercial.

E que tipo de presentes, se me permite essa indiscrição, você leva?

Como trabalho com perfumes, levo os perfumes do Brasil, de marcas brasileiras. Considero o trabalho da Natura, por exemplo, maravilhoso. Uso como consumidora e levo. Às vezes, alguns lenços bordados por bordadeiras daqui, artesanato – algum trabalho desenvolvido pelos nossos estados nordestinos. Também levo comida. Muitas vezes eles me pedem paçoquinha, que eles não conhecem (risos). Aquele doce Nhá Benta, que não tem lá e eles gostam. Levo para a esposa e os filhos, pois eles gostam. Então, são mais mimos, e não presentes de valores altos, caros, são presentes com valor especial, no sentido de relacionamento mesmo, de afeto. É um valor afetivo que se constrói.

É uma questão simbólica mesmo?

Exatamente. Tento sempre levar o que é típico daqui e que não será encontrado lá, porque lá tem de tudo, coisas do mundo inteiro. Você encontra nesses países qualquer objeto do mundo inteiro. Países que adoraria conhecer.

A Cúpula América do Sul – Países Árabes (Aspa) pretende fazer uma reunião dos países. Não tenho muita informação, mas seriam países árabes e da América do Sul. Pode falar um pouquinho disso? É um projeto, uma ideia?

Eu nunca participei. Parece ser um projeto, e acho maravilhoso, porque vai concretizar aquilo que falei, que Brasil e América do Sul são as bolas da vez. O Brasil, como país, é o primeiro em que eles pretendem entrar. Já a América, para eles, seria um redescobrimento, no sentido do que eles poderiam levar daqui para lá. Acredito que esse relacionamento entre América do Sul e países árabes será muito mais fácil do que o relacionamento entre nós e a Europa ou com a Ásia, porque os árabes têm, em sua cultura de raiz, várias coisas muito parecidas com a dos brasileiros. Eles são muito receptivos, adoram conversar, adoram grupos, adoram comer (e bem). Tudo gira em torno de uma mesa servida com comida, assim como para nós, brasileiros. Onde a gente se reúne na casa dos nossos pais, dos nossos avós? Na cozinha! Então, são muitos pontos positivos que podem trazer inúmeras possibilidades para esse evento se tornar um marco por muitos anos, além de concretizar, cada vez mais, a possibilidade de comércio entre várias nações da América do Sul e dos países árabes.

Tem algo que queira falar e de que não tratamos aqui?

Você perguntou tudo em relação a comércio, relacionamento de amizade, tratativas, posturas, horário. Eles não são pontuais. Nisso, são muito parecidos conosco, não têm aquela pontualidade inglesa. Eles gostam muito de conversar, de se relacionar, de se reunir em torno de uma mesa. O árabe valoriza a família. A gente tem de saber entender não só a cultura, mas a religião, porque, se for negociar com países em que a religião é base fundamental para a sociedade deles, o modo de vida deles, tem de entender isso. Já vi mulheres, não apenas brasileiras, mas também europeias, trabalhando em feiras com vestidos curtos ou decotados. Eles não chegam nem perto. Não é preconceito, eles apenas não veem aquilo com naturalidade. Eles não se sentem bem de negociar onde existe uma exposição de corpo. Não é caretice, simplesmente não conseguem ficar olhando e ao mesmo tempo negociando. É uma questão de respeito à cultura deles.

Postura é muito importante. A confiança vem com o tempo, com atitudes. Porque falar é uma coisa, mas agir é outra. Então, falar e ter poucas atitudes não vai levar a nada. É uma questão de atitude, postura e respeito. Eles param para rezar, e você tem que ter o respeito e a sensibilidade de entender que, no meio de uma reunião, precisa dar licença para a pessoa sair. Você tem de entender onde está inserido e compreender tudo isso, senão não consegue dar continuidade à parceria. Eles têm um tempo diferente do nosso. Isso acontece também aqui no Brasil. É preciso entender os costumes de alguns locais onde se está negociando. Vamos dar um exemplo: Salvador, na Bahia. Para eles, é normal ter um ritmo diferente dos paulistanos. Eles acordam, fazem exercício na orla marítima, vão trabalhar, param para almoçar, retornam ao trabalho, encerram as atividades e vão para a praia. Mas não é porque "trabalham menos" que devem ser desvalorizados, na realidade eles possuem qualidade de vida, e nós devemos estar aprendendo sempre. Este é o ritmo da região. Uma localidade com mar, céu, orla maravilhosos, se as pessoas não parassem não seria natural, pois o próprio clima e a temperatura fazem com que seja assim. Da mesma forma, a gente tem de entender que os árabes em países muçulmanos têm o horário deles de trabalhar, de ficar com a família e de orar. O tempo deles é diferente. Então, às vezes, você até pode pensar que precisa de algo para o dia seguinte, mas esse "dia seguinte" deles é daqui a duas semanas. Quem não se adaptar a isso não conseguirá trabalhar com eles. É outra realidade.

No começo foi difícil, porque era tudo muito lento, uma coisa que poderia ser resolvida em dez dias demorava três meses. Muitas vezes pensei: "Ai, meu Deus, por que é assim?".

É um tempo necessário para as coisas serem concretizadas e digeridas. É necessário todo aquele tempo de atendimento. E isso é assim em todos os países árabes, do norte da África, do Golfo. O tempo deles é outro. É outro relógio. É muito importante ressaltar isso, porque temos um tempo muito acelerado. Temos essa herança dos europeus, tudo é "para ontem". Lá não é assim, porque eles entendem que cada dia é um dia para ser vivido. Parar e resolver foi um dos pontos mais difíceis para mim, porque sou extremamente agitada, ligada no 220V, mas precisei desenvolver a virtude da paciência. Quando estou me preparando para ir, ligo, cobro, faço uma lista de vinte itens, mas apenas um é atendido; dois, no máximo. Então, já sei que, de vinte itens, conseguirei apenas dois.

Às vezes, eu falo: "Mas você não me atendeu nisso, você não me mandou", e eles respondem: "Julia, calma, vamos mandar. Um dia de cada vez". Tenho de ter calma, pois é o ritmo deles, mas até hoje sofro bastante com isso, por causa da minha ansiedade. Mas isso é uma dica muito boa para qualquer um que queira trabalhar com o Mundo Árabe, visto que eles têm um ritmo completamente diferente do nosso. Mas não é por não darem importância.

Mais humano e menos capitalista desenfreado?

Apesar de todos amarem dinheiro. Mas é outro ritmo de vida.

E as mulheres? Tem mulher trabalhando nas empresas a que você vai, negociam com você?

Bastante. As mulheres tomaram outro posicionamento no mercado de trabalho. Isso já tem uns dez anos. Essa nova geração já faz faculdade, estudou fora, na Inglaterra ou nos Estados Unidos. A maior parte delas está trabalhando fora. Termina a faculdade e vai trabalhar fora. São secretárias, gerentes, trabalham em bancos, em grandes empresas, estão presentes em todos os lugares. Cada vez mais as mulheres árabes, mesmo sendo mães, estão trabalhando fora. Às vezes, o horário é um pouco diferenciado, talvez um pouco menor. Dependendo de onde elas estejam trabalhando, se é uma empresa do governo, é um pouco menos; se é uma empresa privada, a jornada de trabalho é igual para todo mundo. Mas é lógico que elas, comparando com os homens, ainda representam de 10% a 15% do total de trabalhadores, mas esse número vem crescendo dia a dia, ano a ano. Cada vez mais, elas galgam um degrau. Elas estão procurando empregos, principalmente essa geração que tem por volta de 20 a 30 anos, no máximo. As mais velhas eu não vejo.

As mulheres chegam a cargos de chefia na direção da empresa?

Nessa empresa de tâmaras com a qual trabalho, tem uma gerente de Marketing e outra responsável pelo setor de comércio. Não vi nenhuma na direção, mas muitas no gerenciamento. Na empresa jordaniana, a presidente da empresa é mulher, e a vice-presidente também. Achei isso o máximo, porque é conectada ao mundo ocidental. Ela assumiu o cargo de presidência da empresa e está tocando superbem. Os subordinados são homens.

É interessante...

Muito. Por isso eu digo que, para ir para lá, a pessoa precisa entender a cultura. Muitos acham que as mulheres são submissas. É um grande erro.

Quando você estabelece uma relação de proximidade, o negócio fica mais fácil?

100%. A proximidade e afetividade, no sentido de conhecer melhor a pessoa com quem se está fazendo o negócio, são os termos de base daquela empresa. E isso torna tudo muito mais fácil. Existem vários exemplos de negócios que aconteceram na época em que eu importava alguns produtos dos Emirados. Era para trazer uma linha de desodorantes, mas acabou não dando certo, por causa da complexidade de trazer esse produto para o Brasil. Por ser uma carga perigosa, a burocracia brasileira exige muitos documentos para o registro, então acabei desistindo, mas o dono da empresa era muito legal. Eu ia ao escritório, e, quando chegava a hora da oração eles paravam, punham todos os tapetinhos e rezavam. Depois da oração, tinha o chá, que era servido na sala de chá, depois era servido *shawarma* (tradicional lanche originário do Oriente Médio), só assim se discutia o negócio. Muitas vezes, ele me convidava para ir à casa dele jantar com a esposa e o filho e, assim, viramos grandes amigos.

Até hoje, mesmo não tendo concretizado a compra dos produtos, ele me manda mensagem no Ramadã, Natal, Eid, Páscoa, perguntando como está a minha família, a minha mãe. É muito legal isso. Tenho uma abertura muito grande, mas é muito estranho, é como se eu tivesse um pé no Brasil e outro no Oriente, e não tenho origem árabe, é bom ressaltar isso. Minha mãe é brasileira e meu pai era italiano, e todos os meus ancestrais eram europeus, brasileiros e nordestinos. Não tenho nada de árabe, e até brinco que eles vêm falar em árabe comigo porque me acham parecida com árabe.

Falo que sou árabe de alma, porque me identifico imensamente com esse mundo e tenho muito amor e respeito pela cultura deles, pela história desse povo, uma das mais ricas e antigas de toda a nossa sociedade. Tudo começou no mundo oriental. Tudo começou no Antigo Egito. Vieram os fenícios, nabateus e tudo mais. Acho que esse respeito, que é tão natural, veio de dentro para fora e, acredito, isso facilitou o comércio que faço com esse mundo. Apesar de todas as dificuldades que eu tive lá, talvez as tivesse também no mercado brasileiro, porque muitas dificuldades que eu tenho aqui não são compreensíveis para eles, por falta de conhecimento. Por isso os convidei para virem à Naturaltech. Na próxima, vêm o presidente da empresa e o diretor comercial, todos árabes. Eu disse que eles precisavam vir para conhecer o mercado brasileiro de tâmaras, saber como o brasileiro age em relação ao produto deles e conhecerem um pouco da nossa cultura, porque assim entenderiam o que fiz até hoje com o produto deles aqui dentro. Eu abri uma Transamazônica e agora preciso de um trator para manter a estrada perfeita.

O governo Luís Inácio Lula da Silva é respeitado?

Em termos de política, não tive muito contato com departamentos ou empresários envolvidos no âmbito governamental. Por exemplo, não tive contato com uma empresa que importa um grande volume de frango do Brasil. Não tive contato com outra que importa gás ou qualquer outro produto nosso. Soja, café ou outros produtos de *commodities*.

Mas pelo que sei da visita dele (Lula) aos Emirados, por tudo o que ele definiu com o presidente dos Emirados Árabes, o *sheik* Mohammed bin Zayed Al Nahyan, como decretos, contratos, acredito que tenha essa respeitabilidade, não só em relação ao Lula, mas ao Brasil como um todo. O Brasil é cada vez mais a bola da vez, mesmo com todas as dificuldades que temos, todos os problemas. As taxas, os impostos, a burocracia de registro de produtos.

Eles não entendem, por exemplo, que pagamos 100% de nacionalização de um produto; de outro, 40%; de outro, 30%. Além disso, existe o ICMS, PIS, Cofins e IPI. Eles falam "como assim?". Eu explico que não adianta entender, porque não dá para explicar certos detalhes para eles. Para nós já é difícil, imagine para eles. Então, apesar dessa complexidade em relação à burocracia, taxas de impostos, registros e tudo mais, o Brasil é muito importante. Há empresas de cosméticos dos Emirados tentando entrar no mercado brasileiro, e não conseguem por causa da taxação, que é muito alta para produtos importados de cosméticos, entre 20% e 40%. Eles estão quase todos no Paraguai e acham um absurdo não conseguirem colocar os produtos deles aqui no Brasil, um país do tamanho que é, porque eles têm a mentalidade de vender o produto pelo mesmo preço que vendem para a Europa, o Canadá e os Estados Unidos. Eles querem vender para o Brasil, só que, se venderem pelo mesmo preço que vendem para outros países, os produtos deles se tornam inviáveis aqui no país, e eles não conseguem entender isso. Então, para eles é uma barreira comercial muito grande, ainda temos muitos problemas comerciais em relação a isso. Por causa de impostos e distância, mandar um produto de lá para cá leva, no mínimo, 45 dias no mar. Isso significa um tempo muito grande, e requer uma *shelf life* muito avançada para poder ser comercializado. Isso é um grande problema, porque eles têm muitos produtos maravilhosos, mas com prazo de validade muito curto. Trazer isso via aérea se torna muito caro, dispendioso, por causa dos impostos que incidem sobre o produto. Quando chega aqui, torna-se inviável.

Esse é um grande entrave entre nós brasileiros e eles, porque, primeiro, eles não entendem, segundo, porque existe a distância, por fim porque existe o certificado *Ash of life*. Outra coisa é fazer esse produto chegar em boas condições para ser consumido dentro do mercado, com preço acessível. Isso é realmente um grande desafio, porque eles pensam: "Meu produto custa US$ 1. É US$ 1 na Europa, nos Estados Unidos, no Canadá, na Ásia. No Brasil, não é mais US$ 1, são US$ 3". Por causa das taxas e da distância do transporte.

Isso se torna um entrave no comércio de lá para cá. Daqui para lá, não, porque, apesar da distância e tudo, o Brasil está recebendo em dólar. Só que o Brasil deixa de exportar. Por exemplo, somos grandes produtores de vários tipos de frutas que não existem nesses países, e eles importam da Índia e da Austrália, porque têm mais facilidade em razão do tempo de navegação. Se for daqui, até chegar lá a fruta já estragou. Então a opção é por via aérea. Só que transporte aéreo se torna muito caro.

Faltam acordos comerciais entre os dois países?

Falta muito. É uma coisa que eu gostaria muito que existisse, pois a ausência disso impossibilita que muita coisa boa seja trazida de lá para cá, coisas principalmente ligadas à alimentação, produtos com vida útil até grande, mas, por causa de impostos, se torna inviável. Você não consegue colocar para concorrer um azeite de primeira qualidade do Líbano, da Síria e da Grécia, e um de Portugal ou Espanha. Enquanto o azeite português está sendo vendido a R$ 30 ou R$ 27 o litro no supermercado, o azeite sírio, libanês ou palestino vai custar R$ 60. Eles são os melhores do mundo. Uma qualidade enorme. Até encontra, mas de qualidade inferior, pois vêm via Paraguai. Eu adoraria trazer várias coisas maravilhosas que há por lá, mas o preço tem de cair muito para ser possível competir com o mercado interno.

Michel Alaby

Consultor de Comércio Exterior e ex-secretário-geral da Câmara de Comércio Árabe-Brasileira

ENTREVISTADORA – Como era o cenário do comércio com os países árabes quando o senhor assumiu a Câmara de Comércio Árabe-Brasileira?

MICHEL – Quando entramos, em 1984, o movimento com países árabes era mínimo. Quer dizer, você poderia considerar alguma coisa entre US$ 2,5 milhões e US$ 3 milhões na época. E durante todo esse tempo que estive lá promovemos uma série de ações; promoção comercial; missões comerciais; participação em feiras; o próprio projeto Apex. Tivemos vários projetos aprovados. E aí chegamos a uma exportação de mais ou menos US$ 17 ou 18 bilhões no último ano.

O senhor só não foi para a África Meridional?

É, eu só não fui para Djibuti, Somália, Eritreia. Os outros países do Levante, o Golfo Arábico, África do Norte. Enfim, em todos esses aí nós estivemos.

E qual era a sua atuação nesses países? O que o senhor ia fazer lá?

Na realidade, fazia contato. A princípio, com as câmaras de comércio. Eu me reunia com empresários, importadores, oferecia os serviços da Câmara de Comércio Árabe-Brasileira, apresentava o Brasil como oportunidade, principalmente na área de segurança alimentar. Enfim, eram contatos de dois, três dias; às vezes, uma semana, justamente para conversar sobre oportunidades de exportação do Brasil, em especial na área de alimentos e também de manufaturados.

Qual é o forte do Brasil nesses países?

Na realidade, 70% do que exportamos para eles hoje em dia são de produtos *commodities*. Por exemplo: açúcar, minério de ferro, soja, milho, carne de boi, carne de frango. Trinta por cento são de produtos variados, como máquinas, equipamentos, principalmente máquinas agrícolas. Então há uma concentração muito forte nesses produtos ditos *commodities*. De lá para cá, a Câmara tem aumentado sua presença. Abriu escritórios em Dubai, Egito, está em vias de abrir na Arábia Saudita. Como pode ver, a presença da Câmara é muito grande. E também do lado contrário, nós, como Câmara, promovemos exportações de produtos árabes para o Brasil, como azeite de oliva, azeitonas, cereja, uva e laranja. As tâmaras também são famosas. Enfim, promovemos esse trabalho. É evidente que o forte dessa presença brasileira é incrementar as exportações.

Nessa troca, nós exportamos mais do que importamos?

Temos superávit com esses países, apesar de importarmos petróleo, produtos para fabricação de fertilizantes e gás. Quer dizer, nosso superávit sempre é maior. Ultimamente tem diminuído, em função do aumento do preço do petróleo, mas considere nosso superávit comercial em torno de US$ 3 bilhões.

Se avaliarmos a época quando o senhor começou a trabalhar e agora, os mercados estão muito diferentes, os árabes estão mais abertos, os brasileiros estão mais presentes? Como o senhor interpreta desde o começo até agora?

É, na verdade, no começo era difícil, porque é um mercado longe, difícil de ser conquistado, cuja cultura é diferenciada do modo ocidental. E hoje há um entendimento maior do que seja esse mercado, mas ele é muito mais conhecido do ponto de vista de alimentos brasileiros. Quer dizer, hoje já há uma presença constante, e o *trademark* do Brasil é mais conhecido. Mas não é tão simples quanto a gente pensa, porque ele é diferenciado do mundo ocidental. Porque privilegiam muito o relacionamento de amizade, de cooperação e de parceria constante, e não simplesmente de mercados ou de relacionamentos.

Hoje há um entendimento maior. Sabemos que, no caso de alimentos, principalmente carne de boi e de frango e outros produtos, como os médicos, por exemplo, há um processo chamado *Halal*, no qual o Brasil é o primeiro do mundo. Angariamos esse processo e hoje somos conhecidos internacionalmente dentro desse processo. O mercado *Halal* atinge US$ 4 trilhões no mundo, e a nossa participação ainda não é tão significativa em países como África do Sul e China. Só na China, há 50 milhões de mulçumanos. São os uigures. Na Europa, há um crescimento surpreendente de consumidores não muçulmanos que também exigem esse procedimento *Halal*. Outros produtos que têm mostrado crescimento, podendo ser vantajosos para os empresários brasileiros, são os orgânicos. Eles preservam a natureza e fazem bem à saúde humana. Por isso têm se privilegiado produtos orgânicos; frutas, principalmente.

Isso aí, eu estou tomando uns países árabes como quase uma coisa só, mas há diferença entre eles. Há especificidade de lugares, não?

Sem dúvida.

Principalmente no trato?

Na realidade, o trato é meio similar, porque a cultura é a mesma. O que os diferencia é o poderio econômico. Por exemplo, os países do Golfo têm renda *per capita* bem elevada, enquanto no Levante e na África do Norte é menos elevada. Em termos de exportação, os produtos de melhor qualidade vão para os países do Golfo. Já os países da África e do Levante consomem produtos de menor qualidade. Vamos usar o exemplo do café, do qual o Brasil é grande exportador. O café de menor qualidade vai para esses países do Levante e da África do Norte, e os de melhor qualidade, como o Arábica e o Santos, vão para países do Golfo Árabe. Agora, deve-se ressaltar que o Irã não é um país árabe, apesar de ser muçulmano. Então, por isso eu falo Golfo Arábico, apesar de o país estar nessa região. No Irã, eles dizem Golfo Pérsico. Já os árabes chamam de Golfo Arábico. Assim como a Turquia, apesar de estar no Oriente Médio, também não é um país árabe. Ainda assim, é também um mercado bastante consumidor de produtos brasileiros.

Quando o senhor fala, "é um país árabe, ou não é", quer dizer: ser árabe e ser muçulmano não é a mesma coisa?

Não!

Ser árabe é ter as origens das antigas tribos árabes, é isso?

Na realidade, ser árabe é ser originário dos países árabes. Por exemplo, o meu caso e o do Rubens, nossos pais eram cristãos que vieram fugindo do domínio turco-otomano. Escolheram o Brasil. Ultimamente, o que tem acontecido é que muitos muçulmanos, em função de fugir da guerra ou desses países, principalmente Síria, Líbano, Palestina, Iraque, que estão sofrendo do ponto de vista econômico, têm se refugiado no Brasil, estão solicitando visto aqui, normalmente porque têm parentes ou pelo fato de os brasileiros acolherem muito bem os árabes.

Para o senhor, qual a parte mais difícil da transação econômica? Posso pensar em logística, mas não consigo ir além.

Na realidade, a parte mais difícil é a questão da logística, porque um navio demora de trinta a quarenta e cinco dias para chegar e normalmente há um transbordo. Além disso, o próprio idioma dificulta, porque nem todos falam árabe aqui no Brasil. Pelo contrário, muitos nem falam inglês ou francês.

Além disso, o brasileiro tem muita peculiaridade, em função de não ter paciência nesse relacionamento e querer fazer negócio imediatamente. Com os árabes, a confiança é tudo no relacionamento. Primeiro vem a amizade, depois da amizade vêm os negócios. Além disso, o árabe tem um poder de barganha muito grande. E isso dificulta as operações, pois o brasileiro quer vender a qualquer preço e com os árabes não é assim. Eles privilegiam esse poder de barganha que está no sangue e, muitas vezes, o brasileiro não entende.

Acredito que isso é um dado cultural importante. Uma vez eu li que a ausência da barganha é quase um desrespeito.

Quando eu ia comprar coisas no mercado árabe, o vendedor começava pedindo um preço X, a gente oferecia "X menos dez". Ele conversava e pedia "X menos cinco". Depois de uma hora e meia de negociação, tomando café, conversando, chegava-se a "X menos oito". Essa é realmente uma característica tradicional deles.

É um jogo de confiança. O senhor acha que, nesse mercado, hoje em dia, as mulheres têm chances iguais às dos homens?

Em muitos desses países, as mulheres são ministras, têm posição de destaque no cenário nacional e internacional. Talvez um ou outro país ainda mantenha certa tradição. Mas acredito que isso está mudando consideravelmente, em função da modernidade pela qual esses países vêm passando.

As mulheres brasileiras indo para lá fazer negócios é um avanço. A mulher de lá vem ao Brasil com o mesmo objetivo?

Vem! Em uma feira que tivemos aqui, da Associação Paulista de Supermercados (Apas), vieram muitas mulheres representando empresas. Elas são bem aceitas, não têm problemas, mesmo as que vêm de uma região tradicional nos países árabes. Aqui, não há problema, ninguém "acha ruim" que elas usem ou não seus trajes tradicionais, por exemplo.

Como o senhor analisa o futuro, a partir de agora? Acredita que o Brasil crescerá no sentido das negociações? Como o senhor vê a imagem do Brasil lá?

Na realidade, o Brasil tem uma boa imagem. Aquelas empresas tradicionalmente exportadoras, com negócios e investimentos, elevam o nome do

Brasil a um patamar de boa performance. Não vejo problema algum de os negócios de comércio e de investimentos que levam o nome do Brasil aumentarem nos próximos anos. Em primeiro lugar, eles têm necessidade de segurança e de saúde alimentar, e o Brasil é um tradicional fornecedor de produtos e serviços nessas áreas. Além disso, eles têm analisado investimentos no Brasil na área de infraestrutura. Tem grupo dos Emirados com grande interesse na Ferrogrão[7], que vai de Mato Grosso até o norte do Brasil. Essa ferrovia pode significar uma redução de custos entre 30% e 40% do transporte de soja, milho e minérios. Como vê, não há problema nesse sentido com relação à imagem do Brasil.

Estamos no começo de um novo governo[8]. Sem fazer qualquer avaliação, é bastante diferente do governo anterior. Isso interfere na negociação?

Não, porque o próprio presidente atual já o foi por duas vezes. Nesses primeiros mandatos, ele promoveu, primeiramente no Brasil, a Cúpula América do Sul – Países Árabes, e a Câmara de Comércio participou ativamente. Aliás, a Câmara de Comércio Árabe-Brasileira participou de todas. Desde a primeira cúpula, o comércio do Brasil com os países árabes aumentou muito. Então, vejo que o futuro não se prevê, ele se cria, e estamos tentando criá-lo.

Esses acordos comerciais são fundamentais para as trocas comerciais e existem acordos em curso. É difícil montar um acordo de comércio? Pode falar da sua experiência nesse sentido?

Na realidade, no caso do Mercosul, que envolve Brasil, Argentina, Uruguai e Paraguai, temos dificuldades de fechar acordos em função do grau de industrialização desses países. Quer dizer, não temos política macroeconômica, e isso sempre se torna um pouco mais difícil. Nos países árabes, temos um acordo já firmado em execução com o Egito e que está funcionando muito bem. É um acordo de livre-comércio que reduz tarifas de importação para produtos do Mercosul no Egito e para produtos do Egito no Mercosul. Esse é um acordo.

---

7 Projeto de uma ferrovia longitudinal brasileira que formará o corredor ferroviário de exportação do Brasil pela Bacia Amazônica.
8 Entrevista concedida em 2023.

Ainda estamos em negociações não concluídas com Tunísia e Líbano. Com o Conselho de Cooperação do Golfo, formado por países membros do Golfo, iniciamos um processo há pelo menos dez anos. Em função da alta competitividade dos produtos petroquímicos dos países do Golfo, não chegamos a um acordo, pois há monopólio dos produtos petroquímicos do Brasil, que foi, na minha opinião, um grande erro, porque poderíamos ter fechado um acordo com certa sensibilidade, ter dado um prazo de X anos para a indústria petrolífera petroquímica ser mais competitiva no Brasil. É uma pena, pois quem exporta mais para os brasileiros são os países do Golfo.

Se a gente pensa no estabelecimento de um protocolo para pequenas indústrias ou produtoras de manufaturados, o que o senhor recomendaria?

Na realidade, para essas pequenas e médias indústrias, um dos pontos fundamentais é que exista uma empresa comercial ou *trading* que possa desenvolver esse segmento. Essa empresa deve ter algum tipo de incentivo e promoção especial para poder fazer esse trabalho de aproximação comercial.

Quer dizer, entendo como fundamental, porque para pequena e média empresas não é tão simples investir pesadamente nesse mercado. Como os negócios não são imediatos, muitas vezes levam quatro, cinco anos para serem fechados. Uma *trading* ou uma comercial que tenha cacife muito importante ou conte com investimentos vultosos, pode fazer esse trabalho. Além de, eventualmente, poder levar essas empresas, pelo menos no início, para essa conquista de mercados. Depois de conquistado, talvez as próprias empresas possam ir e se manter sozinhas nesse mercado.

Então, acredito que é o tipo de aproximação para pequenas e médias empresas a ser feito ali. Por exemplo, os modelos de comércio exterior de Espanha e Itália foram desenvolvidos com mais de 90% de pequenas e médias empresas. Esse não é o caso do Brasil, pois, por aqui, o comércio se dá, em especial, com as grandes corporações.

Vejo pequenas e médias, principalmente, em produtos com valor agregado, porque o agronegócio, que é uma potência enorme, não trabalha

com valor agregado. Acredito que pequenas e médias talvez pudessem exportar produtos manufaturados com valor agregado.

Sem dúvida. Um suco de frutas, suco de açaí, castanha preparada, ou mesmo uma autopeça, por exemplo. São segmentos que podem incrementar a exportação de produtos manufaturados ou semimanufaturados.

Qual o conselho principal que o senhor daria, no Brasil, em relação ao comércio?

Não é bem um conselho. Na minha opinião, o que falta é uma centralização de comando no comércio exterior do Brasil. Temos muitos órgãos trabalhando nessa área, mas descoordenadamente. Há os ministérios de Relações Exteriores, Agricultura, Defesa, enfim, são vários órgãos, e cada um deles tem uma área internacional que, muitas vezes, não conversa com a outra.

Está na hora de termos um Ministério de Comércio Exterior ou do Desenvolvimento, Indústria e Comércio Exteriores, que seria esse órgão centralizador. Evidentemente, no Ministério do Desenvolvimento, Indústria e Comércio temos Câmara de Comércio Exterior (Camex) e Secretaria de Comércio Exterior. A Camex deveria ser o órgão centralizador das decisões do comércio exterior[9].

Mohamed Zoghbi
Presidente da Federação das Associações Muçulmanas do Brasil (Fambras)

Ali Zoghbi
Vice-presidente da Federação das Associações Muçulmanas do Brasil (Fambras)

MOHAMED – O meu nome é Mohamed Zoghbi. Eu sou brasileiro, advogado, presidente da Fambras *Halal* e da Federação das Associações Muçulmanas do Brasil. É um enorme prazer participar desta obra.

---

9 Alaby & Consultores Associados (alabyconsultores.com.br).

Começo falando um pouco sobre o grande mercado que é o mercado *Halal*. Ele foi introduzido no Brasil por meio do meu falecido pai, na década de 1970, o qual foi um visionário, de fato, enxergando a possibilidade de o Brasil exportar proteína animal para os países islâmicos. Trouxe autoridades religiosas para cá e implementou o processo *Halal* no Brasil, com o início da exportação de produto *Halal*.

Nesse início, naturalmente, eram poucas empresas. Hoje, o Brasil é o maior produtor de proteína *Halal* do mundo, sendo um exportador. E, graças a Deus, estamos fazendo um trabalho ímpar na modernização do processo, atualização, *link* com as autoridades e facilitação desse grande negócio que é a exportação.

Atualmente o *Halal* não se baseia somente nesses setores. É algo muito mais abrangente: tem fármacos, cosméticos e industrializados no geral. No agronegócio, a exportação de açúcar, de café e de grãos, tudo passa pelo crivo do processo *Halal*.

ENTREVISTADORA – Eu achei que o *Halal* era só em relação à proteína animal.

MOHAMED – Não. Foi, na verdade, o carro-chefe lá atrás. Mas, hoje, o processo *Halal* é muito mais abrangente. Inclusive, podemos citar aqui a questão de finanças islâmicas, vestuário, turismo. É, na verdade, tudo que envolve o ser humano, a vida e o bem-estar – tanto animal quanto humano. Tudo isso entra no bojo do *Halal*.

Como funciona o processo *Halal*?

MOHAMED – Existem regras estabelecidas por órgãos internacionais, e cada país segue uma norma. Essas normas são aplicadas e a Fambras *Halal*, como a maior empresa que certifica o *Halal* no Brasil, aprimora em todos os sentidos. Utilizamos essas normas, as aplicamos no Brasil e, ao mesmo tempo, facilitamos para que as empresas brasileiras possam mandar esses produtos para o exterior ou mesmo utilizar no mercado interno também.

E se eu fosse explicar para alguém que não sabe o que é o *Halal*?

MOHAMED – A empresa solicita a habilitação do processo *Halal*. Nós temos técnicos, auditores, supervisores, cada um no seu segmento. Estas pessoas habilitadas fazem a auditoria e analisam se essa empresa está apta a receber o certificado *Halal* ou não. Há diversos tipos de certificados. Vamos analisar metodologias, funcionamentos, ingredientes do produto industrializado, por exemplo. Mas, naturalmente, há casos em que é necessário ter uma pessoa para acompanhar todo o processo. Então é variado.

ALI – Na verdade, o princípio *Halal* começou dentro da tradição religiosa islâmica. Então, é um princípio que preconiza o bem-estar humano, do ponto de vista das relações ligadas à sua saúde, aos alimentos, aos cosméticos, fármacos, como disse o doutor Mohamed. Mas também abrange relações comerciais, financeiras, bem como questões ligadas ao turismo e ao entretenimento. Enfim, tudo aquilo que é chamado lícito, de acordo com a orientação dada por Deus por meio das fontes islâmicas, especificamente o Alcorão Sagrado e o Suna, as tradições e condutas do profeta. Há muito deixou de ser um aspecto meramente religioso para se transformar em um selo universal de qualidade.

Logo, hoje boa parte do consumo desses produtos ou serviços se dá não por muçulmanos, mostrando que a virtude do *Halal*, apesar de ter vindo de uma tradição religiosa, é beneficiar toda a humanidade. E está se tornando, realmente, um selo indiscutível da preservação da vida, do meio ambiente e de todas as coisas. Eu diria que esse é o princípio *Halal*.

MOHAMED – Hoje há um apelo mundial para as boas práticas. Isso a gente já realiza há muito tempo. Por exemplo, se você for auditar uma indústria, ela tem a obrigação de cuidar da água que utiliza na industrialização para que não contamine o rio, por exemplo. Então, isso sempre foi exigido. Ela vem ao encontro do que hoje está sendo discutido e colocado em prática. Mas isso tudo sempre foi uma exigência do *Halal*.

Vamos fazer uma suposição: a pessoa que trabalha na Amazônia, o extrativista. Ele também tem uma maneira de fazer a extração do fruto ou da matéria-prima, mas de forma sustentável. Se ele não fizer, também não é considerado *Halal*. Se ele não cuidar da água, não é considerado *Halal*. Por isso, na auditoria que nós fazemos, principalmente em indústrias de proteína, é também avaliado o tratamento da água utilizada. O trabalho escravo, que sempre foi proibido, é coibido. Quando detectamos qualquer tipo de trabalho análogo à escravidão, já desconsideramos essa empresa.

ALI – Porque, na verdade, o Islã tem como princípio essencial a preservação da vida. Nada que, de alguma maneira, possa significar a perda da vida humana, incluindo o ambiente onde se vive, pode ser considerado *Halal*. Então, *Halal* é tudo aquilo que é lícito, orientado, é claro, dentro de uma tradição religiosa. Você percebe, às vezes, um contrato que fere o consumidor. Isso não pode ser considerado *Halal*. Nas finanças islâmicas, o dinheiro não pode servir para especulação. Ele tem que servir para a produção, para elevar a dignidade humana. Nesse sentido, a aposta com os capitais especulativos, tudo aquilo que está em um arcabouço das finanças tradicionais que a gente conhece, é proibitivo do ponto de vista das finanças islâmicas. O *Halal* permeia o ser humano desde que ele nasce até a hora da sua morte.

Hoje se tornou muito técnico, existem exames de DNA, exames laboratoriais. Investigamos, por meio de exames químicos, se aquele ingrediente de alguma maneira pode ser cancerígeno ou prejudicial. O doutor Mohamed citou com muita propriedade. Hoje existe o movimento ESG. Estamos falando também de uma conduta social: se você olha o próximo e o seu entorno, busca elevar a dignidade daquela sociedade. O *Halal* sempre fez isso, desde a sua origem. Ele sempre foi esse ESG, porque um dos princípios é a preservação do meio ambiente. Trata-se de uma governança de maneira ética e lícita, no sentido de melhorar o seu entorno e [a vida das] pessoas menos favorecidas. Hoje todo mundo está nesse barco. Por isso o *Halal* cresce a cada ano. Atualmente estamos falando de dois milhões de empregos diretos e indiretos para o nosso país. Isso vem do setor *Halal*. Metade da proteína animal de aves exportada vem do *Halal*. Se você imaginar, então, US$ 24 bilhões de exportações, veio dessa prática. Atualmente, depois da China e dos Estados Unidos, constitui o terceiro maior mercado para o Brasil. O *Halal* precisa, acima de tudo, de consciência das autoridades públicas, pois deve ser preservado.

MOHAMED – Podemos nos considerar uma das melhores empresas de *Halal* no mundo. E hoje o mundo nos reconhece, está pedindo ajuda para implementar programas e sistemas e para poder atender a esse segmento tão importante no mundo.

ALI – A logística, por exemplo: como você embala, como esse animal é tratado no decorrer do processo, tudo está ligado diretamente ao bem-estar animal. Não somos vegetarianos nem veganos, acreditamos que Deus fez alguns animais para consumo humano. Então, você imagina até que essa rastreabilidade verifica o que ele está comendo. Se ele está se alimentando, se o espaço de translado é confortável para ele. Por exemplo, você não mata um boi com outro boi olhando. Você evita até que ele sinta o cheiro, que ele sinta o estresse do abate. Para nós, trata-se de uma missão. Nós criamos a International Halal Academy para propagar esse conceito como algo importante para o bem-estar da humanidade, não só de muçulmanos. E isso tem sido impressionante, porque o que a gente percebe é um aumento, um percentual gigantesco. E é um Brasil que ainda carece de muito para poder chegar a alguns parâmetros importantes.

MOHAMED – Ainda atingimos uma parcela muito pequena. Apesar de ser muito grande, tem um mundo ainda para gente.

Ia perguntar sobre a receptividade das empresas brasileiras. Quem é que procura? São eles que procuram conselhos, vocês que se apresentam às empresas, como acontece essa troca?

MOHAMED – Fazemos o nosso trabalho nos colocando à disposição, sim. É natural que as empresas sejam inúmeras. Os segmentos muitas vezes desconhecem esse mercado. O importante talvez é fazer chegar essa informação. A Academia está fazendo um grande trabalho.

ALI – A Câmara de Comércio.

MOHAMED – A Câmara de Comércio ajuda bastante, mas necessita de conscientização, de trabalho.

Somos muito éticos quando procurados por uma empresa. A ética é um dos pilares do *Halal*. A gente atende a empresa, pede toda a documentação necessária. Em seguida, passa por uma auditoria. Tentamos minimizar tanto quanto possível o custo dessa empresa durante o processo *Halal* e cumprimos aquilo que são as normas. A Academia tem um papel fundamental, que é talvez fazer com que a empresa entenda melhor o que é o Halal e interprete de forma positiva o fato de o mercado estar aí, o mercado existe.

Eu acho que o Brasil tem muito a crescer na questão, não há dificuldade alguma. Nosso sistema, por si só, facilita que qualquer empresa possa entrar em contato conosco. Damos toda atenção, somos rápidos, nos adequamos à empresa. Vamos dizer que ela não seja adequada a produzir ou processar: pontuamos as não conformidades e, rapidamente, ajudamos a encontrar a solução. Por exemplo: se a empresa usa um ingrediente aqui que é proibido, vamos indicar outro ingrediente que o substitui e que não faz diferença no resultado final do produto.

ALI – A ideia é ser um facilitador, mas de fato há um desconhecimento muito grande sobre o Islã e consequentemente sobre o *Halal*. Se imaginarmos que temos de fazer um trabalho, esse trabalho é massificar o conhecimento acerca de um princípio tão importante. Lá fora, esse conhecimento é maior, tem países com uma quantidade muito grande de muçulmanos como a Inglaterra, por exemplo. A disseminação do conceito *Halal* acontece de maneira mais efetiva. Aqui no Brasil o trabalho ainda é grande. A Academia tem esse papel de disseminar conhecimento *Halal*. Já estamos vendo isso no poder público, que está atento a isso. Temos parcerias com a Apex, por exemplo, que hoje está enxergando o *Halal* como importante para o Brasil e ajudando a construir o conceito. Pouco a pouco, estamos conseguindo incutir a ideia de que, apesar de vir de uma tradição religiosa, assim como muitas virtudes que vieram da tradição cristã, judaica, budista – o *Halal* já extrapolou a conotação religiosa. E acaba sendo algo importante nesse sentido. O consumo de *Halal* para um muçulmano é mandatório. As fontes islâmicas são claras com relação a esse consumo. O muçulmano tem de seguir em tudo o que ele faz na vida, na alimentação, maquiagem, tudo. Ele tem de garantir que os produtos que consomem sejam lícitos. Então sempre se pergunta, é *Halal* o que estou fazendo?

MOHAMED – A comercialização tem de ser lícita. Se ela não for, você está realmente quebrando a norma islâmica. Você tem de ser correto na sua atitude, na sua conduta, na forma de viver. Então, você se alimentar bem, você se alimentar de coisas vitais é o princípio islâmico.

Existe resistência? Vocês têm algum caso de resistência de empresas?

ALI – De empresa, não.

MOHAMED – As empresas brasileiras são muito solícitas. Quando você exige alguma coisa, procuram sempre atender. Lógico que há questões, todo início é complicado. Nenhuma empresa quer gastar, mas entende que, para ter esse certificado, tem de investir.

A empresa faz então uma escolha?

MOHAMED – Isso, uma escolha!

ALI – Há algo que eu considero importante: o Brasil está exportando para a Indonésia, um país com 277 milhões de habitantes, sendo que 93% são muçulmanos. É o maior país islâmico que não é árabe. Parece que o Brasil vai começar a produzir uma cota de 100 mil toneladas (de proteína?), se não me engano, para a Indonésia. Há muito tempo lutávamos para estar nesse mercado, assim como em países como o Paquistão, com mais de 300 milhões de habitantes.

MOHAMED – Índia!

ALI – Como a Índia, que tem 250 milhões; Nigéria, com quase 120 milhões só de muçulmanos; Bangladesh... São países com os quais a gente tem comércio muito pequeno. Então percebemos que há um campo muito vasto de exploração para esses mercados.

MOHAMED – Nosso sonho é que, aqui no Brasil, também se enxergue isso como qualidade de vida. A partir do momento que você acaba divulgando de forma correta tudo isso, todos os benefícios que ela traz, a população brasileira acaba entendendo que isso é algo positivo. Então, tudo bem, tem de seguir regras, normas, mas é para o bem-estar da pessoa. Tem um lado muito positivo no *Halal*. Tem de atingir o mercado brasileiro, inclusive, não só as exportações.

Não há conflito de origem religiosa entre outras tradições?

MOHAMED – Acho que conflito não. Nós, dentro da nossa religião, podemos consumir o *kosher*[10]. Podemos consumir o produto que foi feito pelas mãos de um católico. Mas dentro das normas estabelecidas.

---

10 Alimentação conforme os preceitos judaicos.

Conflito eu não vejo quando um país tem alguma norma que diverge da outra, mas o princípio é um só.

ALI – É interessante que a produção de proteína animal hoje é feita de acordo com o modelo que foi criado com o *Halal*. Hoje é tudo igual. A diferença, é claro, é que, quando você se alimenta com algo *Halal*, consagra aquele alimento a Deus com uma palavra. É simples, em nome de Deus, "Deus é grande". Ele faz o corte e consagra isso. Consagrar-se a Deus é, para um muçulmano, algo sagrado. Ele está nos afiançando, vamos dizer assim, confiando que eu fiz aquele abate no certificado daquele alimento.

Agora, quando você vê uma linha de produção, a degola é a mesma. Todo o processo é igual. Então, quando uma pessoa da tradição cristã consagra o produto a Deus dessa forma, "Deus é grande", que é uma palavra ecumênica, vamos falar assim, ele acaba tornando-se *Halal* por conta disso.

E houve algum caso em que vocês tiveram de interferir muito, em que houve mais consistência ou mais dificuldade?

MOHAMED – Há questões de prática enormes. Muitas vezes ela é conflitante com algumas normas internacionais. Tentamos sempre conciliar. Quando se fala em bem-estar animal, algo que o Halal preconiza, utilizamos um processo que faz o animal sofrer menos em comparação com qualquer outra forma.

E existem algumas normas europeias que exigem um atordoamento muito forte. Então, o animal pode morrer no atordoar. Nossa base é que o animal esteja vivo nesse momento, que seja feito de forma muito rápida. Não estamos de acordo com algumas normas que tentam implantar a bandeira de bem-estar animal comprovado.

Inclusive, antes do abate, o animal não pode estar estressado, por uma questão de respeito. Isso está inserido no processo *Halal*.

ALI – Tem a degola.

É isso o que eu quero saber.

ALI – O cérebro, à medida que se corta a traqueia, vai exigir um bombeamento, retirar o sangue do corpo desse animal. A ciência já demonstrou que o sangue é o maior fator de contaminação. Você tira completamente o pH da carne. Fica muito mais adequada para o consumo. Não é algo apenas do ponto de vista religioso. Tem uma base científica.

E assim, com a faca, se faz apenas um movimento, é muito instantâneo. Doutor Mohamed está dizendo que foi comprovado cientificamente que esse choque que mata o animal o faz sofrer mais do que com a degola.

São centésimos, milésimos de segundo entre o corte desse animal e a perda de consciência. Então não há nenhum abate, desde que você vá comer um animal, que seja mais eficiente. E não estou falando como muçulmano, não. Porque isso, tecnicamente, nós avaliamos cientificamente. Esse bombeamento total do sangue, aliás, é expulsar as impurezas.

Agora, às vezes, há choque? Nós estamos aqui para garantir. Nós temos um compromisso com o consumidor do outro lado do oceano. Então não abrimos mão disso. Nossa ideia é que, quando há um selo *Halal*, todos os processos sejam rigorosamente verificados. Temos mais de 2 mil colaboradores e pessoas que trabalham para isso, entre engenheiros de alimentos e veterinários. É um processo muito completo que permite à pessoa do outro lado do oceano saber que aquele filé que ela está comendo foi consagrado a Deus, que o animal não sofreu, não deteriorou o meio ambiente e não provocou nenhum tipo de contaminação. Sabe que a alimentação desse animal foi adequada, assim como o seu transporte.

Existe uma rastreabilidade para saber que aquele filé pertence àquele animal. Isso é importante hoje. Nós fomos precursores num sistema de rastreabilidade que vai mostrar desde o pintinho na granja até o consumo final. Esse é o conceito que o doutor Mohamed chama de modernidade. Nós tivemos de dar uma resposta.

MOHAMED – A questão do atordoamento não é uma coisa proibida, mas desde que seja feito de forma adequada, não pode ser excessivo. Tem alguns países que proíbem. Vamos praticar a norma exigida. Você está produzindo para determinado país e a norma exige dessa forma, então praticamos dessa forma. Se a norma for um pouco mais variada, que permita utilizar um atordoamento que não mate o animal, mas que atenda ao setor produtivo, se for uma quantidade grande de animais, o animal vem calmo, mais tranquilo. Estamos sempre interagindo para poder atender a todas as normas.

Por exemplo, se eu for ao supermercado e quiser comprar uma carne certificada, eu consigo identificar?

ALI – A proporção está muito pequena ainda.

MOHAMED – No mercado interno, eu não garanto. Mas já temos alguns avanços. Eu incentivo muita gente. Recentemente, incentivei alguns atores ali, algumas empresas, a abrir um negócio no Brasil. Algumas empresas brasileiras hoje também já avaliam com bons olhos esse mercado. De maneira geral, o mercado externo se destaca em relação ao interno.

ALI – Mas você pode encontrar. São mais de mil produtos certificados por nós. Por exemplo, industrializados, e também de agricultura. Basta entrar no nosso site e verificar a relação de produtos de óleo, sal, gelatina. Há uma gama enorme. É óbvio que ainda em uma amostragem pequena, como o doutor Mohamed disse. Mas eu acho que está começando a ter um movimento interessante dessas empresas que querem "ser *Halal* em tudo".

MOHAMED – Acho que não custa nada para eles. Muita coisa que se adquire no mercado é *Halal*, mas não tem o selo. Muita coisa!

ALI – Interessante, nós fazemos a Academia, os cursos, o Rubens participa de algumas instituições.

MOHAMED – Parceiro e contribuinte.

ALI – E o pessoal no chat pergunta com frequência: "Onde eu encontro?". Porque, de fato, temos sinceridade naquilo que colocamos. Não é uma apologia ao Islã ou aos muçulmanos, é uma visão bastante pragmática de um sistema, de um processo. E ficamos muito felizes por Deus ter nos colocado para atuar nisso. Você está fazendo o bem diariamente quando produz dessa forma.

Só trabalha a favor. E como é a imagem dos produtos brasileiros nos países árabes?

MOHAMED – Muito boa! Graças ao trabalho que executamos também, porque participamos de todas as feiras, interligamos governo a governo, governo à iniciativa privada.

Participamos de todos os encontros. Promovemos encontros *Halal* aqui no Brasil. Em outubro, teremos um encontro que será importante. Esse é nosso trabalho, prospectar a credibilidade dos produtos brasileiros lá fora.

Os produtos brasileiros certificados por vocês têm também uma boa imagem pós-certificação. E a imagem do país, é boa?

MOHAMED – O país é bem visto. Mas graças ao trabalho ao longo dos anos.

ALI – A gente faz um comparativo do Brasil com outros países. Existem critérios de segurança, o Ministério da Agricultura, os acordos sanitários. O Brasil sempre cumpre.

MOHAMED – Dentro de todo frigorífico brasileiro há um grupo externo do Ministério da Agricultura, nenhum país tem isso! É um time do Ministério da Agricultura dentro do frigorífico nas 24 horas da produção. Há um grupo do ministério que fiscaliza esse produto. Mas cada empresa tem de se responsabilizar pelo próprio produto. Você produz água, você precisa ser responsabilizado.

E com o agronegócio, com a disseminação de outros produtos, inseticidas e tal?

ALI – Eu vejo como uma política pública. O Brasil tem controles, e eles são efetivos. O Brasil tem fiscalização que segue normas internacionais, com acordos internacionais. Com base nessa dinâmica, eu considero o Brasil um dos países mais evoluídos nesse sentido. Agora, por exemplo, por conta do desmatamento, ele assumiu uma posição bastante clara. O agronegócio está indo totalmente contrário, ele está indo atrás das cadeias de diminuição de emissão de CO_2. Todas as grandes empresas têm programas muito claros de ESG, então fortalecendo aí o setor *Halal*.

MOHAMED – Essa questão dos pesticidas aqui no Brasil é comentada internacionalmente. A gente não cria algo que é proibido para autorizar aqui no Brasil. Acho que foi uma política muito bem elaborada. Nesse setor, eu acho que o agronegócio evoluiu bastante. Acredito que exista um apelo pelo produto sem agrotóxico, não transgênico. Isso é uma questão, eu acho que relativamente superada. Não transgênico tem de existir. Mas o transgênico é obrigatório.

ALI – Para a segurança alimentar.

MOHAMED – Essa é outra questão que também engloba o *Halal*.

Que transgênico? Aquilo que está comprovado que não faz mal nem ao animal e nem ao ser humano...

ALI – Um dos pontos que me parece importante é a gente fazer comparativamente as estruturas de fiscalização do poder público brasileiro, os tratados. Os compromissos assumidos internacionalmente. Para podermos dizer que o Brasil é um país de primeiro mundo quanto a isso. Não há uma lata de alimento que saia sem regulamentação em todos os aspectos. Isso torna o alimento brasileiro respeitado lá fora. Em muitos países, infelizmente, quando há alguma crise, sob o ponto de vista político, ocorre instabilidade, perde-se o controle, e ninguém mais sabe a origem e o processo dos produtos consumidos. Em relação a isso, o Brasil é um país que está tocando adequadamente.

Instabilidade em um país é sinônimo de problema. A primeira coisa afetada é o processo de controle na fiscalização. Perde-se isso tudo.

MOHAMED – Quando houve a derrubada do Saddam Hussein e um novo governo se instalou, não havia controle algum. Produtos brasileiros estragados foram enviados e estavam em outros países. Denunciamos para o governo iraquiano. Tem de haver controle. Começaram a proibir.

Como será o futuro?

MOHAMED – O Brasil caminha bem. É preciso um grande exercício para continuar nas *commodities*, mas é fundamental crescermos com relação aos produtos de valor agregado, industrialização. É importante a nossa indústria crescer, nosso governo subsidiar.

ALI – Na verdade, não onerar com impostos. O custo no Brasil é uma coisa vergonhosa.

MOHAMED – E, além disso, ter o dinheiro a custo real. Não haver juros, exorbitantes.

ALI – Eu vejo um futuro talvez muito promissor, apesar das circunstâncias. Da guerra na Ucrânia, dos *players* que em algum momento são concorrentes do Brasil. O Brasil se tornou um país onde se vai buscar *commodity*, de maneira geral. Acho que atualmente as estruturas já organizadas estão tendo consciência de que é preciso agregar valor aos nossos produtos. Não podemos depender apenas de *commodity*, isso é muito perigoso. Mas acredito também que, politicamente, o Brasil está com alianças importantes no mercado árabe islâmico. Eu acho que isso está acontecendo de maneira muito efetiva. O outro governo tinha uma visão similar, esse também. Parece que o presidente está se voltando para os Emirados, para quebrar o jejum do Ramadã, e isso não é à toa.

MOHAMED – E as empresas têm mostrado interesse em exportar para esses países. Realizado por um valor agregado, com produtos diferenciados. Temos visto isso. Já houve aumento da procura por um processo *Halal* para esse fim. Não apenas *commodity*, estamos falando de outros produtos industrializados. Então o futuro é promissor.

A exportação (*Halal*) brasileira mais significativa é para quem?

MOHAMED – Atualmente, China e Arábia Saudita.

ALI – É um país não islâmico (a China), mas que consome mais *Halal* que todos os outros. Mas quanto às exportações de proteína animal, de aves, as mais expressivas são para a Arábia Saudita e depois os Emirados. E então Kuwait. O Egito, que importa carne bovina, tem sua relevância. O Irã também tem uma quantidade bastante interessante, mas a China, em ambos os segmentos, está lá em cima. Os chineses produzem para fora, levam a carne, acabam industrializando e vendendo. É disso que talvez o Brasil precise.

Entendi.

MOHAMED – Temos produtos bem interessantes.

ALI – O doutor Mohammed tem incentivado muito algumas aberturas de mercado. Caprinos, frutas brasileiras. Não basta apenas olhar o que podemos vender, mas também o que podemos comprar. É uma via de mão dupla. Há as tâmaras, por exemplo, e também produtos que podem vir do Oriente Médio, e outros que podemos levar. O trabalho da Câmera do Comércio permite enxergar um pouco melhor isso. Mas acredito que o que falta, eu diria, é criar empatia. Isso significa visitar o príncipe, se sentar com ele, conversar, dialogar. No Brasil não há especialistas.

MOHAMED – Há falta de conhecimento quanto à cultura. É importante salientar que esse é um trabalho nosso também. O Rubens até participou de vários cursos nossos. Um curso que foi montado especificamente para quebrar um pouco o gelo das autoridades, falar sobre a diplomacia brasileira, os ministérios, para as empresas conhecerem a cultura. É mais fácil aproximar-se dos hábitos quando se conhece a cultura.

Em que língua vocês falam?

MOHAMED – Em árabe.

Os dois falam árabe?

ALI – O doutor Mohamed fala muito melhor. É uma língua difícil. O inglês também é bastante utilizado.

Na África, imagino que também o francês.

MOHAMED – Francês em alguns países, como Marrocos, Argélia, Tunísia.

ALI – Nos Emirados, na Arábia, é um grupo muito pequeno que detém o poder. Não é pulverizado. Para entrar, precisa conhecer a cultura, não há outra maneira. Há questões que são, às vezes, muito caras para essas pessoas. Acho que falta um pouco de habilidade nessa parte. Um ministro da Educação da época do presidente Fernando Henrique Cardoso, Paulo Renato, conseguiu que uma fundação saudita, um fundo de investimento, abrisse a Faculdade Jorge Amado. E perguntaram para ele: "Como você conseguiu isso?". "Eu virei um pouco beduíno", respondeu ele, "precisei entender que eu tinha de comer com a mão ao lado de autoridades, e, quando eu fiz isso, quando eu me sentei um pouco, eles confiaram em mim".

Nidal Abou Zaki

Fundador e CEO do Grupo Orient Planet, composto por empresas de comunicação operando no Mundo Árabe (14 países)

ENTREVISTADOR – Como você percebe a relação com o Brasil, quais são as dificuldades existentes e o que torna essa relação mais fácil?

NIDAL – Em proporções governamentais ou em todas?

Em todas. Primeiramente, com o estado brasileiro, com o governo, mas também em relação aos empresários. Como você vê isso? Quais são as principais dificuldades e o que facilita essa relação? Em ambos os aspectos.

A relação entre o Mundo Árabe e o Brasil é boa, mas acredito que o potencial é muito maior porque há 12 milhões de árabes no Brasil ou pessoas de origem árabe, e também há muitos brasileiros vivendo no Mundo Árabe. Portanto, há um grande potencial para aumentar as relações culturais e econômicas. Isso poderia acontecer com um aumento de visitas. Acredito que, com algumas organizações, como a Câmara de Comércio Árabe-Brasileira (CCAB), associações e, é claro, mais escritórios para empresas brasileiras aqui em termos de negócios, há potencial para dobrar a relação. Com todo o potencial disponível, podemos melhorar/aumentar as relações, incluindo as relações comerciais, e também aumentar o turismo em ambos os lados, pois podemos atrair mais turistas árabes e brasileiros. Podemos ver muitos brasileiros vindo ao Mundo Árabe pela primeira vez e, pela primeira vez, indo para a Arábia Saudita. O mesmo acontece com alguns empresários indo para o Brasil. Certamente, a distância geográfica apresenta um desafio significativo, com o Brasil muitas vezes sendo percebido como um mercado distante para muitos. Além disso, acredito que existam amplas oportunidades de negócios no Brasil que ainda não foram exploradas pelo Mundo Árabe. Tudo o que alguns empresários sabem sobre o Brasil está relacionado a certos produtos. Eles não sabem que há mais do que produtos alimentícios, café, aviação. Acredito que também seria bom continuar construindo e promovendo relacionamentos comerciais por meio de conferências e pequenas parcerias entre o Mundo Árabe e o Brasil. Aqui, durante o verão, muitos países se autopromovem durante ou antes da temporada. Portanto, é possível atrair turistas, como europeus e asiáticos. É uma boa oportunidade para os brasileiros expandirem sua presença além do setor alimentício, para outras entidades ativas no campo do turismo e da indústria.

Você poderia falar sobre as culturas brasileira e árabe? Você acredita que há aspectos que as colocam do mesmo lado? E quais seriam os pontos que as distanciam?

Certamente, há elementos comuns. Aqui em Dubai, encontro empresários brasileiros, árabes, libaneses e sírios. A Espanha, por exemplo, está abrindo centros para ensinar espanhol em países árabes, como Síria, Líbano e Iraque. O mesmo acontece com o Brasil. Não conhecemos o idioma, mas isso daria a oportunidade de aprender um pouco de português, e seria bom culturalmente. Seria interessante para nós termos oportunidades de aprender o idioma. O Brasil é, se não estou enganado, a nona maior economia do mundo, e há muitas coisas a serem feitas. Podemos ver que a CCAB está muito ativa em apoiar empresários e manter relações comerciais fortes, por isso acho que se tem muito a contribuir para fortalecer os campos da cultura, do turismo e da educação. Seria bom abrir centros para ensinar o idioma, assim como a Espanha faz. Em Beirute, há um centro assim, onde é possível aprender o idioma. Na Síria e no Egito, há pessoas aprendendo a língua. Um dos principais desafios que encontro ao me comunicar com brasileiros é a barreira do idioma. Eu falo principalmente árabe e inglês, enquanto muitos deles só falam português, o que às vezes dificulta colaborações e comunicações eficazes.

Como você percebe a imagem do Brasil?

Qual é o nome do último presidente do Brasil?

Jair Bolsonaro.

A administração de Bolsonaro encontrou certos desafios, especialmente para fomentar relações positivas com nações árabes. Enquanto o mandato de Michel Temer foi geralmente percebido de maneira favorável, lideranças subsequentes exibiram posturas flutuantes em questões políticas.

Como você acha que os árabes percebem o Brasil? Como eles entendem o Brasil? Que imagem os países árabes têm do Brasil?

Não cultivamos um tipo específico de imagem, representamos um grupo minoritário, principalmente na região do Levante (Líbano, Síria e Palestina), que migrou para o Brasil, e muitos de nós ainda têm parentes lá. Essa herança compartilhada promove um forte senso de comunidade e familiaridade entre nós, o que é um aspecto positivo. No entanto, também há um nível de desconhecimento sobre a cultura brasileira, o que destaca a necessidade de maior engajamento cultural. Sabemos apenas sobre samba e o Carnaval do Rio de Janeiro. Acredito que precisamos fazer muito mais esforços nesse sentido, em vez de depender apenas da mídia internacional. O governo brasileiro tem um potencial significativo para promover os diversos aspectos do país, especialmente considerando seu mercado de 200 milhões de pessoas e a presença de 12 milhões de árabes no Brasil. Eles podem fortalecer várias indústrias, como comércio e turismo, por meio de mais esforços. Atualmente, a CCAB está contribuindo ativamente para fortalecer a presença do país no Mundo Árabe, mas está limitada apenas ao aspecto comercial. Você pode criar centros comerciais, centros culturais e centros de ensino de idiomas. Há uma disparidade perceptível no conhecimento entre os que estão no Brasil e o Mundo Árabe. Aqui, a maioria das pessoas está familiarizada com o Brasil, embora algumas não tenham conhecimento sobre sua cultura. No Brasil, por outro lado, não se tem consciência sobre nosso país ou a percepção que se tem é distorcida.

Não há esforços para criar uma boa imagem do Brasil?

Atualmente, há uma falta de colaboração entre CCAB, ApexBrasil e embaixadas. Cada entidade está seguindo sua própria agenda independentemente, levando à falta de coordenação em seus esforços.

Você acredita que os árabes sabem que o Brasil é um grande fornecedor de carne para os países árabes?

Eles sabem que toda carne que entra nos países árabes vem da Austrália, do Brasil, e é *Halal*. Mas esse não é o foco principal porque toda a carne vendida na Arábia Saudita, nos Emirados, é *Halal*, então não há muito espaço para enfatizar o aspecto *Halal* e agregar valor.

Quando pensamos em produtos de valor agregado do Brasil, quais países são, na sua opinião, os maiores concorrentes?

Para a venda de produtos alimentícios, todos os países, como Colômbia, África e Austrália. Para a venda de carne, não há um único concorrente, e a da Austrália é de boa qualidade. Para cada linha de produtos, há um concorrente. Para café, há diferentes países. Para frango, existem várias produções locais. A Arábia Saudita fabrica, tem fazendas. Acredito que, na aviação, há a Embraer. Há muita concorrência, mas acho que o idioma é uma barreira e há muito mais espaço para esforços coletivos para superar esse obstáculo. Outros países fazem muitas visitas, eles se apresentam ao governo, ao setor privado, participam de feiras. Na minha opinião, o Brasil deveria explorar mais oportunidades no Mundo Árabe para reforçar sua posição no mercado.

Por que você acha que o Brasil está sempre fazendo a mesma coisa? O que poderia fazer de diferente?

Por exemplo, o Brasil está sempre na Gulfood, mas em outras feiras, nunca. Se não estou enganado, a indústria cosmética brasileira tentou entrar no mercado regional, mas exigiu muito mais esforço para prosperar aqui.

Quais aspectos poderiam ser melhorados nessa abordagem?

Seria bom estabelecer uma organização que pudesse ajudar todos os fabricantes brasileiros a entrar no Mundo Árabe. Basicamente, consultoria. Por exemplo, uma fábrica de cosméticos que pretende exportar para o Mundo Árabe precisa de conselhos, revendedores. Isso também se aplica a alguns produtos alimentícios e de outras categorias. Existem muitas barreiras. Primeiro, acredito que seja muito caro para essas empresas entrarem nos países árabes. Individualmente, é caro. A Índia é um concorrente importante. Há muitos indianos aqui. Eles são os principais concorrentes em tudo. Eles trazem fábricas e negócios. A cultura é a mesma. Aqui, temos uma empresa de consultoria indiana que ajuda as pessoas. Então, talvez possamos estabelecer essa consultoria no Brasil e ajudar daqui a melhorar o comércio. Podemos cobrar essas empresas para encontrar revendedores, consultores, agendar reuniões.

Do ponto de vista árabe, há interesse em comprar mais produtos brasileiros? Você acredita que os brasileiros também podem estar interessados nisso?

Sim, claro. Parece haver uma série de desafios para os brasileiros que desejam exportar para nosso país. Esses desafios incluem fatores de custo e barreiras linguísticas. Isso destaca a necessidade de colocar mais esforço, já que construir relacionamentos duradouros e manter uma comunicação eficaz são elementos cruciais para prosperar além das reuniões iniciais em feiras comerciais.

A diferença da Gulfood é essa, a empresa mantém o relacionamento. No próximo ano, eles continuam, é um bom exemplo de um relacionamento contínuo. Ao contrário de outros setores, certo?

Porque aqui, como eu disse, o país precisa estabelecer mais instituições para enfrentar os desafios da barreira do idioma. Suponha que uma fábrica brasileira queira vir para cá. Ela precisa de pessoas temporárias, visitas, alguém para agendar visitas, entrar em contato com empresas, traduzir para eles. Esse tipo de negócio, que é uma boa oportunidade para empresas, está faltando. Vou dar um exemplo, durante a Expo 2020 Dubai, gerenciamos o Pavilhão da Colômbia. Alinhado com este evento de seis meses, uma mulher veio a Dubai e estabeleceu um escritório aqui, assim que a exposição terminou. Basicamente, essa senhora está ajudando as empresas colombianas a fazer negócios aqui. Ela oferece auxílio às pessoas que precisam de algo da região para entrar em contato comigo. Ela é apenas uma pessoa, porque Dubai é uma porta de entrada. Daqui, é possível entrar na Arábia Saudita, no Catar, em Omã, no Egito. Assim como a CCAB está produzindo conteúdo sobre o que estamos fazendo aqui, é necessário relatar sobre turismo, cultura, porque, na parte de negócios, a CCAB está funcionando bem. Trabalho com eles há doze anos, e na minha opinião, a CCAB está fazendo contribuições substanciais para aprimorar o relacionamento árabe-brasileiro quando comparado a outros.

Como você percebe os sentimentos dos árabes sobre o Brasil? Quando uma empresa chega, é como "Ah, certo, eles são brasileiros". Não há reação como "Ah, ótimo, eles são brasileiros!". Então, quais são os sentimentos sobre as empresas brasileiras?

Não há um sentimento específico dos árabes sobre isso. Eu conheço o Brasil e tenho boas intenções e bons sentimentos sobre o país. No entanto, há uma falta de conhecimento sobre o Brasil. Pessoas do Líbano, da Palestina, da Síria e do Egito têm um conhecimento extenso em comparação com outras nações, pois seus avós estiveram no Brasil. Mas quando se trata dos do Golfo, parece haver uma lacuna significativa no conhecimento sobre o Brasil. Por exemplo, na Índia, há dez anos foi lançada uma campanha chamada "Made in India". No Líbano, existe "Made in Lebanon". Deveria haver "Made in Brazil", uma campanha no Mundo Árabe para promover o Brasil.

O que você pensa sobre o futuro? Quando pensamos nos Emirados Árabes Unidos, podemos ver que eles estão crescendo, querem ser líderes, mas ao mesmo tempo, vemos a Arábia Saudita fazendo movimentos para crescer, abrir a economia, também se promovendo. O Egito também, um novo Cairo. Então, podemos ver esse movimento de alguns países árabes. O que você vê para o futuro?

Cada país tem sua própria agenda, e eles estão trabalhando nisso. O Egito é diferente da Arábia Saudita, que é diferente dos Emirados Árabes Unidos, que é diferente do Catar. Mas o bom é que todos estão focados em suas próprias economias, desenvolvendo novas cidades, se desenvolvendo economicamente. Ao longo dos anos, eles intensificaram seu foco em melhorar suas situações econômicas. Agora, os países da região estão priorizando suas economias. Isso cria grandes oportunidades para as empresas brasileiras entrarem no mercado e garantirem sua posição.

Depois de ler o livro *Cidades inteligentes*, como você vê a cidade de Neom, na Arábia Saudita?

Na Arábia Saudita, não há apenas Neom. Há muitas cidades que estão desenvolvendo infraestrutura. Neom apresenta um tipo diferente de desenvolvimento. É uma cidade grande, que destaca uma abordagem futurista em relação a tecnologia, clima e energia. No entanto, também há Riad, onde estão trabalhando no desenvolvimento tecnológico. Também no sul da Arábia Saudita, no oeste, no leste. A Arábia Saudita está florescendo em todos os lugares, não apenas em Neom.

Você acredita que Neom é um projeto físico de longo prazo?

Sim, Neom é um projeto de longo prazo, levará algum tempo. O governo está fazendo enormes investimentos. Vai se tornar uma megacidade futurística. Mas, como eu disse, a Arábia Saudita não é apenas Neom, os projetos em Riad são muitos. Jidá, Província Oriental, Leste, todo o Sul. A parte sul da Arábia Saudita é muito boa para o setor de turismo. Eles estão desenvolvendo infraestrutura e hotéis de todos os tipos.

Qual é o nome da cidade no sul da Arábia Saudita que você mencionou?

Além de Riad, Jidá, Província Oriental, Leste, a parte sul do reino é ideal para o setor de turismo. O país está fazendo investimentos notáveis lá e desenvolvendo infraestrutura e hotéis para apoiar o crescimento.

Se os brasileiros levarem dez anos para ir aos países árabes, será tarde demais, como você disse. Você acha que existem pontos-chave em oportunidades para os brasileiros atualmente?

Construção, material de construção, design de interiores, produtos de todos os tipos, tecnologias, alimentos porque os alimentos são nosso maior mercado consumidor. Arábia Saudita e Egito querem mais produtos. Atualmente, há uma tendência notável de afastamento do dólar. Então, talvez seja uma boa oportunidade para o Brasil encontrar outras formas de negociar com o mundo árabe, usando seu próprio dinheiro ou alguma outra moeda. Agora, a China está vendendo produtos com o yuan. Acredito que o Brasil e a China estão fazendo negócios em yuan. A Rússia está vendendo para a Índia, então há uma tendência crescente de buscar alternativas para o uso do dólar. Talvez esta seja uma boa oportunidade para explorar, se for possível usar outra moeda nos negócios.

Isso pode trazer novas oportunidades?

Sim. O Brasil está comprando produtos da Arábia Saudita. Eles podem talvez usar o real para trocar. O Egito está enfrentando preocupações com o dólar. O riyal começou a usar outras moedas além do dólar. Acredito que é uma boa oportunidade para criar linhas de negócios com outras moedas, talvez sua moeda.

Você acredita que a Arábia Saudita e os Emirados Árabes Unidos são considerados dois líderes para a região? Não apenas para o Oriente Médio?

Para a África e a Ásia.

Como você vê a posição desses países nos próximos dez anos?

Esses países são muito ambiciosos. O príncipe Mohammed da Arábia Saudita disse que eles querem transformar o Oriente Médio na nova Europa. Acredito que a região do Golfo está indo muito bem. Eles têm dinheiro, visão, estão desenvolvendo a economia, estão em uma posição muito boa. Em cinco anos, terão estabilidade no Oriente Médio e podem se tornar ainda melhores que a Europa, já que a economia europeia está enfrentando desafios significativos e aqui está crescendo.

Você diz que agora os governos estão fazendo esforços na economia. Acredita que há mais estabilidade política nessa região? Porque, para crescer economicamente, é preciso ter estabilidade política.

Acredito que o Conselho de Cooperação do Golfo (GCC) é muito estável, está entre os mais estáveis do mundo. O Golfo é muito estável, não tem problemas. Após o acordo entre a Arábia Saudita e o Irã, as tensões diminuíram. Eles estão focando na economia.

Até mesmo a tensão com o Catar acabou?

Sim, eles perceberam que precisam se concentrar na economia e na estabilidade. Então, acredito que existam boas oportunidades nos Emirados Árabes Unidos e na Arábia Saudita. É excelente para os brasileiros virem e se estabelecerem. Ainda há oportunidades, mas em sete ou oito anos, quando os sauditas terminarem este megaprojeto, não haverá mais oportunidades. Os russos aqui – sou um consultor libanês e fui convidado pelo centro russo – queriam abrir um shopping com seus produtos, onde as pessoas poderiam vir, olhar os produtos e pedir. Então, a Rússia está fazendo isso. Muitos países estão fazendo "no local". A Índia está fazendo muitas feiras. O Brasil está atualmente focado em oportunidades selecionadas, principalmente participando da Gulfood e de outras feiras comerciais.

Osmar Chohfi

Embaixador e presidente da Câmara de Comércio Árabe-Brasileira

ENTREVISTADORA – Bom, para começar, o que faz a Câmara Árabe?

OSMAR – A Câmara Árabe tem diversos propósitos, o nosso objetivo principal é fomentar e incrementar as relações econômicas, comerciais, sociais e culturais entre o Brasil e o Mundo Árabe.

Nesse sentido, ela transcende um pouco o que uma Câmara de Comércio normalmente faz, porque ela tem essa vertente deliberadamente escolhida de também atuar nas áreas social e cultural. Os setores econômico e comercial são óbvios em nossa atuação. As partes social e cultural dizem respeito ao fato de nossa comunidade ser conhecida pelo empenho que sempre teve, até como modo de agradecer a acolhida no Brasil, de atuar com força socialmente, incluindo instituições filantrópicas em diferentes setores. A Câmara atua coopera com o setor da saúde, no acolhimento à infância desvalida, além de desenvolver uma intensa atividade cultural. Muitos dos membros da comunidade se dedicaram ao comércio, à indústria e à construção.

Antes da Primeira Guerra Mundial também vieram muitos intelectuais sírios e libaneses. Estes intelectuais não tinham a possibilidade de pleno desenvolvimento na área cultural como gostariam. A Síria, o Líbano e todo Levante pertenciam ao Império Otomano. Nesse sentido, a atividade cultural estava aliada à atividade política, que reivindicava a independência. Com a imigração para o Brasil, combinou-se uma comunidade com espírito empreendedor, na área econômica e comercial, a muitos componentes dedicados ao campo político e social. É impressionante o número de jornais escritos em árabe, que já existiam em São Paulo no fim do século 19 e começo do século 20. Alguns jornais apresentavam uma vertente comunitária e social, outros, a vertente política, pois pregavam a liberdade de seus países de origem.

Por essa razão, a Câmara é herdeira de uma tradição de atuação na área social e cultural, que é uma tradição da comunidade árabe que vive no Brasil.

O nosso propósito foi criado na gestão do Rubens Hannun. O Rubens teve um papel importante na definição desse propósito, depois de fazermos um exercício de planejamento estratégico com uma empresa especializada. O propósito da Câmara é conectar árabes e brasileiros para o desenvolvimento econômico, social e cultural. Nesse contexto, com esse propósito amplo, o que fizemos? No início a Câmara era eminentemente dedicada a fazer uma espécie de rede de contatos, como se diz em inglês, um *networking* de empresários brasileiros de origem árabe, sobretudo sírios e libaneses.

A instituição começou como Câmara de Comércio Sírio-Libanesa. Depois ampliou seu escopo. E desse espírito inicial de *networking*, evoluiu para uma entidade auxiliar aos esforços de empresas privadas, ou do governo brasileiro, de ampliar o comércio com o Mundo Árabe.

Não diria que o comércio do Brasil com o Mundo Árabe, até os anos 1960, era inexpressivo, mas não tinha a dimensão atual, por várias razões. Primeiro, porque o Brasil, nos anos 1950, era praticamente um país exportador de café e outras poucas *commodities*. A partir dos anos 1970 houve uma expansão da capacidade de exportação brasileira de bens industriais. O Mundo Árabe passou a comprar produtos processados, com maior valor agregado, e industrializados.

Com raríssimas exceções, até 1946 os países árabes estavam praticamente todos submetidos a um país estrangeiro. Apesar da libertação do Império Otomano, que caiu com o fim da Primeira Guerra Mundial, os países árabes ficaram sob o controle de países europeus.

Após a independência do Mundo Árabe houve o fenômeno do petróleo. Combinou-se, então, a evolução da economia brasileira, que havia ampliado sua capacidade exportadora, com o enriquecimento do Mundo Árabe. O petróleo beneficiou não somente os países detentores deste insumo, mas também os países da região, que passaram a receber investimentos econômicos de seus vizinhos. O Mundo Árabe aumentou sua capacidade de importação de produtos mais elaborados e sofisticados. A partir dos anos 1970-1980, a Câmara ampliou sua atuação, agindo permanentemente no apoio às exportações brasileiras para o Mundo Árabe.

Nesse contexto, a Câmara também foi um elemento auxiliar do governo brasileiro... Também no campo da cooperação econômica, que é diferente. A execução de possíveis projetos conjuntos e investimentos árabes no Brasil inclui, por exemplo, a cooperação tecnológica. O que a Câmara faz hoje para promover o comércio? Primeiro, ela tem associados, que são membros brasileiros interessados em exportar para o Mundo Árabe. Nos últimos tempos, mais precisamente nos últimos cinco anos, ela evoluiu para recrutar associados árabes, e conseguimos. Hoje cerca de 30% dos associados da Câmara são empresas árabes.

Aqui no Brasil?

Empresas árabes no Mundo Árabe. Por quê? Porque nos expandimos para o Mundo Árabe, quer dizer, a câmara se internacionalizou. Por que ela se internacionalizou? Porque descobriu que, por ser binacional e pelo potencial do Mundo Árabe, era preciso estar lá. Por isso nós abrimos um escritório Internacional em Dubai, há cinco anos, e há três anos, outro no Cairo. Hoje em dia, nós realmente somos uma Câmara binacional, porque temos presença física no Mundo Árabe, além da presença de associados árabes.

A Câmara atua de diferentes maneiras. Vou dar um exemplo: a maior feira supermercadista da América Latina, a Apas. O que é a feira Apas? Ela reúne todo o setor de alimentos brasileiros, além de firmas e empresas estrangeiras que querem vender para o mercado nacional. Recrutamos empresas árabes presentes para expor os seus produtos e vender para supermercados, grandes empresas importadoras de alimentos. Essa é uma atuação.

O que fazemos? Alugamos o espaço e construímos os estandes para abrigar e facilitar a exposição de seus produtos para que possam entrar no mercado brasileiro.

A mesma coisa do outro lado, nós fazemos o mesmo no Mundo Árabe. Por exemplo, há uma grande feira agropecuária no Marrocos, em Meknes. Temos uma representação nessa feira, porque empresas brasileiras estão indo vender máquinas agrícolas etc.

Ou seja, vocês montam o cenário para essas relações acontecerem?

Montamos o cenário físico, facilitamos a participação e organizamos os encontros entre empresas de um lado e de outro, é o que se chama B2B.

Atuamos na identificação das possibilidades da organização do espaço e investimos nesse sentido.

Outro exemplo do que a gente pode fazer: um país árabe organiza uma missão comercial para o Brasil; a Argélia, por exemplo, vai mandar uma missão comercial para cá. Eles nos pedem ajuda. Nós organizamos visitas, contatamos empresas brasileiras interessadas nos possíveis produtos que os argelinos querem vender; realizamos os encontros e facilitamos o espaço. Na realidade, somos facilitadores do comércio e organizadores, vamos dizer assim, do arcabouço da transação.

Isso quanto ao comércio, mas também podemos fazer o mesmo para investimentos. Trabalhamos em todos os setores da economia, como equipamento hospitalar, café, açúcar, máquinas etc.

Isso também faz parte de um outro vetor da nossa atuação, que é o que se chama de inteligência de mercado. Se uma empresa brasileira deseja acessar um determinado mercado no Egito, fazemos uma investigação, chamada investigação do mercado, em que analisamos de quem o país importa, o que pode importar, a legislação tributária e sanitária; então apresentamos esse estudo à empresa brasileira que quer exportar para o mercado egípcio.

E o contrário também?

Sim. Por exemplo: tem um exportador de tâmaras da Tunísia, e ele quer vir para o mercado brasileiro. Identificamos os possíveis importadores. Outro exemplo: recebemos uma delegação egípcia que queria vender tâmara, azeite, alhos, azeitona, então realizamos uma pequena exposição dos produtos deles, convidamos empresas brasileiras, e aí pode ser que saia ou não o negócio. Nós somos facilitadores, mas da transação em si nós não participamos. Nós podemos, por exemplo, identificar se a empresa é idônea ou não.

Uma outra atuação mais econômica, mais macro, é o fórum econômico entre Brasil e países árabes que realizamos a cada dois anos. Reunimos autoridades, empresas e especialistas, do Brasil e dos países árabes, para dois dias de discussão. É como um grande seminário em que as autoridades apresentam o cenário macroeconômico, as facilidades para investimento e para comércio; isso tem um aspecto menos, eu diria, de transação, e mais institucional.

Na área cultural, o que vocês promovem? Há promoção de eventos culturais?

Na área cultural promovemos o intercâmbio entre Brasil e países árabes, vou te dar exemplos: o Kuwait decidiu fazer uma semana cultural aqui, e nós ajudamos em vários sentidos. Eles trouxeram uma orquestra típica, fizeram uma exposição de trajes tradicionais, e nós ajudamos na organização e oferecemos o espaço. Trabalhamos em vários setores, em matéria de artes plásticas e música, por exemplo. Nós fizemos um espetáculo muito bonito na Sala São Paulo, sobre um califa que foi poeta, no século 12. Trouxemos dois ou três músicos marroquinos, e as poesias foram musicadas pelo conjunto.

Deve ter sido lindo.

Contribuímos para a tradução de livros do árabe para o português e do português para o árabe; participamos, por exemplo, do festival literário nos Emirados Árabes Unidos. Um outro exemplo maior: a UNESCO criou um programa chamado Arab Latinos, do qual somos um dos patrocinadores. É um programa interessantíssimo, em que eles estão levantando e diagnosticando qual é a contribuição dos intelectuais latino-americanos de origem árabe para as culturas nacionais. E isso é riquíssimo, porque todos os países da América Latina receberam imigração árabe. Há um número expressivo de intelectuais e artistas brasileiros de origem árabe. O mesmo acontece na Argentina, no Chile, no México, na Colômbia.

Sim, e é bem bonito mesmo.

A Câmara está participando ativamente nisso. Nós financiamos, fizemos a primeira reunião de peritos aqui na Câmara, foi há cerca de um ano. Nós temos a vice-presidente Silvia Antibas, de origem sírio-libanesa, responsável pela área cultural, de marketing e comunicação. Ela é educadora, historiadora e trabalhou muitos anos na Secretaria de Cultura do Estado de São Paulo. Além disso, nós copatrocinamos também, todo ano, um festival de cinema árabe realizado no Sesc.

É um escopo grande de atuação que a Câmara tem, não é?

O escopo de atuação é grande. Na área social, nós coordenamos, com 18 outras entidades da nossa comunidade, um programa chamado "Juntos pela Síria", para ajudar as populações afetadas por um terremoto. Arrecadamos dinheiro, compramos alimentos e medicamentos e enviamos para lá. Eu espero ter dado uma ideia do âmbito em que atuamos, ainda que a nossa atividade principal seja nas áreas comercial e econômica.

Quais são as dificuldades de um comércio com os países árabes? Tanto do lado brasileiro quanto do lado árabe. Qual é a dificuldade que a gente tem? Anteontem eu fiz uma entrevista com uma pessoa, também por recomendação do Rubens, e ela comentou que o Brasil nem sempre tem muito boa fama de produtos que exporta.

Brasileira ou árabe, a pessoa?

Brasileira.

Eu não estou de acordo com a afirmação de que os produtos brasileiros têm uma má fama no Mundo Árabe. Só para dar um exemplo: em 2022 o comércio do Brasil com os 22 países árabes foi de US$ 33 bilhões, quer dizer, não é pouca coisa.

Não sei nem imaginar.

US$ 33 bilhões; só para os Emirados Árabes Unidos, foram mais de US$ 5 bilhões.

Sim, e a imagem do Brasil no Mundo Árabe...

A imagem do Brasil em geral é boa, o país tem uma boa imagem no Mundo Árabe, por diferentes razões. Por razões culturais, pelo fato de o Brasil ter acolhido muito bem uma grande imigração do Mundo Árabe, pelo futebol brasileiro, por ser uma terra de oportunidades.

Quanto aos alimentos, eu diria que é uma área complexa e delicada, exatamente pela característica do produto. E no Mundo Árabe você tem outro elemento adicional: entre aqueles requisitos de qualidade e sustentabilidade, você tem o requisito de que muitos produtos sejam *Halal*. *Halal* é o que é permitido dentro das normas islâmicas. Mas isso não só na área de abate animal. Os cosméticos, por exemplo, não podem ter determinados componentes que sejam *haram*, proibidos. Então preparações capilares ou cremes não podem conter álcool, o álcool deve ser evaporado no processamento. Os derivados de suíno também são proibidos.

É preciso ter qualidade adequada às exigências do mercado árabe. O Brasil é o maior exportador de proteína animal *Halal* do mundo, sendo responsável por grande parte da segurança alimentar dos países árabes. O que é segurança alimentar? É a capacidade de produzir e fornecer, com previsibilidade e segurança, produtos de qualidade, e isso o Brasil oferece. O fato de ter havido uma ou outra intercorrência acontece não só com o Brasil, mas com qualquer país que exporta alimento. Pode acontecer com frango brasileiro, com o frango cortado da França, que é exportador também, a Malásia ou a Tailândia. Eu não estou de acordo com o fato de que o produto brasileiro tem uma má imagem no Mundo Árabe. Pelo contrário, porque se tivesse, não estaríamos vendendo em grande quantidade para eles. O Brasil exporta para o Mundo Árabe mais de US$ 2 dólares por ano, só de frango. É uma enormidade.

Meu Deus do céu.

Só a Arábia Saudita comprou entre US$ 700 e 800 milhões por ano de frango brasileiro, e a Arábia Saudita é extremamente exigente. Agora você tem peculiaridades de mercado, não é? Você tem de verificar, por exemplo, quais são as exigências. No mercado de alimentos, há várias exigências de sanidade animal, de prazo de validade do produto e tudo isso. Tratar de produtos da cadeia alimentar é muito complexo, é preciso atender muitos requisitos, o que o Brasil consegue sem problema. E vice-versa, os produtos árabes também conseguem entrar no mercado brasileiro, mas você tem determinados requisitos, isso não acontece só no mercado do Mundo Árabe. Vou dar um exemplo: quando era diplomata, fui chefe do gabinete do ministro, veio uma delegação de exportadores de mamão-papaia, do Espírito Santo. Estavam preocupados, porque o país europeu afirmava que a fruta tinha recebido excesso de pesticidas. Na verdade, não era nada disso, era mero protecionismo comercial. Há essas complexidades. Mas o Brasil tem capacidade de atingir o mercado árabe com produtos de qualidade, e tem atingido. Por isso o comércio é significativo. Da mesma maneira que, para vender no Brasil, os produtos árabes têm de atender a legislação e as normas sanitárias locais, quer dizer, você não pode importar qualquer tipo de alimento no Brasil sem atender determinadas exigências.

No comércio entre Brasil e Mundo Árabe, é preciso identificar bem quais são as características do mercado, aquilo que pode ou não ser vendido e quais são as condições para vender, isso falando apenas da qualidade do produto, pois também é importante ter preço competitivo, considerar a necessidade de financiamento à exportação ou não. Mas pode ter certeza de que o produto brasileiro no Mundo Árabe é muito bem aceito.

Independe do viés político? Tanto no governo anterior como no atual, que são muito diferentes?

Eu acho que, no Mundo Árabe, o Brasil tem um ambiente político favorável. Determinados tipos de produto são comprados independentemente do cenário político. Em geral, no comércio internacional, ter um bom ambiente político, ter uma estrutura institucional, acordos assinados etc., isso tudo favorece o comércio e favorece a cooperação econômica, então, sim, eu diria que é um fator importante um bom ambiente político.

Árabe gosta muito de fazer negócio olho no olho. Hoje em dia o *e-commerce* no Mundo Árabe, sobretudo nos países do Golfo, é uma realidade, mas para grandes transações eles ainda gostam do presencial, de conversar, quase de estabelecer uma relação pessoal com o interlocutor. Eu diria que hoje não há nenhum grande empecilho na relação.

O governo brasileiro tem bons acordos?

Temos, mas podemos ter mais. Temos alguns acordos chamados acordos de facilitação do comércio e investimento, mas precisamos de mais. Nós precisaríamos ter mais acordos com os países árabes. Há um acordo entre o Mercosul e o Egito, que tem dado muito bons resultados.

Hoje em dia, acordos de comércio com o Brasil têm de ser assinados via Mercosul, como é o caso com a União Europeia.

É necessário atuar junto com os outros países do Mercosul para mais acordos com o Mundo Árabe, e alguns deles estão na linha de montagem.

A Câmara ajuda nesse meio de campo?

Ajuda, pois, temos uma boa relação com os órgãos governamentais, no Mundo Árabe e aqui no Brasil. Eles nos chamam para apoiar, o que é bastante importante, porque confiam em nosso *know-how*, em nossa capacidade de inteligência do que é o Mundo Árabe. Em 2021, por exemplo, aconteceu a grande exposição universal de Dubai, e nesse contexto compareceram muitas delegações brasileiras, empresariais e sobretudo governamentais, as quais nós ajudamos. Somos muito solicitados a auxiliar.

Sei da sua longa experiência como embaixador, isso te ajuda?

Ajuda muito. A experiência de ter sido diplomata contribui porque somos uma entidade internacional, e como diplomata participei de negociações de diferentes níveis e matérias, não só políticas. Eu, por exemplo, fui chefe de setor de promoção comercial de uma embaixada, área que promovia exportações brasileiras.

Um traquejo?

É, mas por outro lado a experiência geral de ter sido diplomata ajuda porque a Câmara tem de fazer muitos contatos na área governamental, na área privada, e a diplomacia é feita de interações pessoais também. O substrato da diplomacia da atuação dos estados é realizado por intermédio das pessoas, e isso realmente dá uma base interessante para trabalhar num assunto que tem um aspecto internacional. Então isso me ajudou bastante.

Sei. Mas você nunca foi diplomata em país árabe?

Não, nunca. Apesar de ser de origem árabe, a minha experiência foi na América Latina, em países sul-americanos. Bom, para dizer que a minha carreira não foi ruim, eu comecei em Paris e terminei em Nova Iorque. Mas nesse meio-tempo eu estive na Bolívia, na Argentina, na Venezuela e no Equador. Fora isso, quando estive em Brasília, trabalhei na área sul-americana do Ministério das Relações Exteriores. Então a minha grande experiência na carreira foi na área de relações do Brasil com os países da América do Sul.

Quando pensamos nos países árabes, consideramos uma diferença cultural bastante grande. Isso traz alguma dificuldade na área comercial?

Não, não traz dificuldade, mas um exercício e um esforço muito claros de compreensão e entendimento do outro.

Aham. Sem dúvida, sem dúvida.

O Mundo Árabe é muito diverso, não é? Há o Mundo Árabe do Levante, do Mediterrâneo, que no fundo é parecido com o nosso. Há o Mundo Árabe da África do Norte, que é outra coisa, há ainda o Mundo Árabe do Golfo.

Para trabalhar com eles, é preciso entender um pouco a cultura, a maneira de ser, como são as relações sociais. É necessário fazer um esforço de compreensão da cultura em geral e empresarial, porque eles têm uma cultura empresarial própria, têm uma tradição de comércio com os grandes países ocidentais, conhecem muito bem os seus interesses, sabendo como e o que negociar. Em muitos países árabes, trabalha-se com um meio empresarial sofisticado.

É preciso entender os diferentes mercados, os diferentes aspectos culturais. Os árabes têm em comum a religião e a língua, a origem étnica que se espalhou, embora sejam muito diversos. Há diversidade geográfica e histórica, mesmo étnica. Por isso é necessário compreender a atmosfera cultural, geral e empresarial deles. Como eles gostam de negociar? Como eles querem negociar?

Até no trato pessoal?

Até no trato pessoal.

Eu acho fascinantes essas diferenças culturais. O fato de um árabe não estender a mão para uma mulher sozinha, por exemplo.

Depende do país. Há países em que homens e mulheres se cumprimentam com as mãos e outros, não.

O Brasil exporta mais *commodities* ou produtos com valor agregado?

Mais *commodities*, hoje em dia.

E como faz?

Algo necessário no comércio, e a Câmara tem trabalhado nisso, é a diversificação da pauta de produtos exportados. Nos últimos anos, a economia brasileira sofreu uma desindustrialização, logo, a participação da indústria nas exportações e no PIB caiu. O Brasil exporta industrializados para a Argentina, os Estados Unidos, a Europa, mas para o Mundo Árabe a grande exportação tem sido de *commodities*, dos dois lados: deles para nós e de nós para eles.

Temos de fazer um esforço de diversificação. E por que temos dificuldades nesse sentido? Primeiro, porque temos poucos acordos de livre-comércio. O Brasil assinou poucos acordos de livre-comércio, enquanto os árabes assinaram muitos acordos de livre-comércio com o mundo.

Por isso competimos em determinados produtos em desvantagem tarifária. Por exemplo, a Jordânia tem acordos de livre-comércio com os Estados Unidos, a União Europeia e alguns países asiáticos. É preciso assinar outros acordos de comércio e fomentar a nossa indústria para que seja mais competitiva, como é em alguns setores. Qualidade temos.

É visível como muitos países sofrem a influência da competitividade chinesa, porque a China hoje é a fábrica do mundo. Eu morei, nos últimos anos, em Washington e Nova Iorque. Nessa época, tudo era chinês, você ia a uma grande loja de departamento, e a roupa era chinesa, o copo, o prato, tudo. E, quando não era da China, era do Vietnã, Indonésia, Malásia, o sudeste da Ásia todo. Para diversificarmos as exportações, precisamos ser competitivos em preço e qualidade; isso é o que funciona para o Mundo Árabe.

Em alguns produtos, sofremos a concorrência da Turquia. Digamos que Brasil e Turquia têm igualdade de condições em competitividade. Mas qual é a vantagem da Turquia? A proximidade. O produto de uma fábrica na Turquia chega ao Kuwait em cinco dias. Uma das dificuldades do comércio entre o Brasil e o Mundo Árabe é a ausência de linhas marítimas diretas, o que complica o comércio. É preciso fazer transbordos no Mediterrâneo, ou em Amsterdã, por exemplo. Isso depende de onde há linhas marítimas e de onde o transporte fica mais barato. A logística é um aspecto que complica a relação comercial com o Mundo Árabe, por isso é um tema que precisamos resolver.

É preciso disponibilidade, o que se chama de vontade política, para investir nisso?

Sim, mas só a vontade política não adianta. Não é possível que uma empresa privada tenha uma linha marítima direto para Alexandria, simplesmente porque o governo brasileiro quer. Se não houver um fluxo de comércio suficiente para garantir a viabilidade econômica dessa linha, a linha marítima direta não vai existir.

Esse é o problema, e hoje há uma concentração logística enorme nas grandes companhias de transporte marítimo. Há cerca de quatro e cinco grandes companhias que são praticamente dominantes no comércio internacional.

É, os grandes conglomerados acabam...

Outro dia estava vendo uma tabela com as maiores companhias de navegação do mundo, e há uma enorme concentração no hemisfério Norte, que domina o mercado. Então, elas trabalham com economicidade; se não é econômico, não vão fazer.

Claro, é contrário aos interesses da empresa mesmo. O que podemos pensar em termos de futuro, quanto à negociação e aproximação dos países?

Em termos de futuro, eu acho o seguinte: é preciso aperfeiçoar o arcabouço institucional. Isso acontece estabelecendo-se uma aproximação política maior, donde decorre a possibilidade de firmar mais acordos. É possível fazer acordos de facilitação de comércio, acordos de livre-comércio, isso é um ponto. Segundo ponto, é necessário encaminhar uma solução melhor para o tema logístico, para o transporte. E terceiro, é preciso competir melhor em determinados mercados e ter uma boa inteligência para identificar que produtos se vai promover, porque não adianta promover tudo, não dá. É preciso identificar nichos de mercado. Por exemplo, café de qualidade, todos os cafés de origem. Algumas questões devem ser feitas: "De quem está comprando?", "quais são os preços?", "eu tenho competitividade ou não?".

Como eu faço para saber isso?

No nosso campo de atuação, podemos fazer estudos de mercados específicos para auxiliar os exportadores brasileiros e árabes.

Sei, a Câmara me ajudaria se eu quisesse?

Sim, se você fosse dona de uma empresa.

Você seleciona o produto, determina o preço, o mercado que quer atingir, então a Câmara mapeia quais são as possibilidades, quem são os competidores, de onde estão vindo, quais são os preços relativos, e isso é mostrado para o contratante do serviço.

Assim é possível identificar como a empresa pode acessar o mercado, o que ela tem de fazer, o que e como ela deve promover, quais são as iniciativas, se é preciso fazer uma visita a possíveis compradores ou uma exposição. Por exemplo, os tunisianos vieram aqui e solicitaram uma semana de degustação de azeite tunisiano. Você sabia que tem muito azeite tunisiano no Brasil?

Não acredito. O comércio dos árabes para nós também é de *commodities*?

Basicamente o petróleo. O gás é o outro grande produto de exportação deles, assim como os fertilizantes, cujo maior exportador para o Brasil é o Marrocos.

Como é a indústria lá?

Os países árabes têm algumas indústrias competitivas e de capacidade exportadora, produtos petroquímicos, por exemplo. O Brasil também exporta produtos industriais, comércio que seria necessário aumentar.

Gostaria de fazer uma última pergunta. E a questão da língua?

A língua é uma questão complexa. A depender da região, a língua árabe falada é diferente. Há o árabe da África do Norte, o do Levante, o do Golfo. Não é uma língua fácil de aprender. Mas, na área comercial, o inglês é comum no Golfo e no Levante, enquanto o francês é comum no Magreb.

> **Paulo Dallaqua**
>
> *Brasileiro, residente no Egito e executivo da InterCement, multinacional brasileira no Cairo, Egito.*

ENTREVISTADORA – Como aconteceu a sua ida para o Egito?

PAULO – Eu trabalhava na InterCement, a cimenteira do grupo Camargo Corrêa que atualmente pertence ao Grupo Mover. Trabalhei por 22 anos. Em 2015, tinha saído para trabalhar em outra empresa do grupo Camargo Corrêa, também na área de compras, e fui convidado, no mesmo ano, a retornar, para assumir a posição de diretoria aqui no Egito.

Já existia a InterCement no Egito?

Já, desde 2012. A primeira turma de expatriados estava fazendo três anos, então estava na hora de fazer a substituição. E eu estava chegando para esse novo grupo. Essa era a ideia inicial. Fui convidado para uma missão de três anos que acabaram se tornando esses sete anos e meio. E mesmo com a venda da InterCement, os novos acionistas me conheciam e me convidaram para continuar. Então, agora a empresa já tem novos acionistas, mas eu continuo.

Por que você ficou?

Tem de ter quem faça a ponte. Normalmente, as pessoas do Brasil não entendem, e quem é daqui não acredita no que acontece aí. A começar pelos dias da semana. Para quem é de fora, mas mora aqui, é difícil acreditar que, para nós, domingo é um dia útil. Mesmo que InterCement tenha ficado dez anos como acionista. Quem é de fora não entendia que sexta-feira aqui não se trabalha, enquanto domingo é um dia útil. Então, eu sempre fazia essa ponte.

Uma coisa simples: é preciso reconhecer firma do documento. Aqui no Egito não é no cartório, mas no banco. Então, em vários e-mails as pessoas ficavam travadas porque não sabiam a diferença dessas coisas simples. Quer dizer, você manda para o banco e aí pedia do Brasil, mas havia confusão, pois não havia o entendimento dos costumes daqui e do Brasil. Essas coisas parecem simples, mas você acaba ficando no meio e aí facilita bastante.

Esse foi um papel que não estava escrito no convite, que é fazer a ligação entre as duas culturas. E as diferenças são muito grandes. Apesar de o Brasil ter uma colônia enorme de árabes, apesar de termos um comércio grande com eles, não se vive esse dia a dia. Quer dizer, o Brasil tem cultura de exportador, mas do porto para fora. "Me paga, eu recebo." Confirmou que o dinheiro está na conta, eu mando o produto.

Quando chegamos, já havia turma saindo. Como eles vieram e ficaram nesse período de três anos, pegaram uma transição de uma empresa portuguesa. Eles "cortaram o mato alto". Chegaram e tinham grandes problemas que eram meio que desconhecidos, mas lidaram com eles.

Quando eu cheguei, a questão da cultura começou a aparecer mais. As diferenças, coisas que se falavam: "Olha, aqui não se pode fazer isso". Um exemplo de costumes diferentes que não pode acontecer aqui: a InterCement tem cultura de pagar bonificação, como toda empresa brasileira – você tem um salário a mais, uma vez por ano, se cumprir as metas. A empresa atinge o resultado e paga. Aqui, só os expatriados recebiam esta bonificação por resultado, os locais recebiam uma distribuição de lucro prefixada, independentemente do resultado da empresa. Fui me inteirando mais, conversando com rede de *headhunters* egípcios. Falava: "Que pena que aqui não dá para implementar isso", mas, na verdade, não, pois todas as empresas locais fazem isso. Descobri que era uma questão da cultura daquela empresa. Havia uma linha gerencial abaixo dos executivos expatriados, e eles blindavam as informações.

De certa forma, eles acabavam manipulando os expatriados, isso normalmente acontece. Ter um grupo de pessoas em torno de você que acaba controlando a informação. Quando você abre um pouco esse leque, fura essa barreira, começa a entender que dá para fazer. Não é

100% igual, mas dá para implementar. Acabamos implementando uma série de mudanças. Mas, respondendo à sua pergunta, é aprendendo na vida mesmo, vivenciando.

Então, você está no Egito como se fosse um egípcio, porque vive a cultura. Na questão comercial, a semana passa a ter dois feriados, sexta-feira e domingo.

Sim!

Em outros países que não sejam muçulmanos, imagino que não seja também uma dificuldade ter dois feriados na semana.

Vocês estão começando o dia, e a gente aqui praticamente está terminando. Quando no Brasil é quinta-feira e se está começando o serviço, aqui estão terminando. Por isso, se houver algum problema, a resolução só vai acontecer na segunda-feira, no fim do dia para o pessoal daqui. Logo, você pensa (e se organiza): a partir da quinta-feira, ao meio-dia, aqui já não se está trabalhando.

Outro ponto importante é o Ramadã, porque, na verdade, eles mudam o horário. Você começa a receber e-mails à uma da manhã. Eles quebram jejum, depois têm de ir à mesquita. Só aí começa a vida social deles. Quando dá uma ou duas da manhã, eles já estão mais livres, começam a ler os e-mails, a responder. Essa é uma questão que também muda um pouco a vida. Quer dizer, eu adaptei meu almoço para o almoço deles, que é mais para o fim do dia. Então, a gente não almoça mais das 12h às 13h. Almoço aqui é às 16h ou 17h. E você acaba mudando, porque nem achará restaurante aberto antes das 15h. Não precisa acordar muito cedo, porque ninguém acorda cedo. Nós (no Brasil) temos de acordar 5h ou 6h da manhã. Enquanto, no Brasil, já se está indo pegar ônibus para a escola ou o trabalho, eles estão indo dormir às 3h/4h da manhã. É um modo de vida diferente, e como você falou: são dois feriados durante a semana, o que acaba atrapalhando.

Que coisas da cultura, mais do ponto de vista social, enfim, no trato com os espectadores, você teve de aprender?

Acabei aproveitando isso em um trabalho de MBA, da FIA, em Recursos Humanos, que fiz durante a pandemia, e o fim foi mais ou menos isso. As diferenças culturais impactam quem lidera. O Egito nunca foi colônia, embora tenha sido controlado por gregos e otomanos. Li em um artigo que eles trocaram de língua uma vez e de religião duas vezes, mas eles são os mesmos. Têm os mesmos hábitos e costumes que os faraós tinham. O falafel no café da manhã é o mesmo há milênios. São dois mil, três mil anos que eles comem falafel todo dia de manhã. Desse modo, por ter essa tradição, as mudanças são muito difíceis. Essa é uma coisa que me ajudou no começo. Eu tinha claro para mim que não tinha vindo aqui para mudar. Eu não conseguiria mudar os egípcios. A fila é grande. Quer dizer, teve Alexandre, Napoleão, Império Romano, Império Britânico, não seria o Paulo Dallaqua que mudaria o egípcio. Mas existem formas de você mudar comportamentos ou hábitos, por exemplo. Não é uma grande mudança cultural, mas tem como adaptar.

Isso foi algo que eu e um parceiro que acabou saindo, um CEO mulçumano vindo da África do Sul, percebemos. Isso ajudou muito. Apesar de ser diferente a forma como ele praticava a religião islâmica, me ajudou um pouco a entender por que ele tinha o outro lado. Não sou um muçulmano vivendo em um país, mas um cristão, um ocidental. Então uma coisa diferente que tinha aqui, por exemplo, era a questão de liderança.

Era preciso desenvolver nos egípcios a questão de liderança, porque eles têm uma educação formal muito grande. A gente tinha trezentos funcionários, cento e poucos eram engenheiros ou químicos na fábrica. No Brasil, dá para contar na mão a quantidade de engenheiros em uma fábrica. Talvez, um gerente aqui e ali, em outra posição. A gente tem muito mais técnicos, e os operários são mais técnicos. Aqui, não!

Por uma questão da política educacional de Nasser[11], dos anos 1960, todos vão para a universidade. Uma classe, por exemplo, de Administração de uma faculdade pública, aqui do Cairo, tem 6 mil alunos, divididos em duas ou três turmas de 2 mil pessoas. Um curso de Engenharia na Alexandria, por exemplo, tem entre 1,2 mil e 1,5 mil estudantes por ano. Então, todo mundo é engenheiro, mas não tem o mesmo grau. Você acaba conseguindo contratar, por ser uma empresa multinacional

---

11 Gamal Abdel Nasser, presidente do Egito entre 1958 e 1970.

em Alexandria, profissionais que na realidade gabaritaram a faculdade. Esse estudante saiu da faculdade quase que somente com notas 10. Só que eles têm essa deficiência de tomar decisões. Foi essa parte que tivemos de desenvolver.

Esse foi um ponto que, por sermos uma empresa do Brasil, na qual nosso operário tem iniciativa, foi preciso entender – e mudar –, pois aqui era assim. O profissional daqui vai precisar sempre se reportar a alguém e receber uma orientação da chefia. Ele vai demandar muito de seus superiores. Por exemplo, chegavam a vir até nós só para perguntar a cor que iriam pintar uma sala.

Outra diferença cultural: um carro aqui é um benefício dos funcionários, mas no Brasil não se compra carro em firma, no máximo se faz *leasing* ou aluga. E eu cheguei aqui com essa cultura e ouvi dos expatriados que já estavam aqui: "Isso não existe". Procurei no Google e encontrei uma empresa de locação de carros que ficava no mesmo andar que o nosso. A gente mudou esse costume: vendi os carros e comecei a locar. Escolhemos carros e montamos uma frota. Os carros, lógico, não eram todos da mesma cor. Tive de criar uma regra para dividir os carros: as mulheres gerentes primeiro, depois tem a escolha da cor, que era por ordem de senioridade na posição. Quem era gerente há mais tempo tinha prioridade para escolher.

Você chega ao ponto de precisar orientá-los sobre como tomar uma decisão. Havia um medo que acabou mudando. Foi necessário trocar e trazer colaboradores mais jovens. Precisamos investir nisso, porque era difícil, para a pessoa que está há muito tempo trabalhando, mudar essa mentalidade. Acho que passaram pelos cursos de treinamento gerencial mais de sessenta pessoas, tendo em conta que a empresa tem uns vinte gerentes. Treinamos praticamente três vezes o número de gerentes. Até brinco que temos uma filial na Arábia Saudita, porque teve um diretor que acabou saindo e levou mais uns dez daqui.

Quer dizer, é diferente, então você não pode querer que as pessoas tenham as mesmas respostas ou as mesmas atitudes que se tem em um país como o Brasil ou a Argentina, são realidades muito diferentes. Em uma empresa com uma operação tão grande, apesar da diferença da língua, que não é muito grande, a cultura é praticamente a mesma. Os dois colonizados por países europeus, e todo mundo é cristão. A história é muito comum.

É, a religião está muito intrincada.

A religião faz parte do dia a dia aqui, não tem como segregar. Foi até não um problema, mas uma dificuldade explicar para as pessoas, pois o Brasil é um estado laico há muito tempo. As pessoas se sentiam um pouco, aí no Brasil, constrangidas de fazer anúncios que aqui são normais. Então, por exemplo, você manda felicitações em feriados religiosos, que, para eles, são muito importantes. O pessoal do Brasil tinha um pouco de receio: "Somos uma empresa laica e não podemos falar de religião". Tive de mostrar que aqui isso é importante e temos de falar. Não é como aí (no Brasil).

Paulo, como é a imagem do Brasil aí?

O futebol é muito importante nessa imagem. Dependendo da idade, a pessoa vai se lembrar de Pelé, Zico, Sócrates ou Falcão. Os mais novos, de Roberto Carlos. Gostam muito do Kaká, dos Ronaldos. Ultimamente, a molecadinha, um pouquinho do Neymar. Tinha até uns cartazes quando ele estava no Barcelona. Então, o futebol tem relação direta nesse sentido.

Entendi. E se pensarmos em termos comerciais? O que o Brasil precisa fazer para ter uma boa aceitação, e o que as empresas teriam de fazer para se relacionar melhor com o Egito?

Eu acho que tem de conhecer essas nuances. Realmente é uma cultura diferente, mas tem jeito, é só questão de saber como lidar. Eu acho que vir mais para cá, não fazer aquela visita turística só para conhecer as pirâmides. Tentar se ambientar um pouco mais, conhecer outras empresas egípcias, conversar com empresários.

Tem de haver conversas de alto nível. Porque a gente sentiu que eles, assim como nós, também têm dificuldades. Eu me lembro de Emad Z. El Sewedy, o empresário que montou uma empresa de produtos e componentes elétricos no Brasil. Ele acabou esbarrando nas questões de certificação do Inmetro, que ele não tinha aqui, e isso se tornou meio que uma barreira para produzir e iniciar produção no Brasil.

Mas quero salientar que, pelo que percebi, vivendo aqui com o pessoal da embaixada, recebendo algumas missões, o egípcio é muito mais negociante nesse sentido. Por exemplo, meu filho mora em Sorocaba, no Brasil. Eu fui com ele ao mercado, na cidade dele, e ele estava com uma caixa de laranjas egípcias, a mesma que eu compro aqui, porque eles vão e insistem, continuam. Acho que precisamos insistir mais. Nós nos assustamos um pouco com essas questões de "ah, é diferente". Somos um povo avesso ao risco. Temos aversão ao câmbio, de ter perda cambial. Temos história de grandes perdas. Eu acho que, ao menos pela minha experiência, boa parte das empresas no Brasil usa exportação como compensação quando o mercado interno não está respondendo, e exportar o excedente ajuda a minimizar perdas. No minuto em que as coisas no Brasil ficam boas, a primeira coisa que se corta é a exportação, e não deveria ser assim. Deveríamos persistir. Esse é o ponto. Deveríamos colocar exportação e o mercado internacional como uma prioridade, seguir em frente e manter a presença no exterior.

E quais áreas seriam mais interessantes?

O que já exportamos para cá: frango, carne, açúcar. O egípcio importa muito, principalmente alimentos. Deveríamos manter este setor, porém ampliar a exportação de produtos e serviços. No tocante a equipamentos, o Egito firma acordos com muitos países. Nesse sentido, o Brasil precisaria ter um acordo pelo Mercosul, para explorar melhor esse segmento. Se não me engano, o bloco tem um acordo com o Egito, o que ajuda, porque eles já têm acordos bilaterais com a Comunidade Europeia e com países árabes e africanos. Por exemplo, as peças de reposição que comprávamos para a fábrica eram importadas da Europa. Se o negócio fosse feito com um certificado *Eur.1*[12], não se paga imposto de importação no Egito.

---

12 Eur.1 certificate: certificado que comprova que um bem foi produzido na Comunidade Europeia (https://en.wikipedia.org/wiki/EUR.1_movement_certificate)/(https://trade.ec.europa.eu/access-to-markets/en/roo-explain-term/origin/CR/destination/BE/term/movementCertificate).

E essa questão das taxas e dos impostos é uma negociação entre governos?

Sim, e no caso do Brasil já foi feito, com o acordo entre Mercosul e Egito, mas tem fases. Etapas para ser implementado. Eu não sei como está aí do lado do Brasil.

É preciso haver negociação, mas acho que nada impede de se pesquisar o mercado e descobrir o que poderia ser um nicho de exportação para o Egito. Eu vejo banana do Equador aqui no mercado, por exemplo. É um nicho ou uma parceria que deve ser iniciada. Ter um parceiro local sempre faz mais sentido. É difícil entrar em um país 100% por iniciativa própria. A maioria dos negócios aqui, mesmo os grandes, tem parceiros locais, e acho isso importante. Tem muitas oportunidades, sim, e o Brasil, que é um país que exporta muito, está muito bem com esses acordos. O Egito tem relação com a África e uma posição geográfica muito favorável para si, está a um pé da Europa. Aqui se pode facilmente importar componentes da China, da Índia, ou mesmo do Brasil, para uma subsidiária instalada em uma zona alfandegada, seja em Alexandria, Port Said ou mesmo Cairo, e em seguida fazer a montagem ou produção e depois exportar. A indústria têxtil aqui no Egito é basicamente dominada pelos turcos, e eles têm fábricas em zonas alfandegadas. Importam insumos no sistema de *draw back* e exportam 100% da produção.

Na minha opinião as empresas brasileiras ainda têm bastante o que aprender e precisam ser mais perseverantes. De modo geral, nós brasileiros, quando atuamos no mercado internacional, acabamos nos assustando diante da primeira dificuldade, desistimos ou postergamos uma decisão de investimento.

Como é a questão da sustentabilidade? É um tema?

Sim, é um tema importante para o governo egípcio, porque eles dependem muito de financiamento externo. A Europa tem linhas de financiamento como nosso BNDES, mas não são para os países da CE, porque não precisam. Essas linhas são para o leste europeu ou norte da África. Então, existe o EBRD[13], que é o BNDES da comunidade europeia, o

---

13 Banco Europeu para a Reconstrução e o Desenvolvimento, na sigla em inglês.

IFC[14], que é do Banco Mundial. Eles têm linhas de financiamento para projetos sustentáveis.

Na Amreyah, estavam se desenvolvendo temas como combustíveis alternativos e energia solar. Basicamente, vendo formas de conseguir financiamento por esses organismos internacionais. O Egito incentiva, o governo tem um discurso bem-alinhado com as Nações Unidas, com os SDGs[15]. Para mim, aqui o governo (comparado ao dos nossos governantes, que falam muito) tem outra postura. Há, de certa forma, ministros bem capacitados, como a ministra da Cooperação Internacional, que estudou nos EUA e trabalhou no Banco Mundial. Ela tem uma facilidade, um traquejo de falar, um discurso suave ao ouvido, uma perfeição. De cada cinco palavras, seis são SDGs. Quer dizer, isso facilita, porque o governo tem esse alinhamento da política externa. Obviamente, na prática não é 100% assim, mas pelo menos o discurso facilita a obtenção de linhas de financiamento. Egito está na pauta desses organismos internacionais de fomento. Se não me engano, Egito é muito bem-visto pelo EBRD, que é o braço financeiro da comunidade europeia. São EUR 5 ou 6 bilhões por ano em projetos de tratamento de água e esgoto.

A poluição é uma questão?

O lixo é um problema. A poluição acaba mascarada pela questão da areia, com suas tempestades e ventos, por isso acaba por passar desapercebido. No Brasil, sempre usamos carvão nas fábricas de cimento, como combustível. Aqui no Egito isso começou só em 2015. Até então eles só usavam gás natural. E precisaram mudar rápido, porque estavam sem disponibilidade de gás natural, mas não tinham carvão. Eles não queimavam carvão e, com exceção da indústria cimenteira, nenhum outro setor industrial queima carvão aqui no Egito. Eles sempre foram preocupados com essa questão, é um problema queimarmos carvão aqui. É difícil renovar a licença, pois eles podem até parar a fábrica. O tema ambiental é uma questão levada muito em a sério. A coleta de lixo, para eles, é um problema a ser resolvido. Na cimenteira, estávamos oferecen-

---

14 Corporação Financeira Internacional, do Banco Mundial, na sigla em inglês.
15 Objetivos de Desenvolvimento Sustentável, das Nações Unidas, na sigla em inglês.

do a queima do lixo urbano. E é totalmente factível substituir esse carvão pelo lixo urbano. Então, em vez de importar o carvão, você substitui pelo lixo.

Mas, sé é um problema grande, por que empresas e pessoas não cuidam disso?

Porque ficamos um período sem coleta. Eles não conseguiram montar um esquema de coleta de lixo. Durante a revolução, acabou se perdendo. Nem depois do Mubarak[16] eles conseguiram retomar por completo. Porque é uma população muito grande e concentrada. Acredito que ocupem pouco mais de 1% do território do país, mas são mais de 100 milhões de pessoas vivendo em nas faixas estreitas do Delta e das margens do Nilo. Cairo e Alexandria melhoraram bastante nesse ponto, mas os aterros sanitários são imensos.

Não se produz gás nos aterros?

Não. Tudo está simplesmente enterrado, mas existem programas do governo para geração de eletricidade com o gás de aterros.

O que você acha que o Brasil poderia oferecer, se pensarmos no futuro? Como você vê isso? A gente mudou, o governo mudou? Mudaram algumas coisas?

Boa pergunta! Acho que tem muita similaridade no povo. É um povo sofrido, mas, apesar de tudo, está sempre alegre e brincando entre si. Eu vejo essa similaridade com o brasileiro. Na parte da agricultura, por exemplo, acredito que teríamos uma parceria importante com eles aqui. Eles têm terras muito férteis e nós conseguimos transformar terras não tão férteis em altamente produtivas. Eles têm potencial para exportar. A Europa está aqui na frente. Tem também o deserto, esse seria um ponto que o Brasil poderia estar aproveitando.

O que eles não têm é indústria. Como eu falei, importam muito. Lembro que uma das etapas para convencer estrangeiros a se tornarem expatriados era levá-los para passear no Carrefour, para mostrar

---

16 Hosni Mubarak, presidente do Egito de 1981 a 2011.

os produtos que existem aqui. As famílias vêm da Europa, chegam aqui e encontram no Carrefour daqui uma gôndola igualzinha a que elas tinham lá. Vindo do Brasil, mostrei o absurdo. Você pode produzir, por exemplo, comida de animais de estimação, plástico, mas tudo é importado – até a banana. Eu brincava com eles sobre isso. Dizia que eles têm banana aqui, mas trazem banana do Equador. Até pode trazer do Brasil, mas do Equador, não. Acho que ter uma indústria é fundamental. E não digo grandes indústrias, mas aquelas médias que o Brasil sempre teve. Você vai ao supermercado, e vê que todos aqueles plásticos e utensílios são brasileiros. Eles não têm essa indústria de médio porte e, mesmo tendo uma empresa, acabam importando, porque não se tem uma peça de rolamento, graxa etc. E acabam tendo de importar porque não têm a peça local. Essas coisas utilizadas no dia a dia, acaba precisando importar. Papel, por exemplo.

Está mudando, mas ainda a Arábia Saudita e os Emirados Árabes tomam esse papel no mundo árabe. Então produtos da Unilever, apesar de o Egito ser seu maior mercado, vêm de lá, não são produzidos aqui. Tem Unilever aqui, que produz o Lipton, porque eles tomam muito chá. Mas quando você precisa comprar alguma coisa que seria uma intermediária ali, uma empresa média/micro do Brasil, aqui não tem. Eu acho que poderia ser uma oportunidade para o Brasil.

A principal divisa do Egito é o turismo?

Há três principais: turismo, o Canal do Suez e as remessas da diáspora. Porque os egípcios que moram fora mandam dinheiro para as famílias. A vida de um rapaz aqui é a seguinte: termina o colegial e entra para a faculdade; termina a faculdade; presta serviço militar por um ano e meio, dependendo do grau. Se fez faculdade, faz um ano de serviço militar. Nesse período, já arranjaram uma noiva para ele. Ele faz o noivado e vai para o Golfo trabalhar, juntar dinheiro para mobiliar a casa que o pai está dando para ele se casar.

Turismo é forte. Quando estourou a invasão da Ucrânia pela Rússia, havia 15 mil ucranianos de férias aqui. Se não me engano, eram 6 mil egípcios lá. Enquanto 30 brasileiros jogavam bola na Ucrânia, havia 6 mil egípcios estudando na Ucrânia. Eles têm uma presença internacional muito mais forte que a nossa.

Se o povo inteiro é mais bem preparado do ponto de vista do ensino, eles têm mais chance mesmo, não é?

Têm e aproveitam essas oportunidades de estudar e trabalhar no estrangeiro. É meio que natural e faz parte do dia a dia deles. O pai fez, o tio e o primo também. Isso facilita, e um vai ajudando o outro.

Nessa instalação das empresas que vou chamar de medianas, os trâmites são muito difíceis? Se eu quiser montar uma fabriqueta de pote de plástico, como você falou, os trâmites são complicados?

São, sim. É uma burocracia. Eles estão implementando alguns modelos para facilitar. Acredito que para uma empresa nova seja mais fácil do que para uma que já esteja estabelecida aqui, como era o nosso caso. Quer dizer, era uma empresa que já existia, uma empresa egípcia. Eu acho que, para começar uma empresa, se houver uma lei de investimento, é mais favorável. Existe, sim, uma predisposição para investimento. Eles precisam de muito investimento externo e há demanda. Basta encontrar o caminho. Mas eles têm um órgão chamado Gafi, responsável pelos investimentos estrangeiros, que já usamos para fazer disputa com órgãos do governo. Utiliza um tribunal de pequenas causas, uma arbitragem dentro desse organismo, que tem o papel de defender investimentos estrangeiros. O pessoal do Golfo faz bastante, mas para empresas grandes. Eles têm muito dinheiro e não vêm com pouco.

Eu não quero tomar muito mais o seu tempo, pois já estamos há uma hora e meia falando, mas eu queria fazer uma pergunta quase pessoal. A questão da segurança, como é andar na rua?

Não tem roubos, como há no Brasil. Em um café, as pessoas deixam mochila, notebook e celular na mesa e vão ao banheiro. Não existe assalto. Mas, por exemplo, minha esposa não se sente confortável de andar sozinha na rua, não pela questão de ser assaltada, mas de ser importunada. Por ser estrangeira – o que dá para reconhecer –, ela está andando sem véu. Não é local e não vai responder à altura. Então, existe essa questão de andar sozinha, de ser importunada. Existe aquela questão da necessidade de um vagão feminino no metrô.

Qual a má fama que temos?

É isso que eu falo. Acho que temos de insistir. O Brasil precisa cuidar também da questão do marketing. Aquela história do café colombiano, do Dom Pepe lá, Don Ramón etc. Ele é tido como o café premium, mas na verdade é a mesma coisa. A diferença é que eles têm esse cuidado com o que exportam e cuidam da ponta.

A imagem!

Isso, a imagem.

Nessa questão da imagem, se desse para comparar, quem são os concorrentes de nossos produtos em termos de país? E que produtos você diria, os de valor agregado ou não?

Aqui há uma adoração pela Alemanha. Então, o produto alemão é tido como o de maior excelência. O médico formado na Alemanha é o "bom". Se você manda seu filho para estudar na Alemanha, ele é "bom". A German University in Cairo (GUC) é considerada uma das melhores universidades, juntamente com a American University in Cairo (AUC). Mas o produto americano não é a mesma coisa, porque não chega ao Egito. Se você perguntar, por exemplo, na fábrica, para os meus funcionários, o responsável pela manutenção vai querer um produto alemão (se puder importar). A Alemanha é a referência de qualidade aqui.

Como é isso em termos de tecnologia?

Não conheço ninguém aqui com menos de dois celulares. Normalmente tem três. São muito fissurados nisso. Há muito desenvolvimento de software aqui no Egito, por terem essa formação. É muito barato desenvolver softwares aqui. Eu me lembro de fazermos aplicativo para a empresa. Precisávamos desenvolver com a Vodafone, que é a companhia telefônica daqui, e eles desenvolveram um aplicativo específico. Eles têm isso muito enraizado, muito forte.

As *startups* tecnológicas devem ser importantes no Egito.

Sim, há bastante, e eles investem muito. Eles têm uma *startup*, SWVL, que comprou empresas no Chile e no Brasil. Uma que faz um "Uber para van", porque aqui eles têm muita van. Era um aplicativo que compartilhava um local em van, porque o transporte coletivo daqui é em van.

Qais Shqair
Embaixador da Liga Árabe no Brasil

ENTREVISTADORA – Podemos começar.

EMBAIXADOR QAIS – Obrigado, Phirtia, é um prazer ser entrevistado, expressar meu ponto de vista sobre as relações com o Brasil, mais especificamente sobre a parte econômica. Na verdade, não podemos separar ou focar somente uma das partes da relação. Não podemos discutir as relações econômicas sem considerar a política, a cultura, o social. Pessoalmente, estou muito orgulhoso de participar porque, nesses quatro anos no Brasil, este é o meu ponto de interesse. Nesse tempo, escrevi muitos artigos sobre as relações entre o Brasil e os países árabes. O Sr. Hannun é um amigo muito querido. E trabalhei com a Câmara de Comércio Árabe-Brasileira, de maneira geral. Esta conversa é muito importante, e há muitos pontos para adicionar nesse contexto.

As relações entre o Brasil e os países árabes são históricas, nós continuamos a dizer isso. Principalmente ao ministro das Relações Exteriores, em diferentes eventos, em diferentes níveis, em todos os governos. Aproveitamos essas relações, mesmo estando longe uns dos outros. Se eu quisesse ir ao meu país, a Jordânia, precisaria pegar três voos e viajar por trinta horas. Mas temos coisas que devemos considerar, pois nos tornamos próximos. Agora, se você for olhar para a história, temos interagido, e a interação entre o Mundo Árabe e o Brasil pode ser vista desde cinco ou seis séculos atrás. Muitos árabes, muitos muçulmanos ao redor do mundo, se interessaram por esta nação. Eles cruzaram o oceano e chegaram ao Brasil, foram para a Bahia. No estado da Bahia está o Mundo Árabe. É Bahia porque eles vieram dos seus países e avistaram as terras verdes. Então, Bahia, para eles, significa bonito, charmoso. Essa foi a primeira interação.

Claro, eles se estabeleceram e começaram a trabalhar na agricultura, profissionalmente. Mas um ponto alto foi a visita do imperador do Brasil, Dom Pedro II, no século 19. Ele foi ao Egito, à Síria e à Palestina, trazendo consigo, na volta, alguns acadêmicos, técnicos, artesãos, que foram para o Brasil com a sua perspectiva de mundo. Essa é a interação. Outro nível muito importante é o político. Retornando a 1947, quando a Assembleia da ONU organizou uma sessão presidida pelo Ministro das Relações Exteriores do Brasil, Oswaldo Aranha, à época da luta iraquiana, em 9 de novembro de 1947, e da Resolução 181 da ONU, que clamava por dois estados. A solução dos dois estados para a questão da Palestina, que nós estamos hoje advogando internacionalmente e que nos dá a base para resolver o conflito entre os árabes e os israelenses, tem relação direta com o Brasil. Há muitas contribuições diplomáticas do Brasil que podem ser citadas. O Brasil é, hoje, membro não permanente do Conselho de Segurança da ONU, mas é um candidato legítimo a uma cadeira de membro permanente.

Agora, quanto à parte econômica das relações, temos excelente relação com o Brasil. O comércio exterior de ambas as partes em 2022: 17% das exportações para os países árabes foram do Brasil e 15% das importações do Brasil vêm do Mundo Árabe. Precisamos um do outro.

O Brasil exporta para nós produtos agrícolas como frango e carne *Halal* – produtos que, além de serem muito importantes para esses países, também são parte de uma indústria que está crescendo ao redor do mundo, e o Brasil é um pioneiro nessa área. Por outro lado, nós exportamos para o Brasil fertilizantes, utilizados na agricultura e em produtos alimentícios, e, claro, energia e petróleo.

Somos muito bons na área dos investimentos, há muitos fundos de investimentos dos países do Golfo, como Emirados, Bahrein, Catar, Arábia Saudita, e há alguns investimentos brasileiros em Dubai. Dubai está atraindo empresários de todo o mundo para o Oriente Médio. Mas, se pararmos nesse formato tradicional de cooperação econômica, ficaríamos estagnados.

Há outras ideias que podemos discutir. Há alguns anos, o secretário-geral das Câmaras Árabes visitou o Brasil e se encontrou com o então vice-presidente em exercício, Hamilton Mourão. Mas, a fim de quebrar a barreira geográfica entre o Brasil e Mundo Árabe, há um plano para a criação de quatro portos no Mediterrâneo, no Marrocos, na Líbia, no Egito etc. Temos zonas industriais e parcerias entre Brasil e países árabes no setor privado, não necessariamente governamental, nas quais são produzidos frango, comida *Halal* e cosméticos. Aliás, cosméticos são um ponto interessante a mencionar. O Brasil é um pioneiro na área, tem uma indústria muito avançada, mas, no Mundo Árabe, não se tem ideia disso. Compramos cosméticos da França e Itália. Nesse momento, não há uma aproximação significativa e lucrativa dos brasileiros nessa área. Essa é uma boa ideia de promoção nas relações econômicas, mas temos de trabalhar nisso. Em todas as ocasiões, relembro as pessoas sobre isso, e elas concordam que precisamos de alguém que tome a iniciativa. Essa é uma ideia.

Além disso, a parte cultural também é importante. No Mundo Árabe, as relações são direcionadas para a Europa porque era um costume e ainda temos, desde os regimes coloniais, uma relação muito sólida no continente, com Inglaterra, França e outros países. Éramos colonizados, então temos essa interação. Sabemos que os produtos britânicos e franceses, como os carros da Renault, são bons. Entendemos que Japão e China também são importantes parceiros comerciais, mas ainda não estamos tão direcionados para lá. Igualmente, também temos intenções de negócios com o Brasil e a América Latina.

Porém, há uma grande barreira geográfica, a distância entre nós e esses parceiros. Sob outra perspectiva, o Brasil está voltado para a América Latina, sendo o maior país da região, representando 43% do território continental. Recentemente tivemos o *summit* da União de Nações Sul-Americanas (Unasur), em que foi discutida a unidade. Foi debatida uma moeda comum para o comércio exterior, pois evidentemente o Brasil está muito focado na América Latina, que é um espaço importante para o país. Mas, se estamos buscando, de maneira séria, promover as relações, precisamos pensar estrategicamente e não podemos focar apenas melhorar a importação e exportação. Olhe para o Brasil – as coisas estão mudando, e o Brasil é muito importante, um dos maiores países do mundo.

O Brasil é um candidato legítimo a uma cadeira de membro permanente no Conselho de Segurança da ONU. A Índia é uma candidata legítima também. Ainda mais agora, com sua população excedendo a da China, ela é uma potência muito importante e está avançando nas indústrias eletrônicas. Bangladesh, esse pequeno país pobre na Ásia, está exportando para a Europa e para os EUA. A China é, hoje, entendida pelos Estados Unidos como uma adversária política e econômica, uma adversária à superpotência. As coisas estão mudando. Temos de nos perguntar: onde o Brasil se encaixa nisso? Há um plano? Estamos considerando onde o Brasil deve estar? Ele deve ficar perto da América Latina, Venezuela, Chile e outros, ou deve ampliar a sua visão?

Essa resposta vem de alguém que adora o Brasil, que está vivendo no Brasil como um cidadão brasileiro hoje em dia. E como cidadãos brasileiros, o que devemos fazer? O Brasil é um país muito rico. A Amazônia por si só é de suma importância para o país. Agora, estrategicamente, temos de pensar sobre quais cartas temos em mente, já que estamos discutindo relações com países árabes.

O Brasil tem relações muito estratégicas com o Mundo Árabe. Devemos reconsiderar, por exemplo, as indústrias militares. Hoje, o Brasil é um dos principais países na produção de produtos militares. Outro ponto a se colocar nesse pensamento é o segmento de cosméticos. Além disso, uma grande porta para o Brasil é o lado cultural. Falamos português hoje por causa da história, isso não deve ser esquecido.

Por que não promover as relações culturais com os países árabes? Falo como jordaniano e como cidadão brasileiro: o Brasil é o país mais bem-vindo no Mundo Árabe. Eles preferem o Brasil a qualquer outro país. Por exemplo, se tivermos um produto brasileiro na área de cosméticos, o Mundo Árabe vai preferir esse produto ao da França, Itália ou Índia. Eles amam o Brasil. É um país pacífico, que nunca nos atacou ou nos colonizou. Compartilhamos isso no Mundo Árabe. O Brasil e os países árabes têm apenas relações pacíficas.

Para ter ideia, no futebol, durante a Copa do Mundo, os árabes sempre torcem pelo Brasil. Desde os anos 1950 até os dias de hoje, em Doha. Isso foi ainda mais percebido na Copa de 2022, no Catar. Isso é um crédito para o Brasil.

Temos uma comunidade árabe-brasileira muito influente, com uma presença bem forte, principalmente pelo lado econômico. Então, por que não ter relações? Introduzimos o Mundo Árabe aos brasileiros e, claro, colocamos a indústria brasileira lá. Temos de trabalhar muito nisso.

Turismo, por exemplo. Muitos brasileiros não sabem sobre a religião no Mundo Árabe. Onde Jesus Cristo nasceu, por onde ele passou na região, como Palestina e Jordânia, que devem ser vistos como importantes destinos turísticos religiosos. Pela minha experiência, poucas pessoas sabem disso. Poucas pessoas pensam em visitar Jordânia, Palestina, Síria ou Líbano. Quando você visita a Jordânia, dirige por meia hora para chegar à Palestina. Se você vai a Amã, dirige por poucas horas até as mesquitas. Quando você pensa em um "pacote de turismo" com essas localidades, poderia ser muito bem-sucedido.

Tenho muitas outras coisas em mente. Mas como colocar essas ideias para funcionar? Devemos pensar estrategicamente, no tocante à parte do governo e da política. A outra parte tem a ver conosco, embaixadas, câmaras de comércio, instituições e até indivíduos. Como promover as relações?

Podemos trazer as indústrias, projetos de empreendedorismo, ligados com mídia e troca de informações, por exemplo. Por que os brasileiros não poderiam assistir na Globo a séries árabes traduzidas para o português, como já assistem em streamings? Imagine os brasileiros de origem árabe assistindo a séries de TV apresentando a socialização nos países árabes, como Líbano, Síria e Jordânia. Isso poderia ser interessante. Ficar próximo de outras culturas, tradições sociais e história, afinal temos uma história comum. O mesmo no Mundo Árabe. Por que não transmitir séries e novelas brasileiras? Há séries que falam sobre esses imigrantes que vieram e como eles começaram. Precisamos desse tipo de projeto. Hoje, só temos as notícias da Câmara de Comércio. A UNESCO tem dado suporte a esse projeto latino-árabe, um projeto cultural.

Fiquei quatro anos defendendo um instituto para o Mundo Árabe na América Latina. Especialmente em Brasília ou São Paulo, onde podemos promover a cultura dos dois lados, como Egito, Jordânia, Arábia Saudita, Mauritânia, Marrocos, Brasil, Argentina, Chile, Peru etc.

O centro deve ser no Brasil, porque é o principal país da América Latina. Temos em torno de onze origens árabe-brasileiras e elas podem contribuir para isso, pois têm a habilidade. As possibilidades são extensas. Gostaria que fosse uma discussão coletiva, e não uma entrevista, para que todos fossem ouvidos. Dessa forma, poderíamos trazer uma nova ideia e ir adiante com isso.

Tenho algumas ideias sobre como impulsionar as relações, especialmente as econômicas. Precisamos de iniciativas para fazer isso. Uma delas é o pensamento estratégico, a parceria estratégica, principalmente utilizando a dimensão cultural que temos em comum.

Estava pensando sobre esses obstáculos, porque estamos discutindo como construir uma relação forte, mas de que forma não perder isso? Porque, analisando os dados, percebi que há dez anos tínhamos uma grande quantidade de exportação em um país específico, e hoje não temos mais. Como não perder essa relação ao longo dos anos?

Não temos o que perder, desde que seja uma quantidade "trocada" comercialmente. São US$ 53 bilhões entre ambas as partes, considerando que o Brasil precisa de fertilizantes, e nós precisamos de comida *Halal*. Essas são as bases das nossas trocas comerciais. Não temos o que perder em rotina e trocas comerciais. Estamos bem, e as relações estão melhorando. Mas, no futuro, o que podemos fazer? Claro que podemos fazer mais. E o turismo? É praticamente zero. Um país como o Brasil, com o Rio de Janeiro e as praias mais bonitas do mundo e quase ninguém sabe. Como quebrar a distância? Estou morando em Brasília e, para viajar até a Jordânia, preciso ir a São Paulo. Por que não poderíamos ter voos internacionais partindo de Brasília, por exemplo? Por que não ter voos de São Paulo e Rio de Janeiro para o Egito, o Líbano, o Marrocos e para alguns dos principais países? Por que ir a Madrid e de lá para o Sri Lanka, por exemplo? Ou voar até Paris para, então, ir para o Cairo? Isso deveria ser uma coisa estratégica. Isso é política, mas tem a ver com economia. Temos uma comunidade de seis milhões brasileiros-libaneses. Eles têm muito o que fazer nos negócios, no parlamento, no governo. O ex-presidente Temer tem origem libanesa. Por que alguns brasileiros não poderiam atuar sobre a situação no Líbano, sobre a crise? Por que não ter essas pessoas atuando nos dois lados? Podemos abrir para a troca econômica, e o Brasil tem essa posição no Mundo Árabe. Podemos trazer os dois países juntos. Imagine, cinco séculos atrás não havia aviões, e as pessoas vieram para o Brasil e estabeleceram um estado, a Bahia.

Hoje, pensando na entrevista, em dar uma introdução em português – eu sei português, mas não consigo me expressar muito bem –, pensei nas expressões "Tudo bom" e "Tudo bem". No Egito, usamos esse sentido de "bom", que é simplesmente "bom". No meu país, a Jordânia, há palavras do Brasil, como "garoto e garota", *little boy and little girl*. Você sabia? Você sabe onde eles usam isso? Na comunidade beduína na Jordânia, não nas cidades. No deserto, essas pessoas simples têm essas palavras. Como? Eles foram para o Brasil e interagiram com brasileiros? Não, eles costumavam ter trocas. Séculos atrás, as pessoas interagiram. Precisamos de interação cultural e social na mídia, em séries de TV, documentários etc. Devemos saber uns dos outros para além da rotina, das relações típicas dos países. O Mundo Árabe tem uma história com a Europa, o Japão e a China. Agora, temos de ir para a América Latina, e o Brasil é a porta de entrada. Devemos pensar sobre essas perspectivas que são amplas.

Sim, isso é interessante. Estava pensando sobre a questão que você estava falando, a história da visita do Dom Pedro II. Pesquisando essas relações diplomáticas entre o Brasil e o Mundo Árabe, percebemos que muitos países têm embaixadas muito recentes no Brasil. Minha questão seria para você pensar um pouco mais sobre isto: como essas relações naturais são importantes na construção de uma relação comercial no Brasil?

A missão da Liga Árabe foi estabelecida em 1958, uma das mais antigas missões diplomáticas no país. Nós estávamos no Rio de Janeiro, primeiramente, e depois nos mudamos para Brasília. Uma das razões para a presença da Liga Árabe é a comunidade dessa origem no Brasil, considerando que 6% da população brasileira tem origem árabe. Por isso, temos essa presença aqui junto com as embaixadas[17], certamente. Apenas

---

17 Há 18 embaixadas mais a missão da Liga Árabe, com 22 membros.

quatro países membros não estão representados aqui diplomaticamente por embaixadas, mas contam com boa presença. As embaixadas estão fazendo um trabalho muito bom, mas há um problema, que é o fato de estarmos em Brasília, a capital política e burocrática do Brasil, enquanto a parte de negócios está em São Paulo, e do turismo, no Rio. Esse é um obstáculo pequeno, mas podemos superar com iniciativas que têm a ver com o lado cultural. Não temos qualquer obstáculo no lado político. O Brasil está defendendo o direito internacional, está comprometido com ele, apoiando iniciativas de paz e o direito das pessoas de lutar pela independência, defendendo as questões árabes, e a mais importante é a questão Palestina, somos muito gratos por isso. Assim, não temos barreiras políticas e temos muitos fóruns de cooperação, como o Fórum Econômico Brasil & Países Árabes. Um exemplo dessa cooperação foi a Cúpula América do Sul – Países Árabes (Aspa), iniciativa brasileira proposta pelo presidente Luís Inácio Lula da Silva, em 2003. Ela é um mecanismo muito importante para unir países árabes e os países latinos, não somente o Brasil. É um fórum de discussão política, econômica e cultural, mas há anos não estão ocorrendo encontros, embora haja planejamento de acontecerem reuniões de ministros.

Temos dois tipos de encontros: os ministeriais e os das câmaras de comércio. Estamos trabalhando por meio da Liga Árabe, que é a coordenadora desse grupo, do lado árabe. O Brasil é o coordenador do lado latino-americano. Precisamos trabalhar o Mundo Árabe e o Brasil. As coisas estão à nossa disposição, e temos que começar a trabalhar. Da perspectiva pessoal, esperamos pela nova administração do Itamaraty para organizar um encontro com todos os embaixadores árabes e o novo chefe de departamento do Ministério das Relações Exteriores. Dessa forma, começaremos o trabalho com os novos oficiais e, com certeza, iniciaremos com a Liga Árabe. Temos, agora, o fato de que o Brasil vai comandar esses encontros e consultas com os embaixadores dos países árabes e o ministro das Relações Exteriores. Trabalhamos no encontro da Aspa, que vai ocorrer em Caracas. Ele foi adiado, mas agora é hora de retomar.

Você poderia falar um pouco sobre as suas previsões ou expectativas sobre o futuro? Eu acho que você já falou um pouco, mas poderia falar um pouco mais sobre isso?

Não tenho nada para acrescentar. Como disse, temos de seguir adiante para materializar nossas ideias, colocá-las em prática, ter uma parceria estratégica. Mas como trabalhar nisso? Com uma missão da Liga dos Estados Árabes e do Conselho Árabe-Brasileiro. No início de 2023 foi construído um plano de trabalho nos campos político, econômico e cultural. Esses três, juntos, têm o mesmo propósito: melhorar a relação entre os países árabes e o Brasil.

No âmbito bilateral, todas as embaixadas devem trabalhar nessa rotina, nessa missão com os oficiais do Itamaraty e com o ministro das Relações Exteriores. No multilateral, constituído pelo Conselho de Embaixadores Árabes e as instituições daqui, fizemos um plano. Teremos um encontro em junho, no fim deste mês[18]. Já foram realizados encontros com oficiais, e teremos outras reuniões. Há um calendário, e encontraremos o ministro, depois os chefes das duas instituições do Congresso[19]. Então, precisamos ir adiante com os governadores. Eles visitam Brasília uma ou duas vezes por mês, e queremos fazer algumas reuniões. As ideias que estamos discutindo tendem a formar relações estratégicas, e esse é o objetivo. Primeiro, você tem o objetivo e começa com ele, depois faz encontros para discutir essas ideias com os embaixadores da Jordânia, do Bahrein, da Palestina, do Líbano, do Marrocos, do Sudão etc. Serão muitos encontros. Entraremos em contato com os ministros da Agricultura, Comércio, Educação, Cultura, Turismo e assim por diante. Como praticar a rotina das relações entre países? Como fazer isso? Como promover? Como pensar nisso recentemente? Esses são os pontos que precisam ser fechados.

Minha última pergunta é na verdade um espaço para você nos falar de algum caso, um que talvez seja expressivo na relação do Brasil com o Mundo Árabe, pela sua experiência pessoal e de trabalho. Ou talvez al-

---

18 Esse encontro foi em 2023.
19 Esta entrevista foi realizada nos primeiros meses de 2023.

gum caso interessante, que você ache engraçado, nesses anos de trabalho. Será que você consegue pensar em algo interessante para nos contar?

Passamos por algumas grandes questões. Vou falar de política, e não de economia, mas, com certeza, não podemos separar política e economia. Cheguei ao Brasil em 16 de dezembro de 2018. No ano seguinte à minha chegada, no início de 2019, houve a cerimônia de posse do presidente Bolsonaro. Então, havia muitas conversas sobre mudar a embaixada do Brasil de Tel Aviv para Jerusalém, mudar o formato das relações entre Brasil e Mundo Árabe. Assim que cheguei, meus colegas disseram que eu tinha chegado durante um momento crítico, pois havia essa atmosfera de mudança no formato das relações. Eu disse que não, pois não era só para mim o desafio, mas também para os embaixadores, que têm uma questão para defender e para trabalhar. Trabalhamos nisso e fomos bem-sucedidos.

Os conselhos árabes e as instituições brasileiras que têm relações com o Mundo Árabe seriam muito afetados por essas relações tensas. Essa é a ideia que necessitamos trabalhar com a América Latina e a Europa, não com os países árabes. Então, trabalhei nisso, e foi muito importante. A questão para mim, como diplomata, é não idealizar que há algum tipo de lacuna de interesse entre nós e os oficiais, ministros. Quando nos encontramos e falamos, as coisas começaram a mudar, porque tomamos decisões. Essa é uma visão política. Eles perceberam que as coisas não eram exatamente da maneira como achavam.

Mudar a embaixada para Jerusalém é, a propósito, uma questão do direito internacional, pois é uma cidade ocupada de acordo com resolução da ONU. Dessa forma, estabeleceram somente um escritório comercial lá, em vez de uma embaixada. Chegamos a um acordo. Essa é uma missão que sinto pertencente a um grupo de embaixadores reunidos para trabalhar nessa questão. Claro, com a ajuda de instituições, com reuniões, diálogo com oficiais etc. Isso é um exemplo de como melhorar as relações com o Brasil.

Devemos mudar a relação rotineira e contamos com perspectivas para isso. Isso não vai custar para o Brasil, não vai contra o foco que há na América Latina e nos negócios com a América Latina. Você pode fazer negócios com a América Latina e com o Mundo Árabe ao mesmo tempo. Pode ser a ponte entre a América Latina e o Mundo Árabe. Vamos estabelecer uma cooperação internacional entre o Mundo Árabe e a América Latina.

Como falar com essas pessoas árabes? Como é a a cultura delas? Do que elas gostam? Quais coisas são apropriadas para os mercados sauditas e iraquianos, por exemplo? Como se aproximar? Por que não cooperar com a mídia, com a música, por que não conhecer a música árabe – Fairuz, por exemplo, uma cantora muito famosa do Líbano? Você pode ser parente de alguém árabe, talvez você não saiba. Por que não levar à Jordânia a arte brasileira, música, filmes, séries de TV? As coisas estão se transformando em todo o mundo, e as pessoas que dominam a cena artística e política não são todas europeias e americanas. Os chineses estão vindo, a cultura chinesa está vindo. Por que não fazer o mesmo com a cultura latino-americana? Por que não?

Estamos profundamente enraizados no país, os brasileiros têm espírito árabe, têm interesse no comércio, na troca cultural. Essa é a minha prioridade como embaixador, como diplomata, essa é a minha missão, estou focando o nível cultural. Esse é o ponto de partida. Temos que trabalhar para promover a troca cultural, para conhecer melhor um ao outro, então os negócios vão ser melhores. Devemos colocar a cultura, a economia e a política em um só pacote.

Salim Taufic Schahin

Empresário e ex-presidente da Câmara de Comércio Árabe-Brasileira

Entrevistador – Precisamos aproveitar o capital árabe nos negócios intermediados pela Câmara. Como você enxerga isso? Como o Brasil pode conseguir?

SALIM – Estamos caminhando, agora, um pouquinho mais rápido com essa nova legislação, esse novo arcabouço fiscal brasileiro, essa nova reforma tributária brasileira. Esses fatores trarão mais receitas para o governo. Então, isso vai fazer com que a moeda brasileira tenda a ser valorizada, atraindo mais capital estrangeiro. Essa atração do capital estrangeiro tem questões jurídicas que precisam ser trabalhadas, como a tributação. Como tratar desses assuntos? Acredito que é muito importante, e o Brasil tem muitas oportunidades de investimento.

O Brasil se atrasou muito em infraestrutura, porque tem oportunidades gigantescas de atrair capital árabe. Isso vai ajudar a atrair capital estrangeiro, porque tem gente com sede de empreender, que vai ter mais segurança jurídica. Devagarinho vai começar a se desenvolver. As grandes análises mundiais veem o Brasil como um país com grande potencial, com infraestrutura, mas com uma legislação jurídica frouxa, que vai e volta. Somente na área tributária. Agora com o novo arcabouço fiscal, isso vai se resolvendo.

Essa nova reforma tributária de certa maneira vai ajudar muito na circularização dessa parte política da tributação. Vai ser a médio e longo prazo. Então vai dar um horizonte. Tende a ser aprimorada. Isso vai dar segurança jurídica para investidores de longo prazo.

O Brasil é um país que já tem certo progresso cultural, um país melhor do que outros para você se mudar. Não estou comparando com Estados Unidos ou com Europa, nada disso (até porque esses lugares são mais difíceis). O Brasil é praticamente um lugar virgem de investimentos, com necessidades em termos de infraestrutura. As oportunidades aqui são inimagináveis. A atração que a Amazônia traz. A energia verde que você pode fazer: parques de energia eólica, ventos do Nordeste, parques de energia solar etc. O Brasil tem energia solar o ano inteiro, e há muita coisa para ser feita nessa área. Eu acho que é fácil, se você pegar projetos e ir lá captar dinheiro.

Mas esse é um gargalo. O Brasil tem de ter projetos.

Sim, este é um gargalo. O Brasil tem de ter projetos para apresentar. Com o arcabouço fiscal e com projetos, os investimentos são atraídos de maneira mais efetiva.

Agora, o que o Brasil não pode fazer de errado? Para não afastar esses países?

Observe o Itamaraty. Nossos diplomatas são muito hábeis e preparados. A diplomacia brasileira sempre foi elogiada no mundo inteiro. Às vezes, em um caso ou outro pode sair um pouco deste contexto. Mas no geral nossos embaixadores e chanceleres são muito bons e não afastam os países árabes.

Então, como você enxerga o fato de os árabes serem nosso terceiro maior cliente, mas 70% são agronegócio e *commodities*? Como fazer para mudar um pouco essa pauta? Acrescentando a pauta de produtos de valor agregado e de outros setores?

Infelizmente, a indústria brasileira não é competitiva. Com a reforma tributária, no médio prazo, é capaz de haver uma reindustrialização do Brasil, muito mais na área de informática, gerando muito mais produtividade. A indústria brasileira não é competitiva por falta de produtividade. Então, esses novos elementos que estão sendo votados no Congresso vão aumentar a produtividade brasileira, mas não da noite para o dia. Existe uma possibilidade de reindustrialização do Brasil, porque somos um país neutro em relação ao mundo. Podemos, sim, se houver investimentos maciços, sermos competitivos, virarmos um grande exportador para o mundo industrial inteiro. Os EUA deixaram de ser industriais, a área de serviços está dominando, assim como a Europa. Então, o Brasil pode ser uma atração para o mundo, caso se reindustrialize, com foco no 4G e 5G. Porque quem não é competitivo não consegue vender. Não adianta querer vender se não for competitivo. O árabe compra da Europa muito mais barato do que do Brasil. Então por que vai comprar do Brasil?

É, porque, no fundo, o árabe é muito importante para o Brasil, mas, para os árabes, o Brasil é importantíssimo no agronegócio, mas em relação a outros setores...

A segurança alimentar é uma introdução. Mas é preciso entender o fluxo de dinheiro na mão dos árabes que buscam investimento. Onde o árabe está investindo hoje? Comprando imóveis em Londres, em Paris e nas cidades dos Estados Unidos. Isso não é um bom negócio. Os projetos de infraestrutura brasileira poderiam ser um caminho. Se houver a possibilidade de reindustrializar o Brasil, quem sabe possa ser uma oportunidade.

O Brasil, na verdade, representa menos de 10% do que os árabes compram fora. Poderia ter uma participação maior, mas, como você falou, não somos tão competitivos.

A indústria brasileira tem de ser competitiva. A indústria siderúrgica brasileira é competitiva? A indústria bélica brasileira é competitiva? A indústria têxtil brasileira é competitiva? A agroindústria é, por causa do agronegócio. De repente, o Brasil teve uma vocação por causa do nosso solo, da água e do sol. A agroindústria no Brasil tem ainda muito que progredir. Também é o setor que pode atrair o Mundo Árabe. A área de implementos agrícolas pode crescer muito, mas com novas tecnologias.

Você vê alguma oportunidade? Porque eu vejo que tem muita perda da agroindústria por conta do escoamento dos produtos. Talvez essa também pudesse ser uma área de investimento para os árabes?

A logística poderia baratear demais o produto agrícola brasileiro. Portos, hidrovias, ferrovias, aeroportos, tudo isso no Brasil precisa avançar. Então, a parte de infraestruturas com medidas efetivas para melhorar a logística. Você imaginou se houver a possibilidade de interligar os rios, criar hidrovias junto de ferrovias e portos? Seríamos os maiores exportadores do mundo.

Discuti muito com o Hanafy[20] na reunião das câmaras, sobre projetos de parceria estratégica entre Brasil e países árabes. Uma das coisas muito debatidas era a infraestrutura dentro do Brasil, o escoamento dos produtos agrícolas, principalmente porque facilitaria e diminuiria o preço para os árabes, mas também a logística para sair daqui e chegar lá.

Na minha gestão e na de Hanafy, falávamos tanto de rotas marítimas quanto de rotas aéreas. Elas eram fundamentais para poder aproximar os árabes. Mas também é preciso reestudar a legislação dos portos brasileiros. Os portos brasileiros não estavam adequadamente evoluídos tecnologicamente. O de Santos podia ser muito maior que o de Roterdã, que é muito mais importante como um *hub*. Tem lá no norte do Brasil também, o que a Vale usa para exportar minérios. É fantástico. Há

---

20 Khaled Hanafy, secretário-geral da União das Câmaras Árabes de Comércio.

também a ferrovia que a Vale fez, a única maneira de levar as coisas para o centro do Brasil. No Norte, é muito mais fácil exportar para o Oriente Médio, a Europa e os EUA. É possível criar rota para o Pacífico, pelo Peru. Isso também é uma coisa importantíssima. Expandir o oeste brasileiro, criar rotas para fora do Pacífico, mesmo que sejam pontes peruanas, criar estradas a fim de chegar ao lado do Pacífico, porque, do Pacífico, pode-se acessar a América do Norte e todo o Oriente.

E por que isso não acontece, na sua opinião?

Falta de investimento, de projetos de longo prazo, de segurança jurídica, de infraestrutura e de o governo fazer.

Mas você acha que tem comércio para isso?

Comércio é outra coisa com a tecnologia hoje. Nosso negócio pode chegar a qualquer lugar. Quem produz alguma coisa competitiva vende. É preciso produzir, vender competitivamente. Isso é comércio. Quem for competitivo vende no mundo inteiro hoje, por meio da tecnologia, do *e-commerce*.

Ter uma logística que funcione e facilite esse escoamento faz o comércio acontecer?

Lógico, quanto mais infraestrutura logística, mais fácil e barato será tudo, mais produtividade você terá.

A logística é um gargalo muito forte?

Todo mundo está preocupado com esse gargalo, mas ninguém resolve. Tem cabimento? Existe investimento ferroviário no Brasil, um país de dimensões continentais? Quantas hidrovias temos no Brasil? É uma coisa maluca: com os rios que nós temos, não temos hidrovias!

Você acha que os árabes investiriam nisso?

Os árabes têm consultores internacionais. Eles não têm conhecimento das coisas, mas consultam pessoas, e os consultores avaliam todas as condições. Se eles virem que o Brasil tem condições, apoiam o projeto. O Brasil precisa criar essas condições. Os árabes podem ajudar o Brasil a criar essas condições. Investir em infraestrutura para depois usufruir. O Brasil precisa criar essas condições, e isso pode ajudar o país a trazer investimentos.

Essas condições de que você fala significa também fazer esses projetos e trazer construtores para isso? Levar para eles?

Isso seria uma forma de o Brasil criar condições.

Você disse que o Brasil também precisa criar condições. Criar condições é também criar projetos e trazer consultores para levar esse conhecimento para os árabes?

Sim, precisamos disso. O governo brasileiro devia ter uma consultoria internacional. Se eu fosse o presidente da República, traria esses grandes construtores, grandes empresas e consultorias, para fazer um projeto no Brasil. Quero um Brasil para os próximos cinquenta anos. Você me ajuda a desenhar um país? Você veria o Brasil como uma potência mundial no próximo século. Mas não é isto que acontece, os políticos não pensam no longo prazo. Essa reforma tributária está sendo gestada há cinquenta anos.

Acho que só foi aprovada em função da estratégia do Haddad[21], de colocar a implantação só em 2030.

Não existia a possibilidade de ser de outra maneira. O brasileiro é complexo. Mas precisa de um período de transição. Para sair de uma legislação tributária para entrar na outra, devagar.

Por exemplo: quem quer estudar petróleo, entrar para o mundo do petróleo, o que precisa fazer? Precisa conhecer petróleo, saber o que ele é, de onde vem etc. Depois, saber como produzir petróleo, como extrair do chão ou do mar; depois, como retirar o petróleo; como exportá-lo. Então, tudo é conhecimento, mas tem de partir do princípio: para você saber cada coisa, precisa buscar especialistas para ajudarem a embarcar no trabalho. O conhecimento humano existe, mas não está aberto para o mundo inteiro. Então, precisamos ir atrás do conhecimento. O processo de globalização ajudou muito neste século 21. Mas essa invasão da Rússia atrapalhou o processo de globalização.

---

21 Fernando Haddad, ministro da Fazenda até o fechamento desta edição (em 2024).

Veja se concorda comigo. O Brasil precisa de um plano estratégico para daqui a cinquenta anos. O que o Brasil quer, como quer estar daqui a cinquenta anos? Os árabes têm isso muito claro. E para investir, eles gostariam de ver isso do Brasil. O que o Brasil está planejando para o futuro? Porque eu também sinto que eles querem investir, querem isso ou aquilo, mas desde que a outra parte também saiba aonde quer chegar. Para não ser uma coisa gratuita.

É preciso ter um olho nos interesses deles. A relação tem de ser sempre meio a meio. Importante que se tenha uma conversa franca, na qual eles digam onde o Brasil é importante para eles. Onde vocês precisam da gente? Como podem nos ajudar a oferecer o que eles precisam. Acho que essa é a abordagem. O árabe gosta muito do olho no olho, ele não cultiva muita confiança sem conhecer as pessoas. Eles vão atrás da informação. Eles acham que, conversando com você algumas vezes, conhecem seu caráter e sua maneira de ser.

Isso foi muito prejudicado durante a pandemia. Eles não aceitavam muito fazer reunião on-line. Eles foram muito reticentes em fazer isso.

Você conseguiu fazer o fórum!

RUBENS – Você sabe que fui desaconselhado por eles. Eles falaram para não fazer, porque não daria certo. Mas não tinha alternativa. No fim, eles se integraram. Não eram favoráveis, por causa disso, eles gostam do "tête-à-tête". **Como você acha que está a imagem do Brasil no Mundo Árabe?**

Como não tenho viajado o Mundo Árabe, não estou com tanto *feeling* pessoal. É mais pelo que vejo na televisão e na imprensa, de forma geral. Não sei dimensionar. O governo brasileiro tem papel fundamental na aproximação com o Mundo Árabe. Mas isso precisa ser trabalhado, pois tem que ter idas e voltas. Depende muito de marketing também, pois você tem de vender o produto para o Brasil. Então, se você não tem uma área de marketing fortíssima, é um problema.

ENTREVISTADORA – Acho que talvez o momento seja agora, temos oportunidade de aparecer mais. Isso é estratégico. Fizemos um trabalho muito bom, na época do fertilizante, com a necessidade de o Brasil ter alternativas de fornecedores de fertilizante. Talvez estivesse na hora de apresentarmos um mapa de oportunidades.

A relação de amizade dos países colabora na hora da competitividade. Como vamos trocar essa competitividade, como vamos aproveitar? Essa competitividade tinha muito a ver com a globalização. Agora, a globalização deu uma encolhida. É muita bipolaridade entre grandes potências, como Estados Unidos e China, ou entre Ocidente e Oriente. Não acho bom, pois é muito melhor a globalização.

Mas eu acho que tem espaço para voltar com a Cúpula América do Sul – Países Árabes (Aspa).

Tem muito espaço, porque, inclusive, na Aspa, você tem coletividade árabe, que na América Latina é muito grande, isso somente sírio-libanesa ou cristã. Há também os muçulmanos em Foz do Iguaçu e tudo o mais. A Aspa é importante porque nela se atingem os dois lados, e isso é fundamental. Agora, precisa ver como é o livre-comércio dos países. Você precisa ter acordos multilaterais, sem os quais a coisa não anda. Você fez o acordo com a União Europeia, mas quanto tempo está demorando?

Não há muitos acordos com os países árabes. Os árabes, por exemplo, têm um acordo significativo com a UE. Inclusive os da África.

Os da África têm mais ainda por causa da proximidade. Existem situações e benefícios extraordinários que a Europa deu para eles. Algo de que o Brasil também podia se beneficiar, por meio dos países árabes.

No futuro, poderia ser o país do *Halal*?

Acho que o mundo inteiro vai querer ter procedimentos de consumo por causa da qualidade alimentar. O *Halal* tem um conceito de qualidade alimentar, certas regras, certos princípios, que têm a ver com a nossa saúde. Agora, por exemplo, com relação à carne de porco, o *Halal* e os judeus a proíbem. Acredito que *Halal*, mais que proibição, vai virar um conceito de qualidade, vai ser aprimorado aos poucos como um conceito de qualidade. Qualidade é a coisa que o consumidor mais quer. Você quer um produto de melhor qualidade com o menor preço possível. Se a gente conseguir um produto *Halal* competitivo e de qualidade, por que não?

Eu acredito nisso também. Acho que tem tudo a ver. Os árabes vão cada vez mais influenciar o mundo inteiro, pela quantidade e por esses conceitos. Eles estão começando a se estender para além dos islâmicos.

O ciclo ambiental é análogo.

Quando eu vejo o mundo ocidental (todos os países sendo impulsionados para o ESG, principalmente pelo mercado financeiro), acredito que vá ter muita oportunidade para conceitos do Mundo Árabe convergirem em relação ao ESG.

Não tenho dúvida. A hora que eles se abrirem para o mundo, o mundo vai penetrar nos países árabes, por meio da tecnologia. Isso vai ajudá-los. Arábia Saudita, por exemplo, um país muito fechado no passado, está se abrindo, e muito rapidamente. Considerando o tempo em que o príncipe herdeiro está no poder, a Arábia Saudita se abriu muito. Eu achava inimaginável, porque achava que era difícil o reino saudita se abrir. Mas ele está conseguindo, de certa maneira.

Para mim, é fundamental que a Arábia Saudita se abra. Eu não acreditava nisso. Eu achava que cairia o reino. Eu não sei como o povo da Arábia Saudita está vendo esta abertura, mas o príncipe está conseguindo fazer porque a sociedade está aceitando.

Eu acho que a população está aceitando bem. Você sabe, Salim, que eu vi lá em Riad uma área de lazer, tipo um parque para jovens, onde os casais podem andar de mãos dadas, como se faz em países como o Brasil.

Para mim é fundamental que a Arábia Saudita se abra. Eu não acreditava que isto pudesse acontecer, achava que cairia o reino. Mas o que o rei fez foi muito inteligente, colocar o filho liderando todas as mudanças sem o ônus de ser o rei. E ele, o rei fazendo o equilíbrio.

E agora parece que a bola da vez é a Arábia Saudita.

Só se fala nisso. Quem poderia esperar essa ligação da Arábia Saudita com o Irã? Vai começar a atrair o mundo. Vão diminuir aqueles preceitos islâmicos. Isso a médio, longo prazo. Então eu vejo que o mundo vai se voltar para lá, para o oriente médio de maneira geral.

> **Tamer Mansour**
> *Secretário-geral e CEO da Câmara de Comércio Árabe-Brasileira*

ENTREVISTADORA – Qual é o papel da Câmara. O que a Câmara faz?

TAMER – A Câmara é uma instituição brasileira-árabe, criada há mais de 70 anos. Primeiramente, foi uma espécie de escritório, de clube para reunir os empresários imigrantes para discutirem e debaterem sobre seus comércios aqui no Brasil. Isso, desde 1952. Ultimamente, nos últimos quarenta ou cinquenta anos, ela veio se profissionalizando, com o crescimento das relações econômicas inicialmente entre o Brasil e o Mundo Árabe.

A partir daí, a instituição começou a ter um papel principal em reunir os 22 países com o Brasil a fim de incrementar as relações econômicas, sociais e culturais. Nos últimos anos, participa efetivamente no incremento e no aumento da balança comercial entre o Brasil e o Mundo Árabe. A Câmara de Comércio Árabe-Brasileira também participa e realiza diversas atividades comerciais e culturais, entre elas o Fórum Econômico Brasil & Países Árabes e o Global Halal Brazil Business Fórum (GHB), ambos a cada dois anos. Estamos prestes a coordenar, com o governo brasileiro, o trabalho dos países árabes/Brasil na COP28, em Dubai. Além de participação em eventos empresariais, entre feiras e missões, nos países árabes e no Brasil. Participamos da Apas Show 2023, o maior evento de alimentos e bebidas das Américas e a maior feira supermercadista do mundo, com quase 30 empresas árabes, um recorde. Estamos trabalhando justamente para o crescimento, cada dia mais, dessas atividades. Isso, só no âmbito comercial. A Câmara também, ultimamente, depois da retomada da economia após o período de pandemia, veio diversificar suas pautas, como a social e a cultural.

Antes, quero voltar um pouco para a máquina do tempo e falar sobre a modernização da Câmara. Em 2017, mudamos nossa sede para um novo espaço, diversificado e moderno, que permita realizarmos médias e grandes atividades. Também mudamos bastante nosso *mindset*, nossa mentalidade. Antigamente, a Câmara era um local pensado apenas de maneira cartorial, mas realizamos um trabalho de planejamento estratégico que abriu, para nós, diversas frentes em termos de modernização e inovação dentro da própria Câmara.

Conseguimos, por meio de planejamento estratégico, diversificar a própria rentabilidade da Câmara, com novos programas de associações, criação de diversos departamentos, além de nossa internacionalização, abrindo escritórios internacionais, promovendo consultoria de uma maneira melhor, abrindo novos *links* de parcerias com entidades, por exemplo, que cuidam da parte *Halal*, uma parcela muito importante para a economia. Por fim, criamos comitês que possam nos ajudar a ter mais destaque. Entre eles, o comitê WAHI, que cuida do relacionamento empresarial entre as mulheres brasileiras e árabes. Isso é fundamental, porque, além de trocarmos experiências entre ambas, podemos buscar aprendizado do Mundo Árabe para cá, e daqui para o Mundo Árabe.

Outro é o Comitê da Casa Árabe, responsável pelos aspectos culturais e sociais dentro da Câmara. Apesar de ainda ser um pouco mais virtual, pois sua criação foi durante a pandemia, está a cada dia se destacando mais, buscando seu espaço para unir os árabes, social e culturalmente falando. Tivemos diversos webinars, aberturas e, na parte social, dois eventos que marcaram muito. Esse comitê se prontificou a reunir diversas entidades, mas, infelizmente, com incidentes no Iêmen e no Líbano, tivemos problemas. Em contrapartida, a Casa Árabe se organizou prontamente para, por meio de um trabalho social, enviar ajuda a esses países.

Outra catástrofe recebeu ajuda desse comitê: o terremoto na Síria e na Turquia. Conseguimos rapidamente reunir e enviar uma remessa muito grande de remédios. Costumo dizer que não temos câmaras do comércio iguais à nossa, somos únicos, na questão tanto de cuidar de diversos países quanto de ter diversos aspectos e diversidades na nossa pauta.

Entendo que a atuação da Câmara tem um peso bastante grande nos empresários brasileiros ou os de lá que estão aqui no Brasil. Agora, como é

a reciprocidade? Os empresários dos países árabes também procuram vocês quando querem vir para cá? Como funciona essa segunda via?

Somos fortes na relação do Brasil com o Mundo Árabe. Com a internacionalização da marca Câmara Árabe e a abertura dos nossos escritórios lá fora, crescemos muito. Abrimos primeiramente o programa de *membership* para empresas árabes e, hoje, cerca de 30% dos nossos associados são árabes.

Conseguimos realizar alguns eventos e tivemos sorte e competência para ajudar, em 2021, o próprio governo brasileiro na organização de suas agendas empresariais paralelamente à Expo, em Dubai. Isso foi muito bom para os dois lados. Primeiro, porque o mundo estava retomando suas atividades presenciais depois da pandemia e conseguimos organizar seminários e rodadas de negócios em alto nível, agradando bastante empresários árabes e brasileiros. Nossos escritórios em Dubai e Egito conseguiram rapidamente ter a confiança do empresário árabe, percebida com nossa consultoria prestada em diversos setores. Em 2023, tivemos cinco consultorias personalizadas em quatro passos e quatro setores diferentes dos países árabes para cá: mobiliário, alimentos, fertilizantes, medicamentos, produtos hospitalares e zonas francas. São produtos e setores completamente diferentes. A atração e a confiabilidade que os árabes têm pelo nome da Câmara Árabe, pela instituição, passam por esse trabalho de mais de setenta anos, pelo trabalho árduo do nosso atual presidente, ex-presidentes e ex-secretário-geral, mas também passam pela bandeira que a Câmara criou presencialmente nos dois países onde está fisicamente.

Quais são as principais dificuldades desse mercado, tanto de lá para cá quanto daqui para lá?

É um processo. Você sempre quebra paradigmas e derruba obstáculos na vida. Eu, por exemplo, estou quebrando meu paradigma agora, para baixar o aplicativo do Corinthians e me filiar ao plano da minha cadeira, mas não consigo nem entender o que é aplicativo, então é o paradigma. Mas, quando a gente fala sobre relacionamento entre o Brasil e o Mundo Árabe, existiam, nos últimos vinte e cinco anos, diversas dificuldades. As mais complicadas, no meu entendimento, são a distância e o idioma.

No Brasil não se fala mais do que o português, e a distância entre o Brasil e o Mundo Árabe, de mais ou menos cinquenta dias, para a chegada de mercadorias como frango, carne, açúcar eram obstáculos muito grandes, mas acredito que o Brasil conseguiu derrubá-los. Isso se deu por dois fatores: a seriedade da negociação, um ponto no qual o Brasil se destaca, e a qualidade. Do outro lado, os árabes também conseguiram entender. A oportunidade de ter ao seu lado um país que ainda está no processo da aprendizagem do comércio exterior como o Brasil é um diferencial. Os árabes sempre tiveram parceiros de longa data, principalmente europeus; a Índia, por estar perto; a Austrália e a Nova Zelândia. De repente, no fim dos anos 1970 e início dos anos 1980, começa-se a falar sobre o Brasil. Acho que a concretização do comércio exterior se deu a partir dos anos 2000, quando a moeda brasileira também se estabeleceu.

Acredito que os obstáculos maiores são os idiomas, as distâncias e as operações logísticas, que ainda sofremos. Mas a Câmara consegue derrubar isso e aproximar, o máximo possível, por meio da promoção de feiras, rodadas de negócios e webinars sobre investir no *e-commerce*, investir na inovação, derrubar barreiras burocráticas e cartoriais. O Brasil só perde para Portugal e França em termos de cartório e burocracia. Então, a Câmara vem derrubando tudo isso, como burocracia e prazos cartoriais. Até criamos nossa *blockchain*. A Câmara é a única entidade setorial e a única entidade de câmaras do comércio do mundo que tem sua própria *blockchain*, com tecnologia da IBM. Entendemos que, por meio dela, conseguiríamos derrubar muitas barreiras burocráticas e enviar documentos eletronicamente para os países de destinos. Então, os obstáculos são processos, não são coisas fixas, pois vão mudando. É muito difícil achar um comércio ou um relacionamento sem dificuldades e obstáculos, mas o papel de uma câmara do comércio bem-sucedida é derrubar os obstáculos. Foi dessa forma que criamos nosso nome e fizemos com que ele crescesse. Quando transformamos esses desafios em oportunidades para serem realizadas nas negociações.

Qual é a imagem que o Brasil tem nos países árabes?

Entendo que é uma bela imagem. Acho que, primeiramente, temos um terreno muito sólido, que são as 12 milhões de pessoas de origem árabe que moram aqui no Brasil. Isso facilitou bastante. Tem bem mais de 5 mil restaurantes árabes distribuídos pelo território brasileiro, tirando o Habib's, porque não é árabe, é português. Mas, sinceramente, a imagem veio melhorando nos últimos anos. A ideia, por exemplo, de que todo árabe é terrorista, problemático e vai exigir que seus filhos voltem à terra de origem é algo que definitivamente não se concretizou.

Nossos relacionamentos governamentais foram muito profícuos. Porque a economia brasileira começou a aparecer em 2000, mas desde esse ano nosso guarda-chuva governamental é muito bom, é muito forte com o Mundo Árabe, pois houve inúmeras visitas governamentais, visitas presidenciais, tivemos reis visitando o Brasil, presidentes de repúblicas árabes visitando o Brasil nos últimos vinte anos. Os presidentes Luiz Inácio Lula da Silva, Dilma Rousseff, Michel Temer e Jair Bolsonaro visitaram países árabes. O relacionamento, apesar de ter suas particularidades, vive os melhores momentos nesses anos todos. É certo que algumas coisas possam ter arruinado um pouco, como a possibilidade da mudança da embaixada de uma cidade para outra, mas acho que o Brasil, a Câmara, inclusive, teve um papel fundamental para demonstrar o prejuízo que essas coisas poderiam trazer para o relacionamento. Do outro lado, vejo os árabes muito mais abertos, muito mais modernos, com apetite não apenas para fazer negócios com o Brasil, mas para investir no Brasil. Isso mostra bem como o Brasil é um país de confiança dos árabes.

Há diferença desse pensamento entre os diversos países árabes? A gente tem uma gama grande e diversa, do norte da África, Golfo, Líbano, Oriente Médio ao Levante. Tem sempre alguma diferença. O que a diferença entre eles reflete no mercado brasileiro?

A gente consegue dividir os países árabes em três regiões principais. A principal da África, África Árabe, na qual se tinha um domínio total do norte da África: Mauritânia, Marrocos, Tunísia, Argélia, Líbia, Egito, Sudão e Somália. Enxergo como uma região um pouco mais internalizada culturalmente e mais distante, porque ela não tem uma ligação direta. Mas economicamente é muito forte. Você tem, entre eles, os três maiores relacionamentos comerciais entre os árabes: Egito, Argélia e Marrocos.

Sem Marrocos e com o estouro da guerra entre Ucrânia e Rússia, não haveria fertilizantes o suficiente; sem Argélia, não haveria petróleo; sem Egito, faltariam fertilizantes e outros produtos étnicos. Mas o pensamento veio construído. É um pensamento que é a base para toda essa região, que tem mais paixão pela vida em termos de dia a dia, que tem muito mais aproximação com culturas diferentes. Egito, com 7 mil anos de história; França dominando a Argélia, Marrocos e Tunísia; Líbia dominada pelos italianos e depois o regime tão fechado do Gaddafi[22]. Então, o que reunia todos esses povos eram as brigas do futebol. Quando tem jogo entre Egito e Argélia, não saia de casa porque vai ter briga. Isso foi mais bem entendido, pelo menos para a minha geração, com a Copa do Mundo de 1982, na Espanha, vendo como a seleção brasileira jogava bem e perdia como sempre. Isso "deu liga", e a paixão entre esses povos possibilitou a realização de negócios. Você sempre tem o sonho de conhecer um país de que você está próximo de alguma maneira, e o futebol fez isso. Nesses países árabes se tinha a ideia de que toda pessoa que nasce no Brasil é craque de futebol. Essa era a "liga".

Há países mais relacionados com a gente, e isso é um pouco diferente, pois há laços mais fortes. Temos quase 80% dos imigrantes árabes que saíram do Líbano e da Síria, e isso deixou uma ligação muito grande, culturalmente falando, entre todos. Existem missas aqui no Brasil que são citadas e colocadas em idiomas árabes, e isso tudo mostra a ligação. Quando veio o comércio, começou de uma forma mais simples, com mascates árabes vindos para o Brasil, e também está terminando da mesma maneira, com libaneses recebendo produtos do Brasil e revendendo para essa região mais complicada. Infelizmente, por causa da infraestrutura e insegurança na Síria, no Iraque e em outros países, isso tem sido frequente.

Aquela região tem uma base mais sólida, mais histórica, com a qual criamos laços, mesmo que com pensamentos diferentes. Tem também a nova "febre mundial", os países do Golfo, onde existe matéria fértil para transformarem tudo que está em suas mãos em milagres, que é o petró-

---

22 Muammar Gaddafi, presidente revolucionário da República Árabe da Líbia, de 1969 a 1977.

leo, o qual trouxe para eles a possibilidade de serem uma potência, não apenas para o Mundo Árabe, mas para o mundo inteiro. Talvez tenha havido uma demora para acertar a infraestrutura interna de cada país, mas, quando vemos os últimos anos, os países do Golfo vêm se destacando. Os Emirados dando um exemplo atrás do outro, com Dubai se transformando em um dos maiores destinos de visitantes, realizando eventos grandes. Enquanto ainda no Brasil se brigava por causa da vacina, os Emirados recebiam 120 mil pessoas por dia. Então, a possibilidade de modificar, prontificar, abrir, não renovar sempre começa, nos últimos anos, a partir desses países para o mundo. O Catar, por exemplo, realizou uma das melhores Copas do Mundo de todos os tempos. Mesmo com diferenças e críticas, foi um sucesso. Agora está se abrindo cada dia mais, não se fala mais de um país que não seja a Arábia Saudita em termos de atração de investimentos, de novas ondas de construções, de novas ondas da modernização.

Enxergo os países do Golfo, hoje, como lideranças naturais. São países que sofreram muito por proteger suas fronteiras. Para árabes, sempre houve, assim como brasileiros e argentinos, uma briga interminável. Sempre existem vizinhanças nada fáceis. Há, no Oriente Médio, uma região que é mais observada pelo oportunismo, desde a época da colonização e das cruzadas. E esse olhar veio até este mundo.

Ratifico que vejo os países do Golfo como muito sólidos. Uma região muito forte, com infraestrutura e finanças fortes. Isso os deixou com mais vantagem em termos de realização de negócios com o Brasil. Então, enquanto a gente ainda está falando sobre as outras regiões de negociações normais, há um *upgrade* na relação com o Golfo, tem cerca de US$ 20 bilhões, hoje, de investimentos do Golfo, especialmente de Emirados, Kuwait e Catar. Entendo que é uma região que terá um patamar um pouco diferente, um papel também diferente em negociações comerciais e, quem sabe, em outras coisas, também na relação entre o Brasil, América do Sul e Mundo Árabe.

Como as questões e diferenças culturais interferem nessa negociação? Se a gente pensa na posição da mulher nos países mais fechados do Golfo, e a das mulheres que vão para lá fazer negócio, das mulheres que vêm para cá fazer negócio. Como anda isso?

Como falei, precisamos conversar, observar o Mundo Árabe de uma maneira um pouco diferente. Não sei se aquele árabe que está com 45 mulheres e 19 filhas, e ninguém sai de casa, um dia foi realidade ou é tudo história. De qualquer forma, isso não existe hoje no Mundo Árabe. Tivemos diversas provas de como o papel da mulher nos países árabes mudou bastante nos últimos anos. Você fala que os países são mais fechados, mas eu entendo isso de uma maneira um pouco diferente. Você já foi para a Índia? Eu já fui, pois tenho paixão por viajar, e um dos países que mais amo é a Índia, pelas diversas culturas e regiões diferentes. Certa vez, fazendo uma massagem na praia, vi uma vaca passando no meio da população. Eu perguntei por que ninguém segurava aquela vaca. Ele me explicou que ela é uma deusa para eles. Então, entendi muito bem que não vale a pena discutir, porque é costume e cultura deles, e isso não vai acabar. Aprendi muito a separar e entender as culturas dos países árabes e o que se fala sobre os países árabes.

Para mim, o relacionamento com os países árabes, especialmente na região mais fechada, é de evolução. Um relacionamento total com a natureza da própria evolução da população em geral. Era uma população que vivia no deserto, como pescadores, e isso mostra muito bem a dificuldade e ser 100% dependente dos homens. Então, óbvio que o lugar das mulheres, naquela época, seria em casa. Esses países vieram se transformando em potências de produção petrolífera, uma produção que necessita de muito mais braço, de homens. Então, é muito difícil ver mulheres em uma plataforma de petróleo. Por isso, também, o domínio dos homens.

Mas na época da abertura, de investir na educação, os árabes "mais fechados" souberam investir a sobra de dinheiro, enviando os jovens para estudarem fora, e houve uma proporção de 50/50 entre homens e mulheres. Na época de voltar para recolher esses frutos, em termos de campo, de emprego, não se tem 50/50, mas houve uma proporção muito grande de mulheres. Alguns exemplos sempre passam pela minha cabeça quando tenho que falar na presença feminina nos países árabes. Um dos nomes mais importantes em termos de segurança alimentar e de meio ambiente no Mundo Árabe é uma mulher chamada Mariam Al-Mehairi. Ela é ministra e, por sinal, representou o governo local na posse do presidente Bolsonaro. Uma das líderes do mundo em termos de bancos é uma saudita que domina hoje o banco mais rico do mundo, o National Bank, de Abu Dhabi. Um dos nomes diplomáticos mais fortes em relacionamento entre países árabes e o mundo é a embaixadora da Arábia Saudita nos Estados Unidos, Princesa Reema bint Bandar Al Saud.

Tenho total respeito às culturas diferentes. Acho que isso está assentado em uma história de vida, uma história muito poderosa.

Sim. Quando a gente abriu as negociações do Mundo Árabe para o Brasil, claro que houve um choque cultural natural. Só que, como também a maioria das empresas no Brasil, no início do seu ciclo era familiar, no fim das contas o dono bateria o martelo. Pode-se ficar negociando um ano, mas quem fechará o negócio é o dono. Isso veio muito forte em relação aos países árabes, justamente pela criação que temos. O mais velho sempre domina. Isso se transformou em um ambiente do negócio. Pela transformação natural, não se teve nos últimos vinte anos, na mesa de negociação, um *fair play* entre mulheres e mulheres, você teve sempre mulheres com homens. Pela dificuldade da negociação em si e pela própria dificuldade de entender as mentalidades diferentes, isso se transformou em obstáculos no início dos ciclos de negócios. Com a retomada dos jovens árabes às suas negociações no início dos anos 2000, isso foi sendo derrubado rapidamente. Hoje, por exemplo, em um país como a Arábia Saudita, um dos mais fechados do mundo, uma mulher tem total liberdade para viajar sozinha. A mulher brasileira, por exemplo, viaja sozinha, participa de feiras, faz missões empresariais, fecha negociações de uma maneira completamente ampla. Eu não enxergo, nas nossas negociações, dificuldades de as mulheres fazerem isso. Entendo isso como dificuldades de compreender as diferentes culturas. Hoje, conheço diversas mulheres que estão morando em Dubai, na Arábia Saudita, negociando diariamente. Estão vivendo suas vidas com total liberdade.

Há alguma coisa que nós, mulheres, precisaríamos aprender melhor? Se eu quiser começar a fazer importação ou exportação, qual é seu recado principal para mim como mulher?

Conhecer mais. Não existe 100% de segurança. Você precisa conhecer, e esse é um processo constante. Tenho uma amiga e a admiro muito. Ela é jornalista, se chama Renata Maron. Ela foi comigo para a Arábia Saudita em 2017. Foi toda coberta, fechada, não sei o quê, mas a partir de nossa chegada à Arábia Saudita, começou a se abrir mais.

No primeiro dia, tomou um café da manhã só com os olhos à vista. No dia seguinte, tirou a burca. No terceiro, o véu. No quarto, já estava de jeans. Perguntei-lhe o que tinha acontecido, e ela falou que havia sido por "excesso de confiança". Disse que tinha muito medo de entrar sozinha nos lugares, mas, quando entrou, percebeu que era a única de burca. Assim, tomou liberdade. Quando foi para o sul e viu outras mulheres conversando e negociando normalmente, então abriu mais uma barreira. Até que virou uma naturalidade 100%. Então, quando a gente fala sobre aprendizado das mulheres, para saber negociar, nunca mais vou falar sobre coisas de vinte e cinco anos atrás.

Aliás, faz pouco tempo, cheguei em uma profissional de inteligência de mercado justamente por causa disso. Ela estava preparando um PowerPoint e falou que tinha que tomar muito cuidado ao vestir calça. Não se pensa isso quando se negocia com latinos, pois eles têm liberdade de expressão. Agora, quando eu falo sobre mulheres indo para o Mundo Árabe, digo que podem confiar e trabalhar com tranquilidade, não precisam levar em consideração qualquer tipo de preconceito, nenhum tipo de dificuldade por causa de machismo, porque isso não vai acontecer. É óbvio que é possível que isso ainda possa acontecer, mas de uma maneira muito simples. Então, hoje a empresária brasileira tem total liberdade. Ela tem total potencial para ir, negociar e conversar. Mas, claro, com muita precaução, como se estivesse indo para a Rússia ou os Estados Unidos. Não enxergo uma grande diferença em conversar e negociar entre homens árabes e mulheres brasileiras, mulheres árabes e homens brasileiros. Tanto faz se isso for em um país árabe, no Brasil ou em qualquer lugar.

Que perspectivas você vê para o futuro desse comércio?

Enxergo um futuro muito promissor. Vejo uma base de dados, infraestrutura, potencial e oportunidades, especialmente nas áreas de logística, inovação e segurança alimentar. Os árabes têm uma preocupação muito grande em termos de segurança alimentar, por serem, na maioria, países importadores e não produtores de alimentos. Enxergo o Brasil como um grande parceiro para os árabes nas áreas de meio ambiente, carbono zero e inovação. O Brasil é uma potência em relação a isso. Vejo um "casamento", um relacionamento *win-win* muito forte nos próximos anos. O Brasil é um país muito novo e ainda está em um processo de aprendizado muito grande, e digo para os árabes que é uma terra virgem, fértil de oportunidades. Existem muitas oportunidades que podemos explorar em conjunto: turismo; negócios em torno da Amazônia, uma potência como tesouro natural; e minérios. Por outro lado, entendo os árabes como *hub* para o Brasil. Antigamente, o brasileiro que guardava US$ 3 mil, pegava um avião para Nova Iorque para comprar uma calça de US$ 10. Depois, passou a ir para o Oriente Médio. Então, tem gente que é evangélica que vai para Israel ou a Palestina. Tem gente que gosta de compras, vai para Dubai. Assim por diante. Enxergo, em termos de negócios, o Brasil olhando para o Oriente Médio como *hub*. Tenho muita dificuldade de enxergar o Brasil entrando no mercado europeu. Mas, se eu estabelecer uma parceria, por exemplo, em um lugar como Egito, tenho possibilidade de aproveitar o acordo do livre-comércio e mandar minha mercadoria para a Europa. Existem duas mãos que são oportunidades para ambos trabalharem. Acho que os próximos 25, 30 anos escreverão uma história mais profunda entre Brasil e árabes, além das antigas imigrações.

O que o governo deveria fazer? Mais acordos, mais acertos? Como posso pensar em incrementar esse mercado com ações governamentais?

Acho que ultimamente há um pouco de instabilidade política, e isso está atraindo um pouco de atenção internacional. Mas se a gente está falando de maneira geral, certamente sempre é bem-vindo trabalhar com acordos internacionais, ampliar acordos financeiros, acordos de proteção de investimentos, acordos de livre-comércio, pois tudo isso é uma segurança jurídica para o próprio homem de negócios. Encorajo muito o Brasil e os países árabes a assinarem bastante acordos internacionais para incrementar negócios. Mas também quero muito reativar a

Cúpula América do Sul – Países Árabes (Aspa), criada na época do presidente Lula, em 2003, que se reúne, alternadamente, nos países árabes e sul-americanos. Isso é uma aproximação muito grande. É preciso um guarda-chuva governamental sólido para ter uma terra fértil econômica. Creio, e espero, que esse governo consiga fazer isso com mais facilidade, e vejo os árabes muito prontos para isso. Como expliquei, cada país árabe tem suas diferenças, mas enxergo que estão muito prontos para realizar esses tipos de acordos e negociações com o Brasil. Não à toa, há duas companhias aéreas viajando todo dia para Rio de Janeiro e São Paulo. Em 2023, mais uma ou duas companhias terão voos para o Brasil. O Egito virá para cá. Acho que esses incrementos e facilitadores de negócios, como logística e transporte, abrirão e facilitarão o campo do trabalho entre os dois países.

Rafael Solimeo

Diretor do escritório Internacional da Câmara de Comércio Árabe-Brasileira em Dubai, nos Emirados Árabes Unidos

Entrevistador – Rafael, fale um pouco de sua jornada pessoal e profissional que sabemos vai do Brasil aos Emirados Árabes Unidos, volta ao Brasil e vai novamente aos Emirados Árabes Unidos.

RAFAEL – Vim morar nos Emirados Árabes Unidos (EAU) ainda criança, nos anos 1980. Minha família e eu nos mudamos para cá devido às oportunidades que a região começava a oferecer. Passei a maior parte da minha infância e adolescência nos EAU, onde testemunhei de perto as transformações iniciais que o país começava a experimentar. No entanto, minha história com o Brasil começou quando me mudei para lá no início da faculdade. Foi a primeira vez que morei no Brasil e onde aprendi português, a língua que se tornaria uma parte importante da minha identidade.

O Brasil me conquistou de muitas maneiras. Eu me apaixonei pelo povo caloroso e receptivo, pela rica e diversa cultura, pela culinária vibrante e, claro, pela minha família brasileira. Essas experiências moldaram minha vida e minha carreira. Iniciei minha trajetória profissional no Brasil, onde desenvolvi um profundo respeito e amor pelo país.

Como diz o ditado, "o bom filho a casa torna". Depois de alguns anos trabalhando no Brasil e me integrando profundamente à sua cultura e mercado, surgiu a oportunidade de voltar aos Emirados Árabes. Dessa vez, com uma missão específica: montar o escritório da Câmara de Comércio Árabe-Brasileira em Dubai, em 2018, na gestão do então Presidente Rubens Hannun. Estou de volta aos EAU há seis anos, desempenhando um papel fundamental no fortalecimento das relações comerciais entre o Brasil e o Mundo Árabe.

Então o senhor pegou o início do desenvolvimento dos Emirados Árabes Unidos e voltou em um momento já bem desenvolvido do país, com um crescimento que até hoje não para. Como o senhor vê este movimento de transformação?

Nos últimos quarenta anos, a região do Golfo passou por uma transformação impressionante. Quando penso nos Emirados Árabes Unidos dos anos 1980 e comparo com o país de hoje, a diferença é colossal. Naquele tempo, Dubai e Abu Dhabi eram cidades em crescimento, mas nada comparado às metrópoles modernas que se tornaram.

A transformação começou com investimentos massivos em infraestrutura. Arranha-céus icônicos, como o Burj Khalifa, o edifício mais alto do mundo, tornaram-se símbolos dessa nova era de modernização. Os aeroportos dos EAU, como o Aeroporto Internacional de Dubai, são hoje *hubs* globais de transporte, conectando o Oriente ao Ocidente de maneira eficiente e sofisticada. Além disso, sistemas de transporte avançados, incluindo o metrô de Dubai, facilitaram a mobilidade urbana e ajudaram a reduzir o congestionamento nas cidades.

O comércio também floresceu. Zonas de livre-comércio e políticas econômicas favoráveis tornaram os EAU um centro internacional de negócios. Dubai, em particular, se destacou como um *hub* global, atraindo empresas e investidores de todo o mundo. O país tornou-se conhecido por sua hospitalidade para com os negócios e por suas regulações econômicas que incentivam o crescimento e a inovação.

Ao que parece não só os Emirados Árabes Unidos, mas a maioria dos países do Golfo arábico, após este movimento de crescimento exponencial, estão se preparando para serem protagonistas globais. É isso mesmo?

É isso mesmo, eles estão nesse caminho.

E como eles estão caminhando para isso? Qual a estratégia adotada?

A estratégia parece seguir atuando em eventos não regionais e sim de alcance mundial nas áreas de lazer, entretenimento, esportes, artes entre outras, sempre com uma visão de futuro, inovação e sustentabilidade.

Os Emirados Árabes e seus vizinhos do Golfo, como Arábia Saudita, Bahrein, Qatar têm se posicionado como anfitriões de eventos globais de grande escala.

A Expo 2020, realizada em Dubai, foi um exemplo marcante de como a região está preparada para receber o mundo. Esse evento não apenas atraiu milhões de visitantes, mas também reforçou a posição dos Emirados Árabes Unidos como um destino de negócios e turismo de classe mundial.

Além disso, a realização da Copa do Mundo no Qatar, em 2022, foi outro marco significativo. Esse evento global trouxe uma visibilidade imensa para a região, destacando não apenas suas capacidades de infraestrutura, mas também sua hospitalidade e rica cultura.

A Fórmula 1, com corridas realizadas no Bahrein, na Arábia Saudita e nos Emirados Árabes Unidos, continua a atrair fãs de automobilismo de todo o mundo, fortalecendo ainda mais a imagem da região no cenário internacional.

A criação de monumentos e projetos visionários, como a futura cidade de Neom, na Arábia Saudita, e a inovadora The Line, uma cidade linear sem carros, refletem a ambição dos países do Golfo de se tornarem líderes em inovação e sustentabilidade. Esses projetos não são apenas demonstrações de riqueza, mas também de um compromisso com o futuro, buscando criar ambientes urbanos que sejam sustentáveis e tecnologicamente avançados.

Ainda podemos citar o museu do futuro em Dubai, o Louvre em Abu Dahbi e também, nos Emirados Árabes Unidos, a cidade de Masdar, um avanço pioneiro e sustentável, que tem como meta criar uma comunidade no deserto neutra de carbono e sem resíduos. A iniciativa recebe apoio financeiro do governo de Abu Dhabi.

O senhor falou em sustentabilidade, mas sabemos que estes países têm sua base de sustentação econômica no petróleo. Eles estão se preparando para esse futuro?

Sim, eles têm essa consciência e estão enfrentando esse desafio de maneira muito célere.

Qual é a visão deles sobre isso e quais estão sendo as iniciativas?

Os países do Golfo, tradicionalmente dependentes das receitas do petróleo, estão em um caminho acelerado de diversificação econômica. O objetivo é claro: reduzir a dependência do petróleo e criar economias mais sustentáveis e diversificadas. Para isso, estão investindo pesadamente em setores como turismo, tecnologia, educação e energia renovável.

Os Emirados Árabes, por exemplo, têm feito avanços significativos em energia solar. A planta solar Noor Abu Dhabi é uma das maiores do mundo, representando um passo significativo em direção à sustentabilidade. A visão de longo prazo dos EAU inclui ser um líder global em energias renováveis, alinhando-se com as metas climáticas internacionais e atraindo investimentos estrangeiros no setor.

O Brasil pode se beneficiar de todos esses movimentos em desenvolvimento no Golfo?

Claro, o Brasil tem tudo para ser um dos países mais beneficiados.

Como pode ser esta conexão? Isso tem a ver com a percepção que os árabes têm do Brasil?

O que tudo isso tem a ver com o Brasil? A conexão é profunda e multifacetada. O Mundo Árabe, especialmente os países do Golfo, veem o Brasil como um parceiro estratégico para seu crescimento e desenvolvimento. O Brasil é percebido como a "cesta de alimentos" do Golfo, desempenhando um papel crucial na segurança alimentar da região.

Os países do Golfo dependem fortemente das importações de alimentos, e o Brasil, com sua vasta capacidade agrícola, é um fornecedor vital.

Além disso, o Brasil é um celeiro de talentos no mundo do esporte, especialmente no futebol. O sucesso de jogadores brasileiros em ligas internacionais elevou a reputação do país como um criador de talentos esportivos. Esse reconhecimento se traduz em colaborações e investimentos em academias de futebol e programas de desenvolvimento de jovens talentos nos países do Golfo.

Este reconhecimento do talento esportivo do brasileiro pode ser estendido ao brasileiro de modo geral, isto é, a outras áreas profissionais?

Sim, o brasileiro tem boas características para fazer negócios no Mundo Árabe. Sua habilidade de construir relacionamentos, flexibilidade cultural, energia e resiliência são atributos valorizados nesse contexto. Além disso, o futebol, sendo uma indústria bilionária e um ponto de interesse compartilhado entre brasileiros e árabes, serve como um quebra-gelo natural nas negociações, contribuindo para uma interação mais positiva desde o início. Esses atributos são os mesmos que nossos jogadores brasileiros usam no campo, o que reforça sua relevância e eficácia no ambiente de negócios. No entanto, é essencial que os brasileiros estejam dispostos a aprender sobre a cultura e práticas de negócios locais para maximizar suas chances de sucesso.

Na área de exportação de produtos ainda há oportunidades para o Brasil?

Sim, existem várias oportunidades

Fale um pouco sobre elas.

A diversificação da pauta exportadora brasileira é essencial para o desenvolvimento sustentável do país. Vai além da mera exportação de *commodities* para incluir produtos de maior valor agregado. Um exemplo claro é a indústria do café. O Brasil é um dos maiores produtores de café do mundo, mas ainda há uma predominância na exportação de grãos de café verde. Investir na exportação de café torrado e moído, embalado de forma premium, poderia agregar valor significativo e aumentar a competitividade do Brasil no mercado internacional.

Além do café, a tecnologia aplicada ao esporte é outra área promissora. O Brasil é reconhecido não apenas pelos seus jogadores de futebol, mas também pelas inovações em sistemas de treinamento e análise de desempenho. Esses avanços tecnológicos podem ser exportados, oferecendo soluções de alta qualidade para clubes e academias de futebol em todo o mundo, inclusive no Golfo.

No setor agrícola, a agrotecnologia brasileira tem desenvolvido inovações que garantem a segurança alimentar. Essas tecnologias são especialmente relevantes para os países do Golfo, onde as condições climáticas adversas exigem soluções avançadas para a produção agrícola eficiente e sustentável. A exportação de tecnologia agrícola brasileira poderia transformar a forma como os países do Golfo abordam a agricultura, tornando-a mais eficiente e produtiva.

Há outras formas de o Brasil se integrar a essas economias tão promissoras, além da venda de produtos e serviços?

Os países do Golfo estão implementando estratégias robustas para atrair investimentos externos, promovendo suas economias como destinos lucrativos e estáveis. Estão desenvolvendo infraestruturas avançadas, oferecendo incentivos fiscais e criando zonas econômicas especiais para atrair empresas estrangeiras.

Fundos soberanos, como o Public Investment Fund (PIF), da Arábia Saudita, e o Mubadala, dos Emirados Árabes, têm se concentrado em investir em empresas brasileiras. Esses investimentos não visam apenas retornos financeiros, mas também incentivar as empresas brasileiras a estabelecer operações e expandir suas atividades na região do Golfo. Isso integra as empresas nas cadeias de valor locais e impulsiona a diversificação econômica.

Olhando para o futuro, o senhor vê algum papel para o Brasil nessa região?

Para que o Brasil capitalize as oportunidades oferecidas pela crescente conexão com os países do Golfo, é essencial reconhecer a evolução que está ocorrendo na região. O Brasil precisa adaptar-se, criando valor agregado aos seus produtos e estabelecendo parcerias corretas. Isso não implica apenas vender para os árabes, mas sim criar colaborações estratégicas com eles.

Essas colaborações podem se manifestar de várias formas. Por exemplo, *joint ventures* em setores como agronegócio, tecnologia e esporte podem ser altamente benéficas. Empresas brasileiras podem se associar a parceiros locais para desenvolver produtos e serviços que atendam às necessidades específicas do mercado do Golfo. Além disso, a transferência de tecnologia e conhecimentos entre o Brasil e os países do Golfo pode fortalecer as capacidades industriais e tecnológicas de ambos os lados.

Outro aspecto importante é a educação e o intercâmbio cultural. Programas de intercâmbio educacional e cultural entre o Brasil e os países do Golfo podem fortalecer os laços e promover uma compreensão mútua mais profunda. Estudantes brasileiros podem aprender sobre as inovações tecnológicas e práticas de negócios dos países do Golfo, enquanto estudantes do Golfo podem se beneficiar da rica tradição acadêmica e cultural do Brasil.

Para concluir nossa entrevista, agradecendo muito por esta conversa e pelo seu tempo, o senhor poderia nos dar uma síntese ou uma conclusão de sua visão?

Sim, vou discorrer minha visão. Minha jornada entre os Emirados Árabes Unidos e o Brasil me permitiu ver de perto o potencial e as oportunidades existentes entre essas duas regiões do mundo. Os EAU e seus vizinhos do Golfo estão em um caminho de crescimento e modernização que oferece inúmeras oportunidades para o Brasil.

Para capitalizar essas oportunidades, o Brasil precisa não apenas exportar seus produtos, mas também investir em parcerias estratégicas que criem valor para ambas as partes. A diversificação da pauta exportadora, o desenvolvimento de tecnologias inovadoras e a criação de colaborações mutuamente benéficas são passos cruciais para fortalecer os laços entre o Brasil e os países do Golfo.

O futuro é promissor, e acredito que, com uma abordagem estratégica e colaborativa, tanto o Brasil quanto os países do Golfo podem alcançar um crescimento sustentável e compartilhado, contribuindo para a prosperidade e o bem-estar de suas populações.

Então...

Se você já passou pelo conteúdo deste livro, seja no todo ou em parte, e se deliciou conhecendo as experiências diversas de nossos entrevistados em "Pontos de vista", então já tem conhecimento para se envolver com a fascinante sociedade árabe e seu crescente mercado potencial. Agora, se ainda não tiver lido, mas está prestes a visitar a região a passeio ou fazer uma viagem para negociar com os parceiros árabes, ou ainda se só quiser alguma noção de como se relacionar, vá para o apêndice seguinte, "Dicas", e se instrumentalize a qualquer momento de forma rápida e prática.

Apêndice B

Dicas

Para começar uma negociação com empresa ou empresário árabe e para dar continuidade a isso, é importante preparar-se e comportar-se adequadamente. A seguir, algumas dicas práticas para colaborar com você nesta missão. Elas não estão organizadas por assunto ou momento, propositalmente. Reflita ao lê-las, porque elas podem ser úteis em toda a jornada: antes, durante e depois.

> Atenção, cada país árabe tem suas especificidades. Tenha consciência disto durante todo o processo.

> Não ache que sabe e que está preparado; informe-se sobre tudo a respeito do país que vai visitar.

> Liberte-se de pré-julgamentos.

> Verifique o calendário que o(s) país(es) de destino segue(m).

Obtenha informações se, no período ou época prevista para a visita ao(s) país(es) de destino, há alguma festividade religiosa e veja em quais horários, por exemplo, acontecem as orações e outros deveres religiosos, como o jejum.

Faça uma ação de experiência assim que chegar ao país e antes de iniciar os contatos. Pode ser uma visita a supermercados, shoppings, construções ou algum lugar onde você tenha a oportunidade de ver como seu produto ou serviço é trabalhado.

Informe-se sobre as leis que liberam ou barram seus produtos no(s) país(es) de destino.

Tenha informações precisas sobre os acordos comerciais entre o Brasil e o(s) país(es) de destino.

Descubra a sinergia entre os países.

Saiba a nacionalidade de seu interlocutor. Se não conseguir antecipar essa informação, descubra no decorrer do contato.

Procure falar com alguém de nível hierárquico semelhante ao seu.

Não se atrase.

Vista-se profissionalmente.

Não toque em assuntos ligados à religião.

Ao sentar-se, não cruze a perna de forma a mostrar a sola do sapato ao seu interlocutor.

- Leve mimos e presentes.

- Leve brindes da empresa, mas eles não substituem os mimos.

- Pesquise comportamentos que são adequados e os que devem ser evitados.

- Inicie as reuniões com conversas sociais.

- Lembre-se de que uma relação B2B também é uma experiência social. Prepare-se para ela.

Entenda os valores tradicionais e contemporâneos vigentes no país, por lei ou por convicção da sociedade.

Em religião e política respeite a posição do interlocutor.

Aprenda algumas palavras em árabe. Cumprimentar e agradecer nesse idioma é imprescindível.

Aguarde o interlocutor tomar a iniciativa para cumprimentá-lo, e siga a forma do cumprimento. Isso é especialmente sensato quando houver mulheres no grupo.

Ao fazer exposições de produtos ou serviços em uma feira, permaneça o período inteiro e compareça todos os dias.

Lembre-se de não comer nem beber no estande da feira.

Em uma conversa ou negociação, se não tiver a informação correta, não fale coisa alguma. Se for questionado, diga que não sabe ou que não tem certeza. Se responder que vai se informar, de fato faça isso e volte rapidamente ao interlocutor com a informação correta, clara e objetiva.

Esteja preparado para negociar, ser flexível e fazer concessões.

Não toque em assuntos ligados à política.

Seja paciente.

Leve a lista de produtos com preços em dólares.

Materiais promocionais e catálogos de produtos devem ser escritos em árabe e em inglês. Francês pode ser útil, a depender do país. A tradução deve ser feita por um tradutor juramentado, por intermédio de associação ou profissional que domine, realmente, a língua e a cultura do(s) país(es) de destino.

Ilustrações e fotos devem passar pela aprovação de alguma organização ou profissional que domine a cultura e as leis do(s) país(es) de destino.

Procure saber quais são os concorrentes (inclusive a nacionalidade deles) e os preços praticados, verificando a competitividade do produto no mercado.

Na conversa introdutória da reunião, lembre-se de dizer que o Brasil é um grande parceiro na segurança alimentar dos países árabes.

Na conversa inicial, mencione a importância dos 12 milhões de brasileiros-árabes e árabes--brasileiros residentes no Brasil.

Fale da excelente imagem e do entrosamento entre árabes e brasileiros.

> **Lembre-se de citar amigos ou parentes de origem árabe. Se você for de origem árabe, não deixe de mencionar isso, mas, antes, informe-se sobre a origem de sua família (país e cidade) e as circunstâncias da imigração para o Brasil. Saiba também se você tem parentes no país de origem.**